百种图书下基层文库

沈阳军区政治部
白山出版社

读书
带给我们的享受深层高档
带给我们的趣味悠远绵长
带给我们的改变出乎意料
带给我们的生活温暖阳光
哪怕是一丝丝的感动
哪怕是一点点的心得
哪怕是一刹那的觉悟
哪怕是一瞬间的贯通
都会
在心海荡起涟涟不绝的波纹
为人生投下旋乾转坤的震撼
因为有了“百种图书下基层”
我们更有机会与知识相伴　　与文化同行
道不远人　　书剑立世
在圣贤的阳光下茁壮成长
在军旅的绿野里丽正人生

沈阳军区政治部白山出版社
社　长　邢志有
总编辑　董志新

U0846391

编 刘景山 刘永路

GAN WU CHENG GONG

有时候我们想，谁是真正的老师？真正的老师是历史和实践，是道理和事实。

感悟成功

——写给国防生和青年官兵

老天不会给我们重活一次的机会，但我们可以从“过来人”的经验中，汲取知识、教训、智慧、方法，从而少犯或者不犯错误，减少后悔不及的事情，从而活的智慧一些，包容一些，潇洒一些，理智一些，豁达一些，平静一些，和谐一些，成功多一些，失误少一些，踏实多一些，浮躁少一些，愉快多一些，烦恼少一些。

一位七十岁的哲人讲：“如果我重活一次，那么我就会成为圣人。”

白山出版社

图书在版编目（CIP）数据

感悟成功：写给国防生和青年官兵/刘景山，刘永路主编．—沈阳：白山出版社，2009.7
ISBN 978-7-80687-522-3

Ⅰ．感… Ⅱ．①刘…②刘… Ⅲ．军队－思想政治教育－中国－通俗读物 Ⅳ.E221-49

中国版本图书馆CIP数据核字（2009）第115059号

出版发行：白山出版社
地　　址：沈阳市沈河区二纬路23号
邮　　编：110013
电　　话：024-28888689
电子信箱：baishan867@163.com
选题策划：邢志有　董志新
责任编辑：宋　杰
装帧设计：王　婷
责任校对：李国宽
印　　刷：沈阳新华印刷厂
成品尺寸：145×210
印　　张：13.5
字　　数：451千字
版　　次：2009年7月第一版
印　　次：2009年7月第一次印刷
印　　数：1～5000册
书　　号：ISBN 978-7-80687-522-3
定　　价：28.00元

序言 Xu Yan

大连的初夏，校园里生气勃勃。树木发了新叶，玉兰怒放，草坪青青，一簇簇紫色的丁香花和红色的樱花盛开，鸟儿们在枝头跳来跳去，婉转地呼叫着夏天。

我们在给大学里的国防生搞教育时，讲了一些小故事，发现同学们对小故事非常喜爱，听得津津有味。他们觉得小故事贴近生活，情节生动，语言活泼，通俗易懂，耐人回味，既有趣味性，又有说理性，听时有意思，听后受启发。领导和同学们提议把这些零散的小故事收集起来，编辑一下，成为国防生以及年轻干部成长提高的自学读物，也可以成为思想政治教育的资料。于是我们就动手编辑了这本《感悟成功》故事集。

据我们了解，国防生以及一些年轻干部，都渴望成功，渴望顺利成长。但是由于种种原因，他们在成长的道路上，不是一帆风顺，总会遇到各种各样的问题：失误、冲动、失望、悔恨、挫折、失败、痛苦、孤独、无助等等，尝遍酸甜苦辣咸，于是，他们便有时困惑苦恼，有时彷徨迷惘，有时灰心泄气。

如何帮助他们成长、成熟、成功呢？需要以一种容易被他们接受的方式，为他们提供思想方法，提供经验借鉴，提供打开心结的钥匙，帮助他们坚强，帮助他们反思和改进自己，帮助他们走出心里阴影。于是，我们想到了在喜闻乐见中给人以心灵启迪的小故事。

一位70岁的哲人讲:“如让我重新活一次,那么我就会成为圣人。”老天不会给我们重活一次的机会,但我们可以从“过来人”的经验中,汲取知识、教训、智慧、方法,从而少犯或者不犯错误,减少后悔不及的事情,从而活得智慧一些,包容一些,潇洒一些,理智一些,豁达一些,平静一些,和谐一些,成功多一些,失误少一些,踏实多一些,浮躁少一些,愉快多一些,烦恼少一些。而小故事就是“过来人”经验的载体。

有时候我们想,谁是真正的老师?真正的老师是历史和实践,是道理和事实。《感悟成功》故事集,就是通过历史和实践中的事实,讲做人做事的道理。我们编写的初衷,没有教导别人的想法,只是选取一些幽默诙谐、浅显易懂、古今中外的故事,当我们的国防生以及年轻干部,面对人生各种各样的问题,一筹莫展、不知所措、需要寻找答案之际,翻看一下,虽然它不能为你解决一切问题,但是也许会有所启迪,有所点拨,帮助你冲动中理智,困惑中清醒,挫折中奋进,一步一步走向成功。果能如此,也就达到了编辑这本书的目的了。

《感悟成功》故事集,主要是针对国防生以及初入军营的大学生干部,在成长道路上容易出现的问题,围绕做人做事,精选了四百多个鲜活的小故事,从不同侧面宣传当代革命军人核心价值观的道理,其中包括了部分部队官兵成长的真实个案,每个小故事的后边都有编者的感悟,以帮助读者品味思考。

有的故事你也许曾经听过,可能觉得平淡无奇而让它们随风飘去了,但是在我们经历了崎岖曲折之后,带着自己对成功的渴望,带着对人生和事业的体验,再去细细品味,会有新的感悟和收获。

但愿这本书能够为国防生以及年轻干部在争取成功的路上助一臂之力!

目录 *Mu Lu*

志向敬业篇

自强自立篇

坚韧顽强篇

战胜挫折篇

踏实奋斗篇

惜时机遇篇

认真细致篇

情操美德篇

淡泊自律篇

豁达大度篇

善良友爱篇

诚实守信篇

节俭戒奢篇

勤学博采篇

心态调整篇

思想方法篇

智慧谋略篇

方法艺术篇

遵纪守法篇

志向敬业篇

ZXJYP

YONGYUANDEQIGAI
永远的乞丐

上帝想改变一个乞丐的命运,就化作一个老翁前来点化他。

他问乞丐:“假如我给你 1000 元,你如何用它?”

乞丐回答:“这太好了,我可以买部手机呀!”

上帝不解,问他为什么。

“我可以用手机同城市的各个地区联系。哪里人多,我就可以到哪里去乞讨。”乞丐回答。

上帝很失望,又问:“假如我给你 10 万元呢?”

乞丐说:“那我可以买一部车。以后,我再出来乞讨就方便了,再远的地方也可以很快赶到。”

上帝感到很悲哀。这一次,他狠狠心说:“假如我给你 1000 万元呢?”

乞丐听罢,眼里闪着光亮说:“太好了,我可以把这个城市最繁华的地区买下来。”

上帝挺高兴。

乞丐补充说:“到那时,我可以把我的领地里的其他乞丐全撵走,不让他们抢我的饭碗。”

上帝听罢,黯然离去。

感悟:“夫志,气之帅也”,志存高远,才能建功立业。成就大事者,必须有雄心壮志,否则,即便机遇扑面而来,也会失之交臂。

BEIRENYIWANGSHIRENGXIONGHUAIDAZHI

被人遗忘时仍胸怀大志

尤利塞斯·格兰特是西点军校培养的众多伟大人物之一，但一度他几乎被人遗忘。

格兰特不欣赏循规蹈矩，但不管怎样，他还是来到了西点。西点军校当时正在整顿纪律，新学员格兰特对服从命令一无所知，时间观念也不强，因此屡犯错误并遭到惩罚。

一次，格兰特和一个好朋友从校长那里“借来”一只火鸡，正架在炉火上烤着。突然，值班军官走了进来。两位学员迅速在炉边立正，脸上流露出极为沮丧的表情。奇怪的是，这位军官只点了点头便走开了。格兰特后来开心地说：“我一直没搞懂，这位军官是心地善良，还是着了凉，竟闻不出火鸡的香味！”

然而，年轻的格兰特却胸怀大志，决心报效祖国。毕业典礼上，在和其他学员接受斯科特将军的检阅，走过主席台时，他暗下决心：总有一天我也站在斯科特的位置上。

1861年南北战争爆发后，已离开军队的格兰特四处求人，想在陆军找份工作。可是，谁也记不起他来了。几经努力他终于感动了伊利诺斯的司令官，得到了领导一个团的职位。

格兰特倾全力训练这支部队，特别强调士兵要服从命令和遵守时间，并一改以往散漫不羁的习惯，处处以身作则，因此受到士兵的尊敬和爱戴。不久，格兰特被林肯选中，成为北军的将领，为北军立下了汗马功劳。

南北战争结束四年以后，格兰特参加总统竞选。成千上万美国公民对他为合众国作出的贡献记忆犹新，纷纷投他的票，终于使这位一度几乎被遗忘的西点军校普通学员，一跃成为堂堂的美国总统。

感悟：对于命运的变化无常，我们感叹得太多了，发不了财的，升不了官的，都会埋怨命运不好。然而，如果仔细想一想，过失还是在于我们自己。应当始终不忘自己的目标,为自己的理想不屈不挠的努力。

XINNIANDELILIANG
信念的力量

有一个关于勇敢的故事激励了许多的人。

这个故事讲的是:第二次世界大战末期,在法国沦陷区,德国军官把一位被打得皮开肉绽的美国士兵推出来示众,士兵目光炯炯地掠过悲愤而又无奈的人群,慢慢举起凝着鲜血的手,用中指和食指比画出一个"V"字,众人轰动。德国军官震怒了,令人砍去他的手,士兵昏厥过去。

一盆冷水把他浇醒,他又艰难地站起来,突然伸出两只已无手指的血臂,组成一个更大的"V"字,向蓝天伸去,全场一瞬间死一般沉寂,旋即海浪般沸腾,台下的民众全都张开了自己的手臂。

残暴的德国军官战栗了,他没想到这个象征着胜利的英文字母,竟是这般无处不在,无可匹敌。这个德国军官突然明白了:即使他能砍去所有的手臂,也无法砍去这个字母所代表的信念。

感悟:信念是不可泯灭,不可战胜的,哪怕是面临暂时的失败,也要坚信自己必胜,鼓励自己一往无前。

XIWANGZHIXIAN
希望之弦

一位弹奏三弦琴的盲人,渴望能够在他有生之年看看这个世界,但是遍访名医,都说没有办法。有一日,这位民间艺人碰见一个道士,这位道士对他说:"我给你一个保证治好眼睛的药方,不过,你得弹断一千根弦，才可以打开这张纸单。在这之前，是不能生效的。”

于是这位琴师带了一位也是双目失明的小徒弟游走四方，尽心尽意地弹唱。一年又一年过去了，在他弹断了第一千根弦的时候，这位盲人急不可待地将那张藏在怀里的药方拿了出来，请明眼的人代他看看上面写着的是什么药材，好治他的眼睛。

明眼人接过纸单一看，说：“这是一张白纸嘛，并没有写一个字。”那位琴师听了，潸然泪下，突然明白了道士那“一千根弦”背后的意义。就为着这一个“希望”，支持他尽情地弹下去，而匆匆53年就如此活了下来。

这位老了的盲眼艺人，没有把这故事的真相告诉他的徒儿，他将这张白纸慎重地交给了他那也是渴望能够看见光明的弟子，对他说：“我这里有一张保证治好你眼睛的药方，不过，你得弹断一千根弦才能打开这张纸。现在你可以去收徒弟了，去吧，去游走四方，尽情地弹唱，直到那一千根琴弦断光，就有了答案。”

感悟：只要希望存在，就有奋斗的热情，一切都不怕，怕的是活着而没有希望。有希望就有为之奋斗的理由，有希望，就有奔头。怀抱希望之弦，尽情弹唱，你还会在乎什么呢？人生在世，要给自己播下希望，也给别人留下希望。

FUWENGQIUZHUYUJINU

富翁求助于妓女

很多年前，孙中山先生在一次讲演中讲到过一个故事：

南洋爪哇有一个财产超过千万的华侨富翁。有一天，他外出访友，忘记了带夜间通行证和夜灯，结果无法返回。因为当地的法令规定，华人夜出如无通行证和夜灯，一旦被荷兰巡捕查获，轻则罚款，重则坐牢。出于无奈，他只得花一元钱，请一个日本妓女送自己回家。因为荷兰巡捕不会干涉日本妓女的客人。

孙中山说：“日本妓女虽然很穷，但是她的祖国很强盛，所以她的地位很高，行动也就自由。这个华侨虽然是千万富翁，但是他的祖国却不强盛，所以他连走路也没有自由，地位还不如日本的一个娼妓……”

这饱含悲愤的一番话，如同电击一般地打在听众的心弦上，激起了强烈的反响。

感悟：国盛则民强，国衰则民衰，富强的国家是尊严的根本所在，每一个炎黄子孙都不要忘记“发展是硬道理”，强大是硬道理，无怨无悔地为祖国和军队的强大贡献自己的力量。

WOJIANGLAIYAOCHENGWEIZONGJINGLI

我将来要成为总经理

1926 年，毕业于东京大学法律系的大村文年进入了“三菱矿业”成为小职员。当公司为新人举行欢迎会的时候，他对那些与他同时进入公司的人说：“我将来一定要成为这家公司的总经理。”

他在豪言壮语之后，开始了他的长远计划。凭借旺盛的斗志与惊人的意志和体力，数十年如一日，孜孜不倦的工作，在没有任何背景下，依靠自己的实力，终于在三十五年之后，当上了这家“三菱矿业”的总经理。

这么年轻就成为公司的总经理，在三菱财团的历史上史无前例。他的就职惊动了日本的工商界，人们无不惊讶，无不佩服。

感悟：伟大的目标，会启动伟大的行动，扎扎实实、持之以恒的努力，总会实现自己的理想。

ZAICANGHAISHIZAICE

在仓还是在厕

大家都知道,李斯是秦朝的丞相,辅佐秦始皇统一并管理中国,立下汗马功劳。可少有人知,他的立志发愤,竟然是因一次上厕所的经历。

那时,李斯26岁,是楚国上蔡郡府里的一个看守粮仓的小文书。他的工作是负责仓内存粮进出的登记,将一笔笔斗进升出的粮食进出情况,认真记录清楚。

日子就这么一天天过着,李斯不能说完全浑浑噩噩的,但也没觉得这有什么不对。直到有一天,李斯到粮仓外的一个厕所解手,这样一个极其平常的小事竟改变了李斯的人生态度。

李斯进了厕所,尚未解手,却惊动了厕内的一群老鼠。这群在厕所内安身的老鼠,个个瘦小干枯,探头缩爪,且毛色灰暗,身上又脏又臭,让人恶心之极。

李斯看见这些老鼠,却忽然想起了自己管理的粮仓中的老鼠。那些家伙,一个个吃得脑满肠肥,皮毛油亮,整日在粮仓中逍遥自在。与眼前厕所中这些老鼠相比,真是天上地下啊!

人生如鼠,不在仓就在厕,位置不同,命运也就不同。自己在这小小的上蔡城里,这个小小的仓库中当了8年的小文书,从未出去看过外面的世界,不就如同这些厕所中的小老鼠一样吗?整日在这里挣扎,却全然不知还有粮仓这样的天堂。

李斯决定换一种活法。第二天他就离开了这个小城,去投奔一代儒学大师荀况,开始了寻找"粮仓"之路。20多年后,他把家安在了秦都咸阳的丞相府中。

感悟:换了一种想法,就换了一种活法。李斯的故事不一定值得我们去效仿,但有一点是肯定的,那就是,人要有远大的理想和抱负,要为实现自己的理想不懈地努力。

ZHANDIYIPAI

站第一排

赵是他同学中进步最快的，在同学们刚刚晋升到团职干部的时候，他已经是师参谋长了。这让他成为母校学弟们崇拜的偶像。

有一天，刚刚毕业分配到该师工作的一个学弟，带着母校老师的信，前来拜访他。赵在办公室热情接待了他。

学弟说："您是我们学习的榜样。这次来拜访您，主要是想请您指点一下，我该怎么做。"

赵参谋长看着这位初出茅庐、稚气未脱的学弟，笑了："有什么可指点的？脚踏实地工作吧。"想了一下，似觉意犹未尽，接着问道："你在课堂听课的时候，喜欢坐在第几排？"

"最后一排。"

"方便开小差吗？"

"不不，我只是觉得这样心理会更放松一些。"学弟不好意思地答道。

赵参谋长叹了口气说："唉！许多人都和你一样，他们或害怕枪打出头鸟，或生来胆小害羞，或害怕压力，遇事喜欢往后躲，站队喜欢最后一排。岂不知，这样容易失去许多受锻炼、被挑选的机会。如果一定要我传授一点经验的话，那就从现在开始，养成站第一排的习惯吧。"

感悟：机会也是争取来的。勇站第一排，是有志向、有勇气的表现，是锐意进取、敢于挑战的表现，有了这种意识和精神，才可能取得事业的成功。

GONGZUOMEILEXINGQUHAIZAI
工作没了，兴趣还在

有一位政治家，大选失利，黯然离开政坛。其间的痛苦和失落，非常人所能想象。

在一次家庭宴会上，他突然产生了学画画的念头。从未拿过画笔的他，开始学起了画画，并且成为每天的功课。他的绘画技术进步得很快，对绘画的狂热，让他忘了政治上的失意。

五十多年后，他的一些绘画作品公布于众。英国一名宫廷画师对他的画赞不绝口，由衷地说：“如果他当初投身绘画而不是从政，我相信他一定会成为一位伟大的画家。”

这位政治家就是丘吉尔。丘吉尔晚年时曾说，如果不是绘画给我的精神支柱，恐怕活不到今天。

对于丘吉尔来说，1945 年波茨坦会议前他是属于政治的，但那之后，他从权力的顶峰跌到平地，这样的痛苦就像一个人从高处跌落。幸运的是，他有了绘画，做到了软着陆了。

感悟：人的工作是阶段性的，但是兴趣是终生的。良好的兴趣，能够燃起自己的希望之火，能够使自己忘记烦恼，愉悦自己的身心。废寝忘食的把兴趣当做生活的动力，成就就在眼前。人的兴趣和才能是多方面的，用兴趣的“锹镐”挖掘自己的才能，种下一粒种子，必将开花结果。

MEITONGSIMEIYUAN
每桶四美元

从前在美国标准石油公司里，有一位小职员叫阿基勃特。他在远行住旅馆的时候，总是在自己签名的下方，写上“每桶四美元的标准石油”字样，在书信及收据上也不例外，签了名，就一定写上那几个字。他因此被同事叫做“每桶四美元”，而他的真名倒没有人叫了，还有些人嘲笑他。

公事董事长洛克菲勒知道这件事后说：“竟有职员如此努力宣扬公司的声誉，我要见见他。”于是邀请阿基勃特共进晚餐。

后来，洛克菲勒卸任，阿基勃特成了第二任董事长。

这是一件谁都可以做到的事，可是只有阿基勃特一个人去做了，而且坚定不移，乐此不疲。嘲笑他的人中，肯定有不少人才华、能力在他之上，可是最后，只有他成了董事长。

感悟：阿基勃特的成功，在于他热爱自己的事业，认真地投入。有许多不起眼的小事情，谁都知道该怎样做，一时也能做到，但持之以恒，就不容易了。只要坚持了，成功离你也就不远了。

DOUBUHEGE

都不合格

人民解放军的开国将领中，有一位绰号叫“皮胡子”的皮定均将军，不仅足智多谋、英勇善战，而且爱兵如子、心细如发。

有一次他到某营视察部队，得知这个营有一名战士不久前因公牺牲了，于是将军非常关切地向陪同他视察的营长了解情况。

“这个牺牲的战士叫什么名字？”将军问。营长一下愣住了，没有回答上来。

将军又问：“他的父母叫什么名字？”营长支吾了半天，还是没有回答上来。

将军开始生气了。但考虑到当时营长的许多部下都在旁边，为了给他留点颜面，于是换了一个话题

“你当兵前是干什么的？”将军问道。

“我是一个农民，从小是放牛长大的。”营长回答。

将军又问：“那你知道牛走路的时候，先迈左腿还是先迈右腿？”

营长憋了半天，红着脸说："我从来没有注意过。"

听到这里，将军实在忍不住心中的怒火，大声批评道："你当干部和当农民都不合格！"

感悟：无论干什么工作，都要有责任心，都要细心，责任心的实质，是把国家和人民的利益放在高于一切、重于一切的位置，精心对待自己的工作，必须把自己的本职工作放在心上，对自己经常接触的人和事物了如指掌，否则，就是不合格，就是责任心不强。

CHUSEDECAISHIYONG

出色的才式勇

才式勇学历不高，入伍后被分配到一个驻小岛雷达站，一待就是 8 年。随后，驻守某高山主峰的雷达站主动请他"加盟"，这一干又是 9 个年头。期间，他努力提高自身业务素质，全心投入本职工作，多次被抽调参加一些重大的演习训练任务，次次出色。后来被破格提升为干部，一年半后任站长。

为让战士当兵几年一生受益，才式勇提出了"在部队适应现代战争需要，回地方适应市场经济需要"的管理模式，组织战士学习科技知识，培养战士的专长，他们站的兵无论在部队还是回地方，都受到欢迎。在他的带领下，所在单位被海军授予模范雷达站荣誉称号，才式勇也被授予全军学雷锋先进个人荣誉称号。

其实，才式勇的困难并不比别人少，父母体弱多病需要照顾，小两口结婚 10 年分居 8 年，善良勤劳的妻子独撑着一个家，亲友们都眼巴巴地盼着他早日转业回家，但他克服了一切困难，全身心投入到了本职工作中。

感悟：才式勇之所以出色，是因为他有强烈的革命事业心和脚踏实地的精神，他的光荣称号是他勤奋向上的结果。应该向才式勇学习，安心本职，立足岗位，满腔热情地投身国防建设事业，在军营自觉践行当代革命军人的核心价值观。

自强自立篇

ZQZLP

BEIWEIDEWEIREN 卑微的伟人

一位父亲带着儿子去参观梵高故居，在看过那张小木床及裂了口的皮鞋之后，儿子问父亲："梵高不是一位百万富翁吗？"父亲回答："梵高是位连妻子都没娶上的穷人。"

又过了一年，父亲又带儿子去了丹麦，到安徒生的故居去参观，儿子又困惑地问："爸爸，安徒生不是生活在皇宫里吗？怎么他生前会在这栋阁楼里？"父亲回答："安徒生是位鞋匠的儿子，他就生活在这里。"

这位父亲是一个水手，他每年往来于大西洋的各个港口，他儿子叫伊东布拉格，是世界上第一位获普利策奖的黑人记者。

20 年后，伊东布拉格在回忆童年时说："那时我们家除了很穷以外，父母都靠卖苦力为生。有很长一段时间，我一直认为像我们这样地位卑微的黑人是不可能有什么出息的。是父亲让我认识了梵高和安徒生，也是父亲让我认识到了黑人并不卑微，这两个人的经历让我知道，上帝没有轻看卑微的人。"

感悟：富有者并不一定伟大，贫穷者也并不一定卑微。上帝是公平的，他把机会平等地撒到每个人的面前，只要自立自强，卑微者同样拥有机会。自卑是心灵的钉子，若不拔去，它就总是折磨人。

ZUIDADECAIFU 最大的财富

一青年老是埋怨自己时运不济，发不了财，终日愁眉不展。

这一天走过来一个须发俱白的老人，问："年轻人，干嘛不高兴?”

“我不明白,为什么我总是这么穷。”

“穷?你很富有嘛!”老人由衷地说。

“这从何说起?”年轻人问。

老人不正面回答,反问道:“假如斩掉你一个手指头,给你一千元,你干不干?”“不干。”年轻人回答。

“假如斩掉你一只手,给你一万元,你干不干?”“不干。”

“假如使你双眼都瞎掉,给你十万元,你干不干?”“不干。”

“假如让你马上变成八十岁的老人,给你一百万,你干不干?”“不干。”

“假如让你马上死掉,给你一千万,你干不干?”“不干!”

“这就对了,你已经有了超过一千万的财富,为什么还哀叹自己贫穷呢?”老人笑吟吟地问。

青年愕然无言,心有所思。

感悟:拥有健康、年轻和生命,也就拥有了最大财富,就拥有了做好一切事情的基础,这不是可以用钱来衡量的。有些人在金钱上太贪婪,常常把身体都搭进去,用身体换钱财,是最大的亏本。

GEIZIJIYIPIANXUANYA 给自己一片悬崖

一位中国留学生刚到澳大利亚的时候,为了寻找一份能够糊口的工作,他骑着一辆自行车沿着环澳公路走了数日,替人放羊、割草、收庄稼、洗碗……只要给一口饭吃,他就会暂且停下疲惫的脚步。

一天,在唐人街一家餐馆打工的他,看见报纸上刊出了澳洲电讯公司的招聘启事,留学生选择了线路监控员的职位去应聘。过五关斩六将,眼看他就要得到那年薪三万五的职位了,不想招聘主管却出人意料地问他:“你有车吗?你会开车吗?我们这份工作要时常外出,没有车寸步难行。”澳大利亚公民普遍拥有私家车,无车者寥若晨星,可这位留学生初来乍到还属无车族。为了争取这个极具诱惑力的工作,他不假思索地回答:“有! 会! ”

“四天后,开着你的车来上班。”主管说。

四天之内要买车、学车谈何容易,但为了生存,留学生豁出去了。他在华人朋友那里借了500澳元,从旧车市场买了一辆外表丑陋的“甲壳虫”。第一天他跟华人朋友学简单的驾驶技术;第二天在朋友屋后的那块大草坪上摸索练习;第三天歪歪斜斜地开着车上了公路;第四天他居然驾车去公司报了到。

时至今日,他已是“澳洲电讯”的业务主管了。

感悟:不能不佩服这位留学生的勇气和能力。这位留学生如果当初畏首畏尾,不敢向自己挑战,绝不会有今天的辉煌。那一刻,他毅然决然地斩断了自己的退路,把自己置身于命运的悬崖绝壁之上。正是这种没有退路的境地,才会逼迫自己想尽办法,挖掘潜力,克服困难,奋勇向前,从而争得属于自己的位置。

BUNENGGAIBIANHUANJINGJIUXUEZHESHIYINGTA

不能改变环境,就学着适应它

毕业于音乐学院的小李,被分配到部队当了团宣传干事。刚开始时,他很苦恼,认为自己的专业与工作不对口,在这里长干下去,会荒废自己的才华,耽误自己的前途。于是,他四处活动,想调到一个适合自己发展的单位。可是,几经周折,终未成功。

之后,他便死心塌地地待在这个工作岗位上,写报道、搞教育,为连队培训文娱骨干,他都认认真真,同时也在寻找着发展自己专业的机会。

机会终于来了,军区通知组织文娱会演,他找到团领导,提出了筹建乐队的计划,得到了领导的批准。他跑基层、寻人才、买乐器、设舞台、搞培训,不出半年,就使乐团初具规模,在军区组织的会演中获得了好评。会演结束后,他再接再厉,用了一年的时间,使乐团的演奏水平成为军区一流,经常应邀到地方表演,提高了知名度,得到了上级领导的认可。他深深感到，自己不但有了用武之地，而且得到了更大的锻炼，对未来的前途越来越充满信心。

感悟：“自己的命运掌握在自己手中。”当你无法改变身处的环境时，就应该以一种积极、向上的态度去适应它，在你付出勤奋、辛苦后，便会发现成功已悄然来临。

YIWEICANJIRENDEQISHI

一位残疾人的启示

一位快乐的人给他的朋友讲了一件令人终生难忘的事情：

“我曾是个多虑的人，”他说道，“但是，我走过一条街道时，有个景象扫除了我所有的忧虑。事情的发生只有十几秒钟，但就在那一刹那，我对生命的意义有了新的理解。那两年，我开了家杂货店，由于经营不善，不仅花掉所有的积蓄，还负债累累，估计得花7年的时间偿还。我像一只斗败的公鸡，没有了信心和斗志。

突然间，有个人从街的另一头过来。那人没有双腿，坐在一块安装着溜冰鞋滑轮的小木板上，两手各用木棍撑着向前行进。他横过街道，微微提起小木板准备登上路边的人行道。就在那几秒钟，我们的视线相遇，只见他坦然一笑，很有精神地向我招呼：‘早安，先生，今天天气真好啊！’我望着他，突然体会到自己何等的富有。这个人缺了双腿仍能快乐自信，我这个四肢健全的人还有什么不能的呢？我挺了挺胸膛，到银行贷了钱，找到了工作。”

“现在，我把下面一段话写在洗手间的镜面上，每天早上刮胡子的时候都念它一遍：我闷闷不乐，因为我少了一双鞋，直到我在街上，见到有人缺了两条腿。”

感悟：知足、自信是一种可取的人生态度，不要因为暂时的困难而悲观失望，停步不前。知足可以使人保持快乐，自信可以使人保持热情和希望。

我能行

WONENGXING

王东害羞，胆小，不自信，每逢老师或同学让他做什么事时，他总是不好意思地说："不行不行，我不行。"后来王东下定决心：明天一定要以新的面貌出现在大家面前。但到了第二天，却又恢复了老模样。王东明白了一个道理：改变自己是不容易的，需要很大的勇气。

而在当时王东恰恰缺乏这种勇气。

上大学后，王东来到了一个全新的环境，决心改变自己。他经常在心里暗示自己"我能行"，面带微笑，精神饱满，事事冲在前，

班里成立了篮球队，因为王东个头高，尽管不会打，也入选了，王东没有说"我不行"，而是坚信"我能行"，每天都抱着篮球到操场练一会儿。几个月下来，王东由篮球的"门外汉"成了篮球队的主力。

感悟：自信是一种可贵的心理品质，当我们面对任务、面对困难的时候，大声地对自己说："我能行！"这时，你会发现困难其实也很容易解决，这就是心理暗示的力量！

相信自己的实力

XIANGXINZIJIDESHILI

陆兵从军校毕业后，在基层没干几天，就被调到了师机关当干事。因为他勤奋好学，多才多艺和干工作有"拼命三郎"的精神，颇受领导赏识，被破格提升为正营职副科长，主持科长工作，成为同学中的佼佼者。

但是，不久师领导班子调整，新来的政委认为陆兵缺乏基层主

官工作经验，需要下去锻炼，调到营里担任了教导员。

由首长身边的“宠儿”，到基层的普通干部，这对于踌躇满志，准备大展宏图的陆兵来说，犹如当头一棒。

恍恍惚惚地来到团里报到，老政委看着情绪低落的陆兵，和他唠起了心里话：“我年龄大了，组织上安排我今年转业，再过些天，我就要脱下军装了，真有点舍不得啊！”老政委略带伤感的开场白，让陆兵心头一酸。

“作为老大哥，有几句心里话和你说说。”老政委顿了一下，继续说：“我当兵快30年了，经验告诉我，路是自己走出来的，任何时候，都不要怀疑组织上的安排，不管让你干什么，好好干都不吃亏。如果你相信自己有实力，那么你就要沉得住气，让成绩为你说话。”……

这一次的谈话，让陆兵牢牢的记在了心里。从此，他再无怨言，埋头苦干，把营里的各项工作抓得有声有色，一年后被提升为团政治处主任，提前晋升副团。

感悟：是啊，凭借自己实力走出来的路，是一条踏实的路，任何时候都不怨天尤人，靠素质立足，让成绩说话，才是一个让人服气的成功者。

ZAOHUISHANGDEYANJIANG

早会上的演讲

柏明顿人力资源管理咨询有限公司总经理胡八一，原是松下电器的一名普通员工，因为早会上的演讲，改变了自己的职业轨迹。

胡八一毕业后，进入松下电器工作。按照松下的规定，他在一周内需在各个部门和科室见习，见习完毕，松下公司对胡八一的七份报告比较感兴趣，给他的评语是“胆大心细”，建议他做质检员，主要负责检验微型马达。

松下的早会，要求每名员工轮流上台读企业精神，发表没有任何主题限制的感想。每次早会，前面都坐满了领导，很多人紧张、害怕。胡八一刚开始也很紧张，但由于学文科出身，他很快适应了，并经常旁征博引，即兴发挥。

有一天演讲，胡八一讲了上班路上看到的一件事：两个骑自行车的人相撞了，起初双方都毫发未损，但争执到最后，一个人去了医院，一个人进了拘留所。然后，他引用了圣经里耶稣宽恕待人的故事说："尽管同事之间有竞争、有利益冲突，只要相互体谅，真诚合作，什么事情都会海阔天空。"

现场报以热烈的掌声。

终于有一天，人事处决定：调他到人事处做人力资源工作。于是，胡八一成了人事专员。

后来，胡八一先后在杜邦、光辉国际做人力资源顾问，现如今他又成为柏明顿人力资源总经理。胡八一说："人在职业转换过程中，在不断积淀自己的同时，还需要时刻抓住身边的机会。如果没有当初在松下早会上的演讲，我今天也许只是一名高级质检员。"

感悟：对每个人来说，机遇是平等的，能否抓住，关键在于自己的努力，在于自己的能力和发挥程度。所以，对于每一位向往成功的人士来讲，必须把精力专注在提高自己、壮大自己上。

DENGTAZIJIPAQILAI

等他自己爬起来

澳大利亚人酷爱勇敢者的运动——冲浪，无论是炎夏还是寒冬，父母都常带孩子去海滩，小孩子褪尽"束缚"，光着脚丫自己去玩沙、玩水；稍大一点的孩子便跟着父母下海冲浪，呛水的现象时有发生，但父母最多也只是为其拍拍背，便鼓励孩子再次下海去搏击风浪。

一个孩子冲浪回旋时摔了跟头，吓得一位游人情不自禁地大叫："快去救人！"而正在近处的孩子的父母却不慌不忙："那是浅水，淹不死人…… 等他自己爬起来！"

感悟："等他自己爬起来"，多么理智而又高明的做法。只有放弃了对他人的依靠，才能自己全力以赴。养成依靠自己的力量解决问题、克服困难的习惯，会加快成长的速度。

SHENGMINGDEJIAZHI

生命的价值

在一次讨论会上，一位著名的演说家没讲一句开场白，手里却高举着一张20美元的钞票。面对会议室里的200多人，他问："谁要这20美元？"一只只手举了起来。他接着说："我打算把这20美元送给你们中的一位，但在这之前，请准许我做一件事。"他说着将钞票揉成一团，然后问："谁还要。"仍有人举起手来。

他又说："那么，假如我这样做又会怎么样呢？"他把钞票扔到地上，又踏上一只脚，并且用脚碾它。而后他拾起钞票，钞票已变得又脏又皱。"现在谁还要？"还是有人举起手来。

"朋友们，你们已经上了一堂很有意义的课。无论我如何对待那张钞票，你们还是想要它，因为它并没贬值。它依旧值20美元。人生路上，我们会无数次被自己的决定或碰到的逆境击倒、欺凌甚至碾得粉身碎骨，我们觉得自己似乎一文不值。但无论发生什么，或将要发生什么，你们永远不会丧失价值，无论肮脏或洁净、衣着齐整或不齐整，你们依然是无价之宝。生命的价值不依赖我们的所作所为，也不仰仗我们结交的人物，而是取决于我们本身！你们是独特的，永远不要忘记这一点！"现场响起了热烈的掌声。

感悟：就像那张被用手揉、用脚踩过的美元一样，生命也不会因曾被击倒、欺凌而贬值，因为生命的价值取决于我们自身，除了自己，没人能让我们贬值。

BUYAOBEIBIERENDEPINGLUNSUOZUOYOU

不要被别人的评论所左右

1854年,惠特曼的《草叶集》问世了。这本诗集热情奔放,冲决了传统格律的束缚,用新的形式表达了民主思想和对种族、民族和社会压迫的强烈抗议。它对美国和欧洲诗歌的发展产生了巨大的影响。

《草叶集》的出版使远在康科德的爱默生激动不已。他给予这些诗以极高的评价,称这些诗是"属于美国的诗"、"是奇妙的"、"有着无法形容的魔力"、"有可怕的眼睛和水牛的精神。"

《草叶集》受到爱默生这样很有声誉的作家的褒扬,使得一些本来把它评价得一无是处的报刊马上换了口气,温和了起来。但是惠特曼那创新的写法,不押韵的格式,新颖的思想内容,并非那么容易被大众所接受,他的《草叶集》并未因爱默生的赞扬而畅销。然而,惠特曼却从中增添了信心和勇气。1855年底,他印起了第二版,在这版中他又加进了二十首新诗。

1860年,当惠特曼决定印行第三版《草叶集》,并将补进些新作时,爱默生竭力劝阻惠特曼取消其中几首刻画"性"的诗歌,否则第三版将不会畅销。惠特曼却说:"那么删后还会是这么好的书吗?"爱默生反驳说:"我没说'还'是本好书,我说删了就是本好书!"执著的惠特曼仍是不肯让步,他对爱默生表示:"在我灵魂深处,我的意念是不服从任何的束缚,而是走自己的路。《草叶集》是不会被删改的,任由它自己繁荣和枯萎吧!"

第三版《草叶集》出版并获得了巨大的成功。不久,它便跨越了国界,传到英格兰,传到世界许多地方。

感悟:不迷信名人,不被别人的评价所左右,坚持走自己的路,便走出了成功。这源于自信,源于对世事的深刻认识和把握。成功的人,都是有思想,有主见,有意志的人。

ZOUCHUKUNJINGDEMIJUE
走出困境的秘诀

一头驴子不小心掉进了枯井里。它哀叫着,期待主人救它出去。

驴子的主人把附近的人都叫了过来,大家出谋划策。有的说给驴子身上绑根绳子,然后用木棍把驴子抬出来。但这个提议很快被否决了,因为井太深,到哪里去找那么高的支架呢?又有人提议在井边装一个滑轮,让另外的驴子把它拉上来。但是这个提议也没有通过,没有人愿意让自己的驴子来费这个力。

驴子的主人在井边绝望地看了看自己的驴子,心里想道:"与其让它在这里饿死,还不如就把它安葬在这个枯井里。"于是他动员所有的人用铁锹往井里扔土。驴子在嚎叫,它知道人们要如何对待它了。

一锹锹的土从井口扔了进去,驴子却再也不叫了,原来,每当有土落在身上的时候,它就抖落背上的土,把土踩在脚下。扔下来的土越多,自己就垫得越高。最终,驴子从枯井里走了出来。人们不禁佩服驴子的智慧。

感悟:求人不如求己。在逆境中求生存的能力,就是化不利为有利的本领,就是千难万险脚下踩,我自岿然不动的目光、胸襟、气魄和胆略。能够做到这一点,厄运就会离你而去,成功就会接踵而来。

XIANGXIZIJI
相信自己

小泽征尔是世界著名的音乐指挥家。在没有成名之前,有一次,他去参加欧洲音乐指挥大赛，轻松地进入了决赛，被安排在最后出场。当他接过评委给的乐谱开始指挥时发现，乐谱中有一点问题，可当时评委会的权威人士声明：这些乐谱绝对不会出问题，应该是小泽征尔的错觉。有这样多音乐界的权威人士在场，小泽征尔考虑再三，最后还是毅然向评委会提出："不！一定是乐谱错了！"他的话音刚落，所有的评委用热烈的掌声来回应小泽征尔在这次比赛中的出色表现。

原来这是评委们精心设计的一个圈套，以试探指挥家们在发现错误而权威人士又不承认的情况下，是否能坚持自己正确的判断，因为只有具备这种素质的人，才真正称得上是世界一流的音乐家。

感悟：自信可以获得欣赏，获得成功，但自信不是固执，自信源于扎实的功底，源于对自己专业知识的深刻把握，和敢于坚持真理，敢于向权威挑战的精神。

ZIXINDELILIANG

自信的力量

在我们党的延安时期，有一位年轻干部填写个人履历表，在"有何特长"一栏里，他填写上了"会外语"的字样。同事看见他这样填写，便笑着问他："啥时学的外语？没发现你有这项特长呀？"他却一本正经地说："打仗时学了一些外语战场喊话。"大家笑着说："那算什么会外语！"他却严肃地说："我还可以抓紧学啊，我也相信自己一定能够学好！"

当时，中央机关正缺乏各方面的专门人才。组织上在查看干部履历时，发现这位年轻同志会外语，就把他调到了陕甘宁边区政府外事处工作。

来到外事处后，这位年轻同志发愤学习外语，水平大有长进，外事工作开展得也有声有色，受到领导和同志们的好评。中华人民共和国成立后，这位年轻的同志成了我国第一代驻外大使。

感悟:自信是一个人对自己能力、优势的肯定,也给自己竖了一个目标,就像人生道路上随身携带的一根鞭子,不时鞭策自己攻克难关,登上新的高度。自信使人进步,使人发愤,使人走向成功。

SHIZAIRENWEI

事在人为

蒸汽机车的发明者史蒂文生有8个兄弟姐妹，小时候穷得全家都挤住在一个房间里,史蒂文生只好去给邻居放牛。史蒂文生没有机会读书,但机器就是他的老师,当同龄人在假期游玩、逛酒吧的时候,他却在拆洗机器、研究和做实验。最终作为一个伟大的发明家和蒸汽机的改进者闻名于世。

在美国南方的一间小木屋里,住着一个黑人妇女。她有3个男孩,她穷得只能给他们3个做一条裤子。为了使他们受到教育,她轮流送他们上学校。老师注意到,3个小孩中每次都只有一个到校,而且都穿着那条裤子。可怜的黑人母亲为了孩子尽了最大的努力。后来,他们中的一个成了南方一所大学的教授,一个成了医生,一个成了牧师。

这对那些以条件为借口，为自己辩护的人，是多么好的教育啊!

感悟:事在人为,是不争的事实。只要肯登攀,肯下苦功,一定能够到达顶峰。穷不是借口,没有机会上学读书也不是借口,关键在于有没有志向追求,有没有刻苦钻研、锲而不舍的精神。

ZIWOXUANYAN

自我宣言

一个 15 岁的女孩问母亲:“我该怎么做,才能过充实的生活?”母亲的答案很简单,只有 4 个字:“做你自己。”

母亲向女儿解释说:

“在这世上,我是独一无二的个体。也许我有些地方与别人相似,但我仍是无人能取代,我的一言一行都有我自己的个性,因为这是我自己的选择。

我是自己的主人——我的身体,从头到脚;我的脑子,包括情绪思想;我的眼睛,包括看到的一切事物;我的感觉,不管是兴奋快乐,还是失望悲伤;我所说的一字一句,不管是说对说错,中听还是逆耳;我的声音,不管是轻柔还是高亢;以及我的所作所为,不管是值得称赞还是有待改善。我有自己的幻想、美梦、希望以及恐惧。

成功胜利由我自己创造,失败挫折由我自己承担。

因为我是自己的主宰,所以我能深刻了解自己。由于我认识自己,所以我能喜欢自己,接纳自己的一切,进而将自己最好的一面呈现出来。

然而人多少会对自己产生疑惑,内心总有一块连自己也无法理解的角落;但只要多支持和关爱自己,我们必定能鼓起勇气和希望,为心中的疑问找到解答,并更进一步地了解自己。

我必须接受自己的所见所闻,一言一行,所思所想,因为这是我自己真实的感受。之后我可以回头检视这些发自内心的行为,若有不适宜之处,便加以纠正;若有可取之处,则应继续保持。”

女儿明白了:我身心健全,能自食其力,我愿发挥自身潜能,有所作为,创造一个美好的自己。

我能掌握自己,做自己的主宰。我就是我,世上不会有第二个我。

感悟:做无人能取代的自己,才有充实的生活。做自己不是简单地表明个性，不是你染了头发，不是你穿了特殊的衣服，而是你内在的才华，内在的素质，遇到事情有自己的见解，能为自己的行为负责，能办好自己的事，走好自己的路。为此，要认识自己，挖掘自己，修炼自己，提高自己。人和宝剑一样，只有经过了锻造才能锋利，才能上战场。

QIANLI 潜力

有一则故事说，一个人拉着装有建房木料的板车疲惫不堪地来到一座山脚下，望着前面那一段绵长的上坡山路，他不禁望而却步，心想，今天靠自己绝对是拉不上去了。正在为难之际，一位热心的过路人对他说："我来帮你！"说着，便卷起衣袖拉开一副推车的架势。见有人帮忙，拉车人暗自高兴，自然也就有了信心。于是在热心人"加油，加油"的鼓动声中，拉车人一气将车子拉到了山顶。

当他回过头来感谢热心人鼎力相助时，没想到那个人却笑着说："这两天我的腰扭伤了，根本就不敢用力，只是喊喊'加油'，还是你自己的力量。"

感悟：人的潜力是不可估量的，这种潜力的发挥，需要鼓动，需要调动，需要自信。

RENSHENGYOUZIJIXUANZE 人生由自己选择

有三个人将要被关进监狱，并且要待上三年的时间。在被关起来之前，监狱长允许他们每人提一个要求。

甲爱抽雪茄，于是他要了三箱雪茄。丙最浪漫，提出要一个美丽的女子相伴。而乙说，他想要一部能够与外界沟通的电话。

时间很快，转眼三年过去了，第一个冲出来的是甲，他的嘴里鼻孔里塞满了雪茄，大喊道："给我火，给我火！"原来他忘了要火了。第二个出来的是乙。只见他手里抱着一个小孩子，陪伴他的美丽女子手里牵着一个小孩子，肚子里还怀着第三个孩子。最后出来的是丙，他紧紧地握住监狱长的手，激动地说："这三年来我每天与外界联系，我的生意不但没有停顿，反而增长了 200％，为了表示感谢，我送你一辆劳施莱斯！"

感悟：这个小故事，情节虽然简单，却寓意深刻，告诉我们，不同追求的人选择了不同的东西，选择了不同的东西也就选择了不同的人生。想要品尝到什么样的人生滋味，就去做什么样的主观选择。所以，人无论处于什么样的境况，都不要怨天尤人，最终的结果反映了你最初的追求和选择。

XUELIHESHILI

学历和实力

全球第二大软件公司"甲骨文"的行政总裁，世界第四富豪艾里森是一个个性张扬、敢做敢说的人，在美国耶鲁大学 300 周年校庆时，他应邀参加了典礼。

艾里森当着耶鲁大学校长、教师、校友、毕业生的面，说出了一番惊世骇俗的言论。他说："所有哈佛大学、耶鲁大学等名校的师生都自以为是成功者，其实你们全都是失败者，因为你们以在有过比尔·盖茨等优秀学生的大学念书为荣，但比尔·盖茨却并不以在哈佛读过书为荣。"

艾里森接着说："众多最优秀的人才非但不以哈佛、耶鲁为荣，而且常常坚决地舍弃那种荣耀。世界第一富比尔·盖茨，中途从哈佛退学；世界第二富保尔·艾伦，根本就没上过大学；世界第四富，就是我艾里森，被耶鲁大学开除；世界第八富戴尔，只读过一年大学；微软总裁斯蒂夫·鲍尔默在财富榜上大概排在十名开外，他与比尔·

盖茨是同学,为什么成就差一些呢?因为他是在读了一年研究生后才恋恋不舍地退学的……”

艾里森接着“安慰”那些自尊心受到一点伤害的耶鲁毕业生,他说:“不过在座的各位也不要太难过,你们还是很有希望的,你们的希望就是,经过这么多年的努力学习,终于赢得了为我们这些人(退学者、未读大学者、被开除者)打工的机会。

这番话令全场听众目瞪口呆,当时典礼会场鸦雀无声。

感悟:艾里森的话精辟论述了高学历并不一定等于高能力的观点。我们往往容易把名牌大学等同于成功,其实,名牌大学固然重要,但真正的成功是多方面因素决定的,更多的还要靠个人的努力和智慧,要注重培养自己的能力,积淀自己的实力。

SHENGRENJIUSHIZIJI

圣人就是自己

1947年,美孚石油公司董事长贝里奇到开普敦巡视工作,在卫生间里,看到一位黑人小伙子正跪在地上擦洗污渍,每擦一下,就虔诚地叩一下头。

贝里奇感到很奇怪,问他为何如此。黑人答道:我在感谢一位圣人。贝里奇问他为何要感谢那位圣人。黑人小伙子说:“是他帮助我找到了这份工作,让我终于有了饭吃。”

贝里奇笑了,说:“我曾经也遇到一位圣人,他使我成了美孚石油公司的董事长,你愿意见他一下吗?”

小伙子说:“我是个孤儿,从小靠锡克教会养大,我一直都想报答养育过我的人。这位圣人若能使我吃饱之后还有余钱,我很愿意去拜访他。”

贝里奇说:“你一定知道,南非有一座有名的山,叫大温特胡克山。据我所知,那上面住着一位圣人,专为他人指点迷津,凡是遇到过他的人都会前程似锦。20年前,我到南非登上过那座山,正巧遇上他,并得到他的指点。假如你愿意去拜访,我可以向你的经理说情,准你一个月的假。”

这位年轻的小伙子是个虔诚的锡克教徒，很相信神的帮助,他谢过贝里奇后就真的上路了。30天的时间里,他一路披荆斩棘、风餐露宿,终于登上了白雪覆盖的大温特胡克山。然而,他在山顶徘徊了一天,除了自己,什么都没有遇到。

黑人小伙子很失望地回来了。

他见到贝里奇后失望地问:“董事长先生，一路上我处处留意,但直至山顶,我发现,除我之外,根本没有什么圣人。”

贝里奇说:“你说得很对,除你之外,根本就没有什么圣人。因为,能帮助你的只有你自己,你就是自己的圣人!”

20年后，这位黑人小伙子靠自己的拼搏成为美孚石油开普敦分公司的总经理,他的名字叫贾姆纳。

感悟:世界上没有神仙,没有救世主,一切只能靠自己,你就是自己的圣人,认识并相信自我的价值,然后努力工作,奋发有为,才能超越自我,实现自我。天上掉馅饼的事情是没有的,事情靠自己做,路靠自己走,自己不努力奋斗什么也得不到。

挖掘自己的潜力

WAJUEZIJIDEQIANLI

有一个汉将军李广的故事。将军李广带几位随从到林中巡查，突然刮起了一阵狂风,树叶哗哗作响。李广隐约看见一只吊睛白额的老虎在林子深处,正虎视眈眈地看着他。李广立即挽弓搭箭,一箭向老虎射去,然后头也不回就催马离去。

第二天,李广又来到昨天老虎出现的林里,却发现一块虎形的巨石在林中空地上，昨天射出去的那支箭已经深深没入石头当中。随从惊呆,赞叹将军神勇,于是请将军给大家再次表演绝技。结果让大家大失所望,李广连射几箭都没能射入石头中。

人群中有明白的人便说，将军神力只在性命攸关之时才有,因为害怕老虎伤了自己性命，让其发挥出了自己都不曾见识的力量,所以在瞬间爆发出的力量将箭射入了石头。

感悟：人的潜力有多大，李广将军“箭射顽石”略见一斑。人的巨大潜力，往往超出自己的想象。要充分的相信自己的能力，做事情的时候，专心致志，全力以赴，勇往直前，那么有什么不可以战胜的呢？

LIUZIZHENYAN 六字箴言

30年前，一个年轻人离开故乡，开始创造自己的生活。少小离家，云山苍苍，心里难免有几分惶恐。他动身后的第一站，是去拜访本族的族长，请求指点。

老族长正在临帖练字，他听说本族有位后辈开始踏上人生的旅途，就随手写了3个字“不要怕”，然后抬起头来，望着前来求教的年轻人说：“孩子，人生的秘诀只有6个字，今天先告诉你3个字，供你半生受用。”

30年后，这个从前的年轻人已是过了中年，他成就不多，也添了很多伤心事。归程漫漫，近乡情怯，他又去拜访那位族长。

他到了族长家里，才知道老人家已经去世。家人取出一个密封的信来对他说：“这是老先生生前留给你的，他说有一天你会再来。”还乡的游子拆开封套，里面赫然又是3个大字：“不要悔。”

感悟：儿童没有害怕的事情，更没有后悔的情绪，因为他没有经历。人随着知识的增长，经历的增多，不如意的事情、后悔的事情也随之而来。年轻人要勇敢的走出去，“不害怕”路途的艰难险阻，敢拼、敢闯。人到中年不要感叹自己失误太多，相信前面还有机会，也不要认为自己的成就不大，就不好意思见人，有些事情是不以我们的意志为转移的。要明白事物发展的道理、转化的道理，随遇而安。

BAOYUAN

抱怨

一次同学聚会上，一位处境不太好的男同学一个劲儿地抱怨领导不给他更多的机会，自己的才华施展不开。

一位女同学问他为什么自己不去争取。他说，他已经争取过了，但他并不认为领导给予他的是机会。他气愤地说："我已经快50岁了，可他们竟然派我去跑外。像我这样的年纪，怎么能够经受得起这样的折腾呢？"

女同学问他："为什么你会认为这是一种折腾，而不是一种机会？"

他仍旧义愤填膺："公司里有那么多年轻人，不派他们而让我去，这不是折腾人是什么？再说公司本部有那么多职位，却偏偏没有我的位置，凭我的能力，干什么都比他们强，我真不知道领导安的什么心。还有，公司所有的人都知道我身体不好……"

"学生时代，你的抱怨就多，现在还这样抱怨，难道你要抱怨到坟墓去？"女同学半开玩笑地说。

感悟：有的人缺乏自知之明，不反思自己为什么干不好、做不成，却一味抱怨别人，抱怨领导，抱怨社会，抱怨环境，这样的人很难成功。其实，失败和成功只差一步。反思自己，勤奋去做，才能突破自己、超越自己，才能看到前方胜利的曙光。寻找借口，抱怨者、推诿者，永无成功可言。

NIBIXUYOUYIYANGMAOJIANDE

你必须有一样冒尖的

一位朋友在美国移民局申请绿卡时，曾经遇到过一位中年妇女，从她被晒成古铜色的皮肤上看，可以断定是一位户外工作者。出于好奇，他上前和她搭话，一问才知道，她来自中国北方农村，因为女儿在美国，才申请来美。她只读过小学，汉语都表达不好。

可就是这样一位英语只会说"你好"、"再见"的中国农村妇女，也在申请绿卡。她申报的理由是有"技术专长"。移民官看了她的申请表，问她："你会什么？"她回答说："我会剪纸。"说着，她从包里拿出一把剪刀，轻巧地在一张彩色纸上飞舞，不到3分钟，就剪出一群栩栩如生的动物图案。

美国移民官瞪大眼睛，像看戏法似的看着这些美丽的剪纸，竖起手指，连声称赞。

这时，她从包里拿出一张报纸，说："这是中国《农民日报》刊登的我的剪纸画。"

美国移民官一边看，一边不住的点头，说："OK！"

她就这么OK了。旁边几个申请而被拒绝的人又羡慕又嫉妒。

这位中年妇女的故事告诉我们，你可以不会管理，可以不会金融，可以不会电脑，甚至，你可以不会英语。但是，你不能什么都不会！你必须会一样，你要竭尽全力把它做到极限。这样，你就会永远OK了！

感悟：人在社会上立足必须有"一技之长"，你的本领做到令人惊叹，举世无双，别具一格更好。人的精力是有限的，不可能样样精通，某一方面"冒尖"，令人刮目相看，你就会"趾高气扬"了。贪大求多、样样不精的平庸之徒，是不会受到欢迎的。

MUYANGNU
牧羊女

许多许多年以前,波斯国王有个儿子,他爱上了一个牧羊人的女儿。他去见他的父亲,说:“父王,我爱上了一个牧羊人的女儿,我要和她结婚。”父王说:“我是国王,你是我的儿子。我死后你就是国王,你怎能娶一个牧羊人的女儿为妻?”王子答道:“我只知道我爱她,我愿她做我的王后。”

国王感到这是天意,于是派信使去告诉那个姑娘说,国王的儿子爱她并要娶她为妻。牧羊人的女儿对信使说:“他是做什么活的?”信使回答:“他是王子,不做活。”姑娘说:“他要学会做一种活,我才嫁给他。”信使回去把姑娘的话告诉了国王。

国王对儿子说:“那个姑娘要你先学会一门手艺。你还想娶她吗?”王子说:“好,我来学编草垫。”于是,王子开始学编各式各样,不同颜色,不同装饰的草垫。三天之后,他已经能编出非常好的草垫。信使带着这些草垫去见姑娘,说:“这些垫子是王子编的。”姑娘看到垫子后,便随信使回宫,与王子结了婚。

王子在街上散步,走进了看上去很是雅洁的饮食店。谁知道,这是一间强盗和杀人犯开的店。他们把王子捉起来关进了土牢。土牢里已经关着不少城里的知名人士。这帮坏人把捉来的胖子杀了,用来喂捉来的瘦子,以此来开心。

王子很瘦,强盗们并不知道他的身份,所以王子一时还没有生命危险。他对强盗们说:“我会编草垫,这些草垫可以卖大价钱。”他们便给了他一些草。三天内他编了三张草垫。他对强盗们说:“拿这三张垫子去宫廷卖给国王吧,每一张垫子都值一百块金子。”强盗们把草垫送到宫里,国王发现这是他失踪了的儿子编的草垫,于是把媳妇找来。牧羊人的女儿仔细地检查草垫,发现在图案里有她丈夫编下的波斯文字,那是一封求救信。她把事情告诉了国王。

国王派出了士兵,杀掉了所有的强盗,救出了所有被俘的人。王子平安地回到他父亲的宫里,和妻子团聚。他对妻子十分感激,说:“亲爱的,完全因为有了你,我才能大难不死。”牧羊女说:“是你的一技之长救了你自己。”

感悟:是啊,有了一技之长,才能救自己,多么朴实,又多么深刻的道理。人靠什么在社会上立足,在社会上发展?靠自己的本事,自己有了一技之长。就多了一份生存的空间,多了一分竞争的胜算。

YIKUAISHITOU 一块石头

有一个生长在孤儿院中的男孩,悲观地问院长:“像我这样没有人要的孩子,活着究竟有什么意思呢?”院长笑而不答,交给男孩一块石头,说:“明天早上,你拿这块石头到市场去卖,但记住,不论别人出多少钱,绝对不能卖。”

第二天,男孩蹲在市场角落,有好多人要买那块石头,而且价钱越出越高。回到院内,男孩兴奋地向院长报告,院长笑笑,要他明天拿到黄金市场去叫卖。在黄金市场,竟有人出比昨天高十倍的价钱要买那块石头。

最后,院长叫男孩把石头拿到宝石集市上去展示。结果,石头的身价较昨天又涨了十倍,更由于男孩怎么都不卖,竟被传扬成“稀世珍宝”。

男孩兴冲冲地捧着石头回到孤儿院,将这一切禀报院长。院长望着男孩,说道:“生命的价值就像这块石头一样,在不同的环境下就会有不同的意义。一块不起眼的石头,由于你的珍惜、惜售而提升了它的价值,被说成稀世珍宝。你不就像这石头一样吗?”

感悟:生命的价值在于你是否重视它,只要你自己看重它,它就是无价之宝。不懂得自我珍惜,实际上是不懂得自我的价值。

YIZHISHOUYENENGGAN

一只手也能干

一个乞丐来到一个庭院，向女主人乞讨。这个乞丐很可怜，他的左手连同整条手臂断掉了，空空的袖子晃荡着，让人看了很难过，碰上谁都会慷慨施舍的，可是女主人毫不客气地指着门前一堆砖对乞丐说："你帮我把这砖搬到屋后去吧。"

乞丐生气地说："我只有一只手，你还忍心叫我搬砖。不愿给就不给，何必捉弄人呢？"

女主人并不生气，俯身搬起砖来。她故意只用一只手搬了一趟砖，然后说："你看，并不是非要两只手才能干活。我能干，你为什么不能干呢？"

乞丐怔住了，他用异样的目光看着妇人，终于俯下身子，用他的一只手搬起砖来，整整搬了两个小时，才把砖搬完，累得气喘如牛，脸上有很多灰尘，头上的乱发被汗水濡湿了。

妇人递给乞丐一条雪白的毛巾。乞丐接过去，把脸和脖子擦一遍，白毛巾变成了黑毛巾。妇人又递给乞丐20元钱。乞丐接过钱，很感激地说："谢谢你。"

妇人说："不用谢我，这是你自己凭力气挣的工钱。"

乞丐说："我不会忘记你的，这条毛巾也留给我作纪念吧。"说完他深深地鞠一躬，就上路了。

若干年后，一个很体面的人来到这个庭院。他西装革履，气度不凡，跟那些自信、自重的成功人士一样，美中不足的是，这人只有一只右手，左边是一条空空的衣袖，一荡一荡的。

来人俯下身用一只独手拉住有些老态的女主人说："我就是当年你让我搬砖的乞丐。如果没有你，我还是个乞丐，可是现在，我有了自己的公司，当了董事长了。"

妇人只是淡淡地说："这是你自己干出来的。"

独臂的董事长要把妇人连同她一家人迁到城里去住，做城市人，住好房子，过好日子。妇人说："我们不能接受你的照顾。"

"为什么？""因为我们都有两只手。"

董事长一再坚持着："夫人，你让我知道了什么叫自立，什么叫自强，那房子是你教育我应得的报酬！"

妇人笑了："那你就把房子送给连一只手都没有的人吧。"

感悟：人不可因为有缺欠而看不起自己，更不能为自己的不作为找借口。自立自强首先来自自信。

MAITOUZUOSHI

埋头做事

有一个刚刚步入社会的年轻人，觉得公司领导对自己不公，明明自己很有才华却得不到重用，而那些同事只不过比自己早些时候进入公司，就一个个趾高气扬的。他觉得自己生活得十分苦闷，于是找到一位智者，向他讲述自己的烦恼。

智者听后，把年轻人带到河边，他随手捡起一块鹅卵石扔了出去，鹅卵石远远地落到了一堆石头里。智者问："你能把我刚才扔出去的鹅卵石检回来吗？"

年轻人看了看，说："不能，那些石头的样子都差不多，我分不清哪一个是你刚才扔掉的。"

"那如果我扔出去的是一块金子呢？"智者再问。年轻人怔了怔，随即恍然大悟。

感悟：如果你自己的价值还只是一块平淡无奇的鹅卵石，那你就不要抱怨环境的不公，因为你没有被注意的价值。想要有自己的地位和声音，你先要努力提高自己的价值，只有当你成为金子的时候，你自身的光芒才会吸引来别人赞叹的目光。是金子总会发光的，是千里马总会万里驰骋的，在环境不如意、没有人赏识的时候，我们该做的不是浪费时间去抱怨，而是埋头做事。

WEISHIBAIHECUOWUZHAOJIEKOUSHIYUCHUNDE

为失败和错误找借口是愚蠢的

张亮和陈楠又一次相遇在这个繁华都市的街头，不过此时的陈楠衣衫不整，一脸的颓唐，丝毫不见了以往的神采，与他身边意气风发的张亮形成强烈的反差。

陈楠叹了口气，眼神有点羡慕地看着事业蒸蒸日上的张亮，说："张亮，我跟你说实话吧，最近我遇到了一个叫赛半仙的人，他给我算过了，我之所以栽了，全是因为我办公室的那张桌子。先生说破了风水，所以我的事业才节节不利。"

张亮很同情地看着这位当初和他一起创业的人，微微一笑，不置可否。他内心替陈楠感到可悲，没想到他竟能找出这样的借口，风水能决定一个人的事业吗？

当初，张亮和陈楠是创业时结识的，那时广告业还刚刚处于初级阶段，当然办公司创业有很多难处，但是市场上还是有很多优势的，再加上陈楠很快就建立起自己的一张关系网，公司的业务发展得很好，企业也慢慢红火起来，那时陈楠一脸的得意神情。但是不到几年，公司的业务就开始下滑，财务出现了危机。陈楠抱怨自己的机遇还没有真正来到，只要等上一段时间就会东山再起。

张亮曾多次提醒过陈楠："老陈呀，现在的社会发展越来越快，我们要是不继续学习，就跟不上时代的步伐了，你也应该去充充电了！"但是陈楠总是说："唉，你看我都这么大年纪了，而且书本都放了多少年了，精力又跟不上，怎么学呀，再说，我这段时间事业不景气，只不过是因为我的时运还没有来到，你看我原来没有学习，公司不也是做得很好吗？"既然他总是这样找借口，张亮也无能为力。

由于陈楠不能把握住客户需求，不知道哪些潮流和时尚是客户喜欢的，哪些是客户不喜欢的，而且和设计人员谈主题和创意时，由于知识水平跟不上，他总是不知所云，渐渐地，设计人员交上来的创意和文案，陈楠也无法分辨出质量的高低，只是拿到手就联系印刷，结果东西出来后得不到客户的认可。有时张亮善意地劝他去跑跑市场，他也总是诸多借口，要不推脱自己忙，要不说自己毕竟是个公司的老板，去市场上跑多没面子。结果使公司一而再、再而三地陷入困境，最终在市场上被无情地淘汰了。

而张亮能够牢牢把握住市场，把握住客户需求，不断提升自己，抓紧时间给自己充电，在别人的广告公司纷纷淘汰落马的时候，他的公司却业绩骄人，企业一天天地强大起来，张亮的事业当然是蒸蒸日上。

感悟：我们也经常可以见到像陈楠这样的人，他们总是给自己的失败找到这样或那样的借口，原谅自己，安慰自己，以外界环境的不利来宽慰自己的失败，挽回自己脆弱的面子和可怜的自尊，从而离成功越来越远。相信风水，不相信自己，不学习补充自己的人，没有不被淘汰的。

CONGJICENGGANQI 从基层干起

冯阳从名牌大学毕业，怀着满腔热血，投笔从戎，以为能到大机关工作，却没有想到让他去连队当了带兵的排长。开始那段时间，他以为自己是“高射炮打蚊子——大材小用”，工作不安心，情绪低落。

教导员看出了他的心思，告诉他，基层虽然艰苦，但是基层是大熔炉，是磨刀石，好钢、宝刀都是基层出来的。基层是各种任务、各种矛盾的集合地，在这里你能得到最实际的锻炼，为你今后工作打下扎实的基础。今天你了解了基层，熟悉了基层，假如日后能到机关去，才能更好地指导基层、服务基层，基层是人才成长的第一站。冯阳想想有道理。

不久，冯阳看了一本名人传，不少企业巨子、政界要人乃至总统，年轻时都是从底层做起的。美国的福特和洛克菲勒，一开始是普通工人；台湾的巨富王永庆是扛着米袋，给一家一家送粮开始的；香港的李嘉诚是捧着塑料花，站在街头，从一声一声叫卖开始的。法国的拿破仑、美国的艾森豪威尔以及中国的朱德等元帅、将军都是从当士兵开始的；马克思当过店员，毛泽东当过教师……这些赫赫有名的人物，都是从最底层干起的。从最底层干起，不仅没有埋没他们的才华，反而增添了实践经验和实干的本领，为他们日后的腾飞打下了坚实的基础。

从此，冯阳在连队踏踏实实地干，很快和战士们融到了一块，工作抓得有声有色，多次介绍带兵经验。后来被调到师机关，时间不长又调到军区机关，再后来先后担任了团政委、师政委，成为同学和战友中的佼佼者。

感悟：中国有一句古话，叫做："荷包装钻子，早晚会露头。"但是前提条件是自己有真实的本事，而且要踏踏实实干，从最底层干起，从最普通的工作干起，积累经验，增长才干。如果过高地估计自己，这也不愿干，那也不愿干，眼高手低，挑肥拣瘦，最终就会虚度光阴，一事无成。记住：小事是大事的起点，基层是腾飞的根基，从底层做起，从小事做起，成长得扎实。

RUOZHEHUISHOU

弱者回首

《动物世界》播放了这样一个惊心动魄的场面：

一群迁徙的野牛在行进途中，突遭数只猎豹的袭击。刚才还是悠然自得的牛群顿时像炸了窝的马蜂，惊恐着四处奔逃，躲避着猎豹，逃脱着死亡。一只只野牛在奔逃中被扑倒，没有搏斗，挣扎也是那样有气无力，只是哀鸣了一声，成了猎豹的食物。

突然，一只看似弱小的野牛，就在快被猎豹追上的刹那，突然转向，全身奋力后坐，努力将身体的重心后移，奔跑的四蹄成了四条铁杠，直直地斜撑在地上，随即身体周围腾起一股浓浓的尘土，如同爆响的炸弹掀起的浪。在这生死存亡之际，这只急停下来的小牛，不但没有被猎豹吓倒，反而反转过身来，愤怒地沉下头，扬起头顶上那一双尖尖的硬硬的角，猛抵冲过来的猎豹。那只不可一世的猎豹，还没有看清眼前发生的一切，就被野牛尖角抵住了身体扎进了肚子，被高高地挑起，抛向空中。

顿时，情况急转直下，奔逃的野牛们还在拼命地奔逃，而制造死亡的其他猎豹却惊呆了，先是伫立，继而掉头逃走。

感悟：人生中，困难多于幸福，磨难多于享乐。面对磨难，不能被吓倒，而是要奋力一搏，哪怕是不可抗拒的天灾人祸，哪怕是你弱小得奄奄一息，也可能会有转机。要记住：弱者回首就变强。

TUIYIBU 退一步

小高在广告公司谋事，由于年轻易冲动，便轻而易举地得罪了经理。于是，在以后的日子里，每次开会他都自然而然成为会议的主题——挨批。他真想和经理大吵一顿，然后一走了之。但是转念一想，如果真的走了，不光一些罪名洗不清，而且会被蒙上厚厚的污垢；再者，这是一家很有名气的广告公司，自己完全可以从中源源不断地得以“充电”，得到自己想要得到的一切。

于是他后退一步，坚持留了下来，整理好乱七八糟的心情，低头实干，以兢兢业业的工作来为自己疗伤，以实实在在的业绩回击偏见。一笔又一笔的业务，增添了他的信心，也让他积攒下了许多经验财富。渐渐地，他不再挨批了。

感悟：漫漫人生路，可能会遇到报复心强的领导，顶烟儿上会鼻青脸肿，退一步会海阔天空。退一步是为了踏越千重山，低低头，是为了昂扬成擎天柱。所以，不要灰心，不要轻言放弃，而要加倍努力做事，用成绩证明自己。

BUQUBUNAODELAOLIUTOU

不屈不挠的老刘头

在东北的一个县城,有一个很出名的“老刘头馒头铺”,深受当地老百姓的欢迎。

开馒头铺的是78岁的老刘头和老伴。他们是72岁开始创业的,这么大的年纪了,本应该享受晚年的生活。没有想到的是,老两口的生活出了问题。原来,他所在的企业倒闭,单位不给开退休费。富有创新精神的老刘头,在建国初期就是省劳动模范,是当地出名的八级水暖建筑设计师,主持设计安装了许多大型水暖工程。一向不向困难低头的老刘头,不怨天,不尤人,不依靠政府和儿女,自强自立,寻求生活的出路。他和老伴养过貉子、兔子、鸭子、花草,卖过扫帚、雪糕,但是都不理想。

72岁那年,老刘头从半袋面开始,做起了馒头,挂起了“老刘头馒头”的牌子。他和老伴每天都是凌晨4点起来,和面、搅面、成形、醒发,蒸出馒头已经是7点多了,老刘头推着三轮车走街串巷叫卖,他一边喊着“老刘头馒头、糖三角、豆沙包”,一边敲着铜锣。推着三轮车一天要走好几十里路,晚上回家还要准备第二天的生产,9点以后才能休息,不要说是70多岁的高龄老人,就是年轻人也受不了。

由于老刘头馒头货真价实,口味自然香甜,许多人专门在路边等着老刘头的馒头车。

馒头铺从开始的手工制作,发展到半机械化,老刘头摸索出一套提高馒头质量和数量的办法。无论是烈日炎炎的酷暑,还是冰天雪地的寒冬,无论是刮风,还是下雨,大家都能看见老刘头的身影,都能听到老刘头的锣声。老刘头把儿女们给的生活费退给了孩子们,靠自己的勤劳和智慧,换来了富裕开心的生活。

感悟:人无论年龄大小,只要有志气,有信心,不向困难低头,勇于创新,肯于付出,就会有成功和收获。

YIZHANGZHIYOUJIZHONGMINGYUN
一张纸有几种命运

期中考试后的一天，一位老教授在课堂上点名让一个学生站起来回答问题。这名学生他一向都很欣赏，可是，居然答错了。

课间休息时，他特地找到那个学生询问了一下情况。原来这个学生有好几门功课都考得一塌糊涂，很担心，所以闷闷不乐。老教授听之后，什么也没说。

下节课开始的时候，教授又把他叫了起来，教授从讲义夹中取出一张白纸扔到地上，问他："这张纸有几种命运？"

那名学生一时愣住了，没想到教授居然会问这么奇怪的问题。过了好一会儿，他才回答："扔到地上就变成了一张废纸，这就是它的命运。"

教授不置可否，又当着大家的面在那张纸上踩了几脚，纸上立刻就沾满了灰尘和污垢。然后，教授又请这位同学回答："这张纸有几种命运？"

"这张纸现在变成废纸了。"那名学生皱着眉头说。

教授没有说话，弯腰捡起那张纸，把它撕成两半后又扔在地上，请那名学生回答同样的问题。学生们都被教授的举动弄糊涂了，不知道他到底要说什么。那个学生红着脸回答："它还是一张废纸。"

教授不动声色地捡起撕成两半的纸，很快在上面画了一幅人物素描，还配了一首诗，而刚才踩下的脚印恰到好处地变成了少女裙摆上美丽的褶皱。这时，教授举起画问那位同学："现在请你回答，这张纸的命运是什么？"

那名学生一下子明白了教授的意思，干脆利落地回答："您赋予了这张废纸希望，使它有了价值。"教授脸上露出一丝笑容。

感悟：一个人也如同一张纸一样，有着不同的命运。一张纸片可以被当做废纸扔在地上，然后被我们踩来踩去，也可以作画写字，更可以折成纸飞机，飞得很高很高，让我们仰望。一张纸片尚且有多种命运,更何况人呢?命运如纸,只要你保持一种乐观自信的心态,无论它怎样变化,无论它遭受怎样的挫折与磨难,它依然是有价值的。与纸张不同的是,纸张只能被别人摆布,而人是可以通过学习和创造改变自己命运的。

KAOZIJIQUCHENGGONG 靠自己去成功

一次聚会上,几个老同学在闲聊,其中一位事业上颇有成就的同学则谈起了命运。另一个同学问:“这个世界到底有没有命运?”事业有成的那位说:“当然有啊。”同学再问:“命运究竟是怎么回事?既然命中注定,那奋斗又有什么用?”

他没有直接回答同学的问题,笑着抓起同学的左手,说要先看看他的手相,帮他算算命,然后讲了一些生命线、爱情线、事业线等诸如此类的话之后,他对那位同学说:“把手伸好,照我的样子做一个动作。”他的动作就是:举起左手,慢慢地且越来越紧地握起拳头。末了,他问:“握紧了没有?”老同学有些迷惑,答道:“握紧啦。”他又问:“那些命运线在哪里?”老同学机械地回答:“在我的手里呀!”他再追问:“那么,命运在哪里?”

那位同学恍然大悟。这位同学很平静地继续说道:“不管别人怎么跟你说,不管‘算命先生们’如何给你算,记住,命运在自己的手里!”

感悟:靠人不如靠己,最能依靠的人只能是你自己。我国著名教育家陶行知编的《自立歌》这样说道:“滴自己的汗,吃自己的饭。自己的事,自己干。靠天靠地靠祖上,不算是好汉。”成功的秘诀,就在于自我奋斗,除此以外,别无他法。自己的命运,自己把握,命运在自己的手里。

KAOZIJI

靠自己

松下幸之助，是日本的“经营之神”，关于教育孩子，他曾经说过这样一段话：“狮子故意把自己的小狮子推到深谷，让它从危险中挣扎求生，这个气魄太大了。虽然这种做法太严格，然而，在这种严格的考验之下，小狮子在以后的生命过程中才不会泄气。在一次又一次地跌落山涧之后，它拼命地、认真地、一步一步地爬起来。它自己从深谷爬起来的时候，才会体会到‘不依靠别人，凭自己的力量前进’的可贵。狮子的雄壮，便是这样养成的。”

美国石油家族的创始人老洛克菲勒，有一次带他的小孙子爬梯子玩，可当小孙子爬到不高不矮（不至于摔伤的高度）时，他原本扶着孙子的双手立即松开了，于是小孙子就滚了下来。这不是洛克菲勒的失手，更不是他在恶作剧，而是让小孙子幼小的心灵感受到做什么事都要靠自己，即使连亲爷爷的帮助有时也是靠不住的。

感悟：靠自己活着，这是做人的一大基本要义。在人生的不同阶段，要尽力达到理应达到的自立水平，拥有与之相适应的自立精神，这是当代人立足社会的前提条件。因为缺乏独立个性和自立能力的人，连自己的生存都管不了，还能谈发展成功吗？即使你的家庭环境所提供的优越条件高于常人，你也必须先降到凡尘大地，从头爬起，以平生之力练就自立自行的能力，才能安全无忧地生活在世界上，才能让前辈们对你放心。

XINXIN 信心

世界著名的游泳健将弗洛伦丝·查德威克，一次从卡得林那岛游向加利福尼亚海湾，在海水中泡了16小时，只剩1海里时，她看见前面大雾茫茫，潜意识发出了“何时才能游到彼岸”的感叹，她顿时浑身困乏，失去了信心。于是她被拉上小艇休息，失去了一次创造纪录的机会。

事后，弗洛伦丝·查德威克才知道，她已经快要登上成功的彼岸，阻碍她成功的不是大雾，而是她内心的疑惑。是她自己在大雾挡住视线之后，对创造新的纪录失去了信心，然后才被大雾所俘虏。

过了两个多月，弗洛伦丝·查德威克又一次重游加利福尼亚海湾，游到最后，她不停地对自己说：“离对岸越来越近了！”潜意识发出了“我这次一定能打破纪录”的信号，她顿时浑身来劲，最后弗洛伦丝·查德威克终于实现了目标。

感悟：其实，现实中的困难和障碍，往往都没有我们想象中那么严重，甚至，很可能并不存在，看似最糟糕的结果，也是可以克服与超越的。只要你鼓足勇气，微笑着去迎接挑战，相信自己有能力战胜它，它就不再可怕。没有什么障碍是不能跨越的，只要你不先被吓倒。

ZHONGGUIHUIYOUYILIZHONGZISHIHETA 终归会有一粒种子适合它

有一个女孩，高中毕业后没有考上大学，被安排在本村的小学教书。结果，不到一星期就回了家。

母亲安慰她：满肚子的东西，有的人倒得出来，有的人倒不出来，你不适合教书不要紧，也许有其他工作等着你去做。

后来，这女孩先后当过纺织工，干过市场管理员，做过会计，但是无一例外都半途而废了。

然而，每次女儿失败回来，母亲总是安慰她，从来没有抱怨的话。

30岁的时候，女儿做了聋哑学校的一位辅导员，后来又开办了一家自己的残障学校，并且在许多城市开办了残障人用品连锁店，有了自己的一片天地。

有一天，功成名就的女儿问母亲："那些年我连连失败，自己都觉得前途非常渺茫，可你为什么总对我那么有信心呢？"

母亲的回答朴素而简单："一块地，不适合种麦子，可以试试种豆子；豆子也种不好的话，可以种瓜果；瓜果也种不好的话，也许能种荞麦。终归会有一粒种子适合它，也总会有属于它的一片收成。"

感悟：多么大气而又聪明的母亲啊！人有不同的能力和专长，适应不同的环境，不能一概而论，这方面不行，不等于那方面不行。无论是对人对己，了解和认识都有个过程，潜力的挖掘、能力的发挥也需要时间。所以，期望值不要过高，允许失败，允许调整，只要保持信心，保持奋斗，就一定会有属于他的一片收成。

坚韧顽强篇

ZHIZHUOCHUANGZAOQIJI

执著创造奇迹

有一个名叫丹普赛的孩子，他生下来就是一位畸形人，四肢不全，只有半边右足和一只右臂的残端。作为一个孩子，他想跟别的孩子一样从事运动。他喜欢踢足球。他的父母亲就给他做了一只木制的假足，以便使他能穿上特制的足球鞋。丹普赛一小时接着一小时、一天接着一天地用他的木脚练习踢足球，努力在离球门越来越远的地方将球踢进去。他变得极负盛名了，以至新奥尔良的圣哲队雇他为球员。

当丹普赛用他的跛腿在最后两秒钟内、在离球门 63 码的地方破网时，球迷的欢呼声响遍了全美国。这是职业足球队当时踢进的最远的球。这次圣哲队以 19 : 17 的比分战胜了底特律雄狮队。

底特律雄狮队的教练施密特说："我们是被一个奇迹打败的。"

"丹普赛并不曾踢中那个球，那球是上帝踢中的。"底特律雄狮队的后卫沃尔凯说。

感悟：任何一种人生目标的实现，都不是一帆风顺的，但是只要执著，只要奋力坚持，即便自身条件不好，也一定会感动上帝，创造奇迹的。这个上帝就是自己。人的一生，就像一趟旅行，沿途中有看不完的春花秋月，但也有数不尽的坎坷泥泞。如果我们能保持一种健康向上的心态，即使我们身处逆境、四面楚歌，也一定会有"山重水复疑无路，柳暗花明又一村"的那一天。

GANGTIEZHANSHI
钢铁战士

在地震抢险的队伍中，有一支装甲兵部队，负责从山脚往村民聚居的山顶送粮食，再从山上把伤员背下来，战士们采用接力的办法。

其中一个小战士，负责的一段路背粮上山需要两个半小时，背着伤员下山需要3小时。时间就是生命，在整个抢险救援过程中，他始终不歇息，浑身疼痛他也不吭声。有一天，当他背着50公斤粮食上山时，阵痛加剧，像是有什么东西卡住了肠子，异常难受。可他只是把腰带紧了紧，死死扎住痛处。当他背着一名老奶奶蹒跚着下山时，突然扛不动了，就在他身子歪倒之前，仍拼命用手撑住地面，将老奶奶轻轻放下，之后他昏了过去。

战友们立即将他送进医院的急救帐篷，两位教授紧急会诊后大吃一惊：由于疝气引起大网膜穿孔，小肠已流进阴囊造成肿大，必须立即手术，否则危及生命。

教授在成功为其实施手术后介绍说，这种病完全是因为过度劳累造成的，肠子穿孔的疼痛非常人所能忍受，何况还在负重奔波。护士们为他更换衣物时，看着他10个磨烂的脚指和为了止痛用武装带紧紧勒住腰部造成的血痕，都为这个刚强的小战士落泪了，称他为“钢铁战士”。

感悟：钢铁战士，是因为牢记全心全意为人民服务的根本宗旨，自觉践行革命军人神圣职责，有钢铁的意志和坚强的信念，能够将这两者融合到一起，就是一个不怕任何艰难困苦的人，就是一个被人民崇敬，被人们称道的人。坚强不屈，是军人的高贵品质。

SHENGMINGZHONGDEMONAN

生命中的磨难

在一次联合训练演习中，遇到了大风浪天气，在甲板上作业的战士张亮被缆绳打到了脸上……从此，他的左脸里安装了一块钢板，经常疼痛奇痒。后来他被送到军校学习，临行前，舰长关切地问他："能坚持下来吗？"张亮毅然地点点头。

四年过去了，他成绩优秀，圆满毕业。后来他回忆说："在军校学习时，左脸里的钢板一直很不舒服，特别是天气一热，我的脸上好像有无数个虫子在爬，在老师讲课的时候，有许多次我都想冲出教室狠狠地抓两把，喊两声。但是我都攥着拳头忍住了。我知道，能来军校不容易，能够在课堂上听老师讲课是一件多幸福的事情。既然生活已经给了我磨难，我就要接受磨难，战胜磨难。就是这种信念支撑着我不断忍受着疼痛奇痒，不断地坚持学习。"

感悟：意志靠信念来支撑，当磨难袭来，生命遭遇逆流，状态降至低谷的时候，坚信任何困苦都无法淹没你，不轻言放弃，把"奋斗"高高举过头顶，任何困难都阻挡不了你前进的脚步！

JIANCHIDAODI

坚持到底

从小就一贫如洗的亚伯拉罕·林肯，一生经历了无数的失败，八次竞选落败，两次经商失败，甚至还精神崩溃过一次。好多次，他本可以放弃，但他并没有如此，也正因为他没有放弃，才成为美国历史上最伟大的总统之一。

以下是林肯进驻白宫前的简历：

1816年,家人被赶出了居住的地方,他必须工作以抚养他们。

1818年,母亲去世。

1831年,经商失败。

1832年,竞选州议员,但落选了!

1832年,工作也丢了,想就读法学院,但进不去。

1833年,向朋友借钱经商,但年底就破产了,接下来他花了16年,才把债还清。

1834年,再次竞选州议员,赢了!

1835年,订婚后即将结婚时,未婚妻却死了,因此他的心碎了!

1836年,精神完全崩溃,卧病在床6个月。

1838年,争取成为州议员的发言人,没有成功。

1840年,争取成为选举人,但失败了!

1843年,参加国会大选,落选了!

1846年,再次参加国会大选,这次当选了!前往华盛顿特区,表现可圈可点。

1848年,寻求国会议员连任,失败了!

1849年,想在自己的州内担任土地局长的工作,被拒绝了!

1854年,竞选美国参议员,落选了!

1856年,在共和党的全国代表大会上争取副总统的提名,但得票不到一百张。

1858年,再度竞选美国参议员,再度落败。

1860年,当选美国总统。

感悟:"此路艰辛而泥泞。我一只脚滑了一下,另一只脚也因而站不稳;但我缓口气,告诉自己,'这不过是滑一跤,并不是死去而爬不起来。'"——林肯在竞选参议员落败后如是说。这就是永不言放弃的林肯一生真实的写照。年轻的朋友们,当生活和工作中遇到挫折的时候,多想想林肯和他的这句话,你也许就知道该怎么办了。

HUDIEZONGLI
蝴蝶总理

在加拿大魁北克城一个中克舍维宁根的地方，一个造纸技师的十九个孩子中的第十八个是个男孩，这个孩子相貌丑陋，说话口吃，而且因为疾病导致左脸局部麻痹，嘴角畸形，讲话时嘴巴总是歪向一边，还有一只耳朵什么都听不见。

为了矫正自己的口吃，这孩子模仿古代一位有名的演说家，嘴里含着小石子讲话。看着嘴巴和舌头被石子磨烂的儿子，母亲心疼地抱着他，流着眼泪说："不要练了，妈妈一辈子陪着你。"懂事的孩子替妈妈擦着眼泪说："妈妈，书上说，每一只漂亮的蝴蝶都是自己冲破束缚它的茧之后才变成的。我要做一只美丽的蝴蝶。"

后来，这个孩子依靠顽强的意志，经过艰苦的练习，终于能流利地讲话了。因为他的勤奋和善良，中学毕业时，他不仅取得了优异成绩，还获得了良好的人缘。

1993年10月，他参加全国总理大选。他的对手居心叵测地利用电视广告夸张他的脸部缺陷，然后写上这样的广告词："你要这样的人来当你的总理吗？"但是，这种极不道德的、带有人格侮辱的攻击招致大部分选民的愤怒和谴责。

后来，他的成长经历被人们知道后，赢得了选民极大的同情和尊敬。他说的"我要带领国家和人民成为一只美丽的蝴蝶"的竞选口号，使他以高票当选为总理，并在1997年再次获胜，连任总理，人们亲切地称他为"蝴蝶总理"。

他就是加拿大第一位连任两届的总理让·克雷蒂安。

感悟：意志对人的行动具有调节和支配的作用，它可以帮助人们克服困难以达到目的。要想成为一只美丽的蝴蝶，必须走过一段艰难的旅程，最难的一关是冲破束缚自己的茧，这需要坚强的意志与不屈服的精神。亲爱的朋友们，你打算成为美丽的蝴蝶吗？

TANGMUSENWEISHENMEBEIRENXIHUAN
汤姆森为什么被人喜欢

18 岁的约翰·汤姆森是一位美国高中生。他家在北达科他州拥有一个农场。1992 年 1 月 11 日，他独自在父亲的农场里干活。当他在操作机器时，不慎在冰上滑倒了，他的衣袖绞在机器里，两只手臂被机器切断。

汤姆森忍着剧痛跑了 400 米来到一座装有电话的房子里。他用牙齿打开门闩，他爬到了电话机旁边，但是无法拨电话号码。于是，他用嘴咬住一支笔，一下一下地拨动，终于拨通了他表兄的电话，他表兄马上通知了附近有关部门。

当汤姆森等待救援人员到来的时候，他把断臂伸在浴盆里，为了不让血白白流走。当救护人员赶到时，他被抬上担架。临行前，他冷静地告诉医生：

"不要忘了把我的手带上。"

后来，明尼阿波利斯州的一所医院为汤姆森进行了断肢再植手术。他住了一个半月的医院，便回到北达科他州自己的家里。如今，他已能微微抬起手臂，并已经回到学校上课了。他的全家和朋友为他感到自豪。

约翰·汤姆森虽然没有干出什么惊天动地的事业，却成了现代美国民众心目中最重要的青少年楷模之一。

美国人为什么喜欢汤姆森呢？有人说，他可真聪明，用笔打电话，还会用嘴打开门。有人说，他喜欢干活，我们喜欢勤劳的人。还有人说，他身体真棒，一定曾努力锻炼过身体，不然早没命了。

一位学者概括了这些人的回答，人们除了佩服他的勇气和忍耐力外，还有一种独立精神。他一个人在农场操作机器，出了事又顽强自救，所以他是好样的。

感悟：汤姆森是一个具有惊人意志力的人。当人处于危急、险恶的环境中，只有先克服内心的恐惧和慌乱，稳定情绪，才能有效地采取自救行动。朋友们,要好好磨砺自己的意志呀!

MINGSHIDAJIADECHUANSHIZHIZUOHETUIGAOXIN
名师大家的传世之作和退稿信

大凡弄文学、爬格子的新手,多患有不同程度的退稿恐惧症。的确如此,没有什么比一纸退稿通知单更令人汗颜,令人沮丧了。然而,贵就贵在锲而不舍。实际上,世界上许多名家大师的传世之作,在开始时也难逃退稿的厄运。但是,佳作仍是佳作,大师终究是大师。下面是世界上几封先被退回,后来得以出版的传世之作以及作者其人和退稿信的内容:

(1)约瑟夫·罗德雅德·吉卜林,英国第一位荣获诺贝尔文学大奖的名作家。

作品:《无题》

退稿时间:1889年

退稿信:

很抱歉,吉卜林先生,您根本不知道怎样使用英语写作!

(2)赫尔曼·麦尔维尔,美国浪漫主义小说最重要的代表作家。

作品《白鲸》

退稿时间:1851年

退稿信:

十分遗憾,我等一致反对出版大作,因为此小说根本不可能赢得广大青少年读者的青睐。作品又臭又长,徒有其名而已。

(3)福楼拜,法国著名小说家。

作品:《包法利夫人》

退稿时间:1856年

退稿信:

整部作品被一大堆甚为精彩但过于繁复累赘的细节描写所淹没。

(4)威廉·福克纳,美国作家,1949年获诺贝尔文学奖,1951年获美国全国图书奖,1955年和1963年两次获普利策奖。

作品:《圣殿》(本书后来成为作者最为走俏的作品)

退稿时间:1931 年

退稿信:

我的天,我可不敢将手稿变成铅字,否则,你我两人都难逃法网。

感悟:人立命于世,贵有自信,遭到别人的否定甚至歧视时,不心灰意冷,在强大的势力面前不自卑,坚持自己的信念,锲而不舍的努力,才能取得令人瞩目的成就。

MEERSIHEDIANBAODEDANSHENG 莫尔斯和电报的诞生

可能有很多人都不知道,电报的发明家莫尔斯是从 41 岁时的一个偶然机会才开始放弃作画继而研究电报的。那时,人们议论纷纷:“你已经 40 多岁了,还改行?”对此,莫尔斯一笑了之,专心致志地做试验。

三年时间过去了,莫尔斯的积蓄花光了,只好重操旧业,到纽约大学当美术教授,白天上课,晚上研究电报。

研究到第五个年头他终于解决了如何用电信号表示数字和字母这一关键问题,他很快编出了世界第一本电报编码,即后来人们所称的使用至今的“莫尔斯编码”。

发明电报编码后,莫尔斯一鼓作气,根据这个编码开始设计和制作电报机。

1837 年 9 月 4 日,莫尔斯终于制造出世界上第一台电磁式电报机,它能在 500 米范围内有效工作。但由于通信距离短,没有企业家肯投资。

莫尔斯没有灰心,他忍痛卖掉了自己身边唯一值钱的东西——几幅祖传的珍藏了多年的名画,作为继续试验的费用。

1841 年,莫尔斯在威尔的帮助下改进了发报和接收装置,可供实用的有线电报机终于诞生了。莫尔斯和威尔带着改进后的发明,向国会提出建立一条华盛顿至巴尔的摩之间的实验电报线路的议案,但遭拒绝。

后来在科学舆论的压力下,有关电报实验线路的议案又被重新提交国会讨论。

1844 年 5 月 24 日，莫尔斯心情激动地坐在华盛顿国会大厦联邦最高法庭会议厅中,当着众人的面,向 40 英里外的巴尔的摩发出了历史上第一份长途电报:“上帝创造了何等的奇迹。”电报终于诞生了。莫尔斯艰苦奋斗了 12 个春秋,终于将他的理想变成了现实,他胜利了。

感悟:莫尔斯的成功经历启示我们,远大的理想与毅力结合在一起时,才能产生无穷的力量。要想获得事业上的成功,光有理想是远远不够的,还要有远见、毅力和能力,坚持奋斗才能结出硕果。

ZHIZHUO 执著

有这样一则故事:有一个年轻人到一家电器厂去谋职,这家工厂人事主管看着面前的小伙子衣着肮脏,身材瘦小,觉得不理想,信口说:“我们现在暂时不缺人,你一个月以后再来看看吧。”这只是一个推辞,没想到一个月以后,这个小伙子真的来了。那位负责人又说:“过几天再说吧。”隔了几天,他又来了。如此反复了多次,主管只好直接说出自己的态度:“你这样脏兮兮的是进不了我们的工厂的。”于是小伙子立即回去借钱买了一身整齐的衣服穿上再次去面试。负责人看他如此实在,只好说:“关于电器方面的知识你知道得太少了,我们不能要你。”不料两个月后,他再次出现在人事主管面前:“我已经学会了不少有关电器方面的知识,您看我哪方面还有差距,我一项项来弥补。”

这位人事主管紧盯着态度诚恳的小伙子看了半天才说:“我干这一行几十年了,还是第一次遇到像你这样来找工作的,我真佩服你的耐心和韧性。”于是，他得到了这份工作,并通过不断努力成为电器行业非凡人物。故事的主人就是后来松下公司的总裁松下幸之助。

感悟:成功来自于执著,耐心和韧性能够克服一个个困难,也能给人带来感动。

DIYIBAIFENGXIN
第一百封信

有位小伙子爱上了一位美丽的姑娘。他壮着胆子给姑娘写了一封求爱信。没几天她给他回了一封奇怪的信。这封信的封面上署有姑娘的名字,可信封内却空无一物。小伙子感到奇怪:如果是接受,那就明确说出,如果不接受,也可以明确说出,干吗干脆不回信?

小伙子鼓足信心,日复一日地给姑娘写信,而姑娘照样寄来一封又一封的无字信。一年之后,小伙子寄出了整整 99 封信,也收到了 99 封回信。小伙子拆开前 98 封回信,全是空信封。对第 99 封回信,小伙子没有拆开它,他再也不敢抱任何希望。他心灰意冷地把那第 99 封回信放在一个精致的木匣中,从此不再给姑娘写信。

两年后,小伙子和另外一位姑娘结婚了。新婚不久,妻子在一次清理家什时,偶然翻出了木匣中的那封信,好奇地拆开一看,里面的信纸上写着:已做好了嫁衣,在你的第 100 封信来的时候,我就做你的新娘。

当夜,已为人夫的小伙子手捧着 99 封回信,望着万家灯火的美丽城市,不觉间已是潸然泪下。

感悟:成功,它就像故事中那位美丽的姑娘,并不是那么轻而易举就能追到的,好比烧开水,99℃离 100℃虽然只差 1℃,但是不到 100℃,水是不会沸腾的。每个人都尝过失败的苦涩滋味,但并不是每一个人都能等到甘甜的那一天。99 次希望,98 次失望,差了一次,便算不上锲而不舍了。所以,当你失败了 99 次,请你做第 100 次尝试；而假如你已经失败100次，那就请开始第101次的努力。

BUFANGQICAINENGCHENGGONG

不放弃才能成功

小张和小王是好朋友，他们一起考入军校，一起入党，毕业的时候，他俩都被评为了优秀学员，一起分配到了同一个海岛上，他们有一个共同的梦想，当一名率领战舰驰骋大海的将军。

海岛条件非常艰苦，缺水、缺电，交通不便。他们所在的舰艇部队，只是一些辅助性船只，吨位较小，直觉告诉他们，在这样的单位成为将军的可能性等于零。

面对现实，小张打起了退堂鼓，他用所有精力开始运作怎样才能尽快“逃”出去，结果在失败了N次之后，他转业回了老家。

而小王则把丘吉尔的“坚持到底，永不放弃”作为自己的座右铭，脚踏实地、埋头苦干。结果，一次次的好成绩换来了一次次晋升的机会，20年后，成为海军舰艇部队的师一级的指挥员，虽然还没有成为将军，但他知道自己离理想越来越近。

在同学毕业20周年的聚会上，小张和小王重逢了。换了N个工作，最终成了一个小网吧业主的小张，由衷地感叹：“我最大的教训，就是缺乏坚持的勇气！”

感悟：不同的态度注定了不同的结局。树立人生目标很容易，坚守目标、永不放弃，却很难。成功的秘诀如果真有的话，那就是：坚持奋斗不放弃。

DAHUO

大火

1914 年 12 月，大发明家托马斯·爱迪生的实验室在一场大火中化为灰烬。损失超过 200 万美金，但事前却只投了 23.8 万的保险,因为实验室是钢筋混凝土结构,按理说应是防火的。那个晚上,爱迪生一生的心血成果在烈焰腾腾的大火中付之一炬了。

大火最凶的当儿，爱迪生 24 岁的儿子查里斯在浓烟和废墟中发疯似的寻找他父亲。他最终找到了:爱迪生平静地看着火势,他的脸在火光摇曳中闪亮,他的白发在寒风中飘动着。

“我真为他难过,”查里斯后来写道,“他都 67 岁——不再年轻了—— 可眼下这一切都付诸东流了。他看到我就嚷道:‘查里斯,你母亲去哪儿了?去,快去把她找来,她这辈子恐怕再也见不着这样的场面了。’”

第二天早上，爱迪生看着一片废墟说道:“灾难自有它的价值,瞧,这不,我们以前所有的谬误过失都给大火烧了个一干二净,感谢上帝,这下我们又可以从头再来了。”

火灾刚过去三个星期,爱迪生就开始着手推出他的第一部留声机。

感悟:面对烧去了自己毕生心血的大火,67 岁的爱迪生能够从灾难中找出“价值”,从头再来,这种乐观的态度,豁达的胸怀,不屈的斗志,真让人敬佩。对坚强的人来说,灾难,挫折,失败,是财富,是新机会的开始,只要有人在,一切都可以从头再来。

CHENGGONGDEZHENGDI
成功的真谛

有人问一位智者："请问，怎样才能成功呢？"

智者笑笑，递给他一颗花生："用力捏捏它。"那人用力一捏，花生壳碎了，只留下花生仁。

"再搓搓它。"智者说。那人又照着做了，花生仁红色的皮被搓掉了，只留下白白的果实。

"再用手捏它。"智者说。那人用力捏着，却怎么也没法把它毁坏。

"再用手搓搓它。"智者说。当然，什么也搓不下来。

"虽然屡遭挫折，却有一颗坚强的百折不挠的心，这就是成功的秘密。"智者说。

感悟：良机对于懒惰者、脆弱者没有什么用处，勤劳和百折不挠可以使最平常的机会变为良机。投机取巧的人，结果往往会"扑空"的。

MIANDUICHIRU
面对耻辱

美国总统罗斯福在中年时患了麻痹症，这时他做了参议员，在政坛上炙手可热，遭此打击，差点心灰意冷，退隐乡园。开始时，他一点也不能动，必须坐在轮椅上，但他讨厌整天依赖别人把他从楼上抬上抬下，晚上就一个人偷偷练习。

有一天他告诉家人说，他发明了一种上楼梯的方法，要表演给大家看。原来，他先用手臂的力量，把身体撑起来，挪到台阶上，然后再把腿拖上去，就这样一阶一阶艰难缓慢地爬上楼梯。他的母亲阻止他说：“你这样在地上拖来拖去的，给别人看见了多难看。”罗斯福断然说：“我必须面对自己的耻辱。”

感悟：能平静地面对自己耻辱的人，还有什么不能战胜的呢？有些人在遇到耻辱的时候，总不敢面对自己，这是一种心理阴影。其实，只要勇敢地走出去，就是一片阳光。成功永远属于勇敢者。

CHENGGONGDEJINGYAN

成功的经验

英国首相丘吉尔是一个非常有名的演讲家，他的生命中的最后一次演讲是在一所大学的结业典礼上，那次演讲的全过程大概持续了 20 分钟，但是在那 20 分钟内，他只讲了两句话，而且都是相同的：坚持到底，永不放弃，坚持到底，永不放弃！

这场演讲是演讲史上的经典之作。丘吉尔用他一生的成功经验告诉人们：成功根本没有什么秘诀可言，如果真是有的话，就是两个：第一个就是坚持到底，永不放弃；第二个就是当你想放弃的时候，回过头来看看第一个秘诀，坚持到底，永不放弃。面对挫折时，要记住告诉自己不要服输，失败永远不会是定局，只是暂时还缺乏条件。

感悟：坚持的毅力非常重要，面对挫折时，要告诉自己：要坚持，再来一次。因为这一次的失败已经过去，下次才是成功的开始。人需要在跌倒中爬起，只是成功者爬起来的次数比跌倒的次数要多而已。

BAIZHEBUNAO

百折不挠

肯德基在世界各地都有连锁店，那个穿着白色西服的老上校总是笑眯眯地在店里看着每一位顾客，可是你知道他是怎么成功的吗？他在成功之前尝试了多少次呢？

1890年9月9日，哈兰·山德士出生于美国印第安纳州亨利维尔附近的一个农庄。家境不是很富裕，但也还过得去。然而就在他6岁那年，父亲去世了，留下母亲和3个孩子艰难度日。为了生活，母亲不得不在白天去食品厂削土豆，晚上给人家缝衣服，这样一来自然就没工夫照料幼小的孩子。山德士是老大，他肩挑起了照顾弟妹、为母亲分忧的重任。白天母亲不在家，小山德士只好自己做饭，一年过去了，他竟然学会了做20个菜，成了远近闻名的烹饪能手。

12岁那年，母亲再嫁，山德士和继父的关系却不是很好，才念到6年级，他就再也不想读书了，家里的空气憋闷无比，山德士决定去工作，重新换个环境。

他来到格林伍德的一家农场去做工，虽然辛苦，但也能维持个人温饱。此后他换过无数种工作，做过粉刷工、消防员，卖过保险，还当过一阵子兵，后来他还得过一个函授法学学位，使他能在堪萨斯州小石城当上一段时间治安官。后来，山德士还在肯德基州开过加油站，可是因为二战爆发，战争期间实行汽油配给，他的加油站不得不关门了。他还经营过饭店，但是一条新建的高速公路从饭店旁边通过，饭店也不得不关门闭店。最后，当他不得不变卖资产以偿还债务的时候，连银行存款都用光了，他一文不名。

这时的山德士已经66岁了，他收到了生平第一份救济金105美元。这激怒了他，难道他已经落魄到只能依靠救济金生存的地步了吗？山德士冥思苦想，该怎么做，才能摆脱困境，他拥有的最大价值的东西就是他的炸鸡手艺了，这是一笔巨大的无形资产。

就这样，山德士上校开始了自己的第二次创业，他带着一只50磅的作料桶，身穿白色西装，打着黑色蝴蝶结，一身南方绅士的打扮，开着他的老福特上路了。

他从肯德基州到俄亥俄州，一路兜售炸鸡秘方，要求表演炸鸡。如果他们觉得炸鸡口味不错，就卖给他们特许权，提供作料炸制方法。但是这不是一次性买断，而是要从营业额中提成的。开始的时候，没有人相信他，饭店老板甚至觉得听这个怪老头介绍是浪费时间。

山德士的推销工作做得很艰难，整整两年，他都被拒绝，终于在第1010次走进一个饭店时，得到了一句“好吧”的回答，他的想法终于被人接受了。

就这样，从66岁创业开始，山德士上校经历了1009次失败后成功了，并且建立了令世人震惊的肯德基连锁事业。现在作为世界快餐连锁企业，肯德基在世界各地80多个国家，拥有超过11000多家的餐厅，世界上每天有1000多万顾客，在这里品尝着由山德士上校近半世纪前开创的炸鸡。可以说，人们或许不知道美国地理上的肯德基州，但却知道肯德基这个名字。山德士上校1009次失败后才到来的成功，这是多么令人震惊的坚忍不拔的意志啊！

感悟：能像山德士上校那样，经历上千次的失败，仍然不屈不挠，最后取得成功，确实值得赞叹可敬。更可贵的是，在面临这一切的时候，山德士已是一位年过花甲的老人了。事实告诉我们，挫折失败都不要紧，只要多坚持一次，哪怕就一次，或许你就可以重新再来。

JINGDEQIJUJUEKAOYAN

经得起“拒绝”考验

有个保险业务员，到一家餐厅拜访餐厅老板，老板一听到是保险公司的人，笑脸倏地收了起来。“保险这玩意儿，根本没用。因为必须等我死了以后才能领钱，这算什么呢？”

“我不会浪费您太多的时间，您只要给我几分钟的时间让我为您说明就好了！”业务员并不后退。

"我现在很忙,如果你的时间太多,何不帮我洗洗碗盘呢?"老板本来是以开玩笑的口吻戏谑他,没想到年轻的保险员真的脱下西装外套,卷起袖子开始洗了。老板吓了一跳,大喊:"你用不着来这一套,我们实在不需要保险!所以,不管你怎么说,怎么做,我们决不会投保的,我看你还是别浪费时间?"

这个业务员每天都来洗碗盘,老板依旧是铁石心肠地告诉他:"你再来几次也没用,你也用不着再洗了,如果你够聪明,趁早找别家吧!"

但是这位有耐心的业务员依然天天来洗,10天、20天、30天过去了,到了第40天,这个讨厌保险的老板,终于被这个青年的耐心打动了,最后答应他投高额保险,不仅如此,而且还替这位有耐心的年轻业务员介绍了不少桩生意。

感悟:俗话说:"人心都是肉长的。"不管双方认识距离有多大,用行动让对方感到你十分有诚意,就会促使对方去思索,进而理解你的苦心,从固执的框子里跳出来,最终你有可能与他建立起良好的关系。有些人脸皮太薄,自尊心太强,经不住拒绝的打击,只要略一受阻,他们就感到羞辱、气恼,拂袖而去,再不回头。因此,我们在办事时,不要抱着自尊不放,碰个钉子脸不红心不跳,不气不恼,照样笑容可掬地与人周旋,只要还有一丝希望就要全力争取,不达目的决不罢休。具备这种抓住不放的意志,才能把事情办成。

MIANDUISHIBAIXUANZEJIANCHI

面对失败,选择坚持

女孩桐羽从县城的重点高中毕业了,考入了北京一所重点大学。开始很顺利,后来她遇到了预想不到的困难。

桐羽的学习成绩在班级里一直名列前茅,具备保送研究生的条件,可是由于英语没有过四级,失去了保送研究生的机会。当年研究生考试,也是由于英语的成绩差了一分,没有被录取。看见别的同学读了研究生,自己却名落孙山,桐羽的内心充满了懊悔和自责。

在连续两次挫折和失败面前，是退缩，还是继续走下去，经过苦苦思索，桐羽选择了后者。

在北京昌平郊区的一个小村子里，桐羽在一处低矮的瓦房里开始了自学复习的日子，她的父母也从东北辞去了工作，来北京照顾女儿的生活。那个小房盛夏里闷热难耐，冬天又冻得伸不出手来，桐羽全然不顾，刻苦的学习。

一分耕耘一分收获，桐羽再次参加了研究生考试，以植物系第一名的成绩，考取了研究生。两年后又被保送读了博士研究生。国家规定，要取得博士学位，必须在国外刊物上发表文章，否则就前功尽弃。面对新的挑战，桐羽没有后退，而是告诉自己："要坚持，坚持就是胜利。"

又一个鸟语花香的夏天，桐羽顺利通过了博士论文答辩，被授予博士学位，同时到浙江大学读博士后，被导师送到英国深造。

感悟：挫折和失败人人都要经历，就看我们如何面对。把失败当做新的起点，锲而不舍地坚持，就能够取得成功。只有搏击风浪，到达彼岸的人，才能领略多彩和快乐的人生。

YITIAOTUIDEJUNREN

一条腿的军人

一个偏僻的小镇，据传有一个特别灵验的水泉，可以医治各种疾病。有一天，一个拄着拐杖，少了一条腿的退伍军人，一跛一跛地走过镇上的马路。旁边的镇民带着同情的口吻说："可怜的家伙，难道他要向上帝请求再有一条腿吗？"这一句话被退伍的军人听到了，他转过身对他们说："我不是要向上帝请求有一条新的腿，而是要请求他帮助我，教我没有一条腿后，也知道如何过日子。"

感悟：忘记不幸的过去，接纳既有的现实，开始新的生活，这是应有的人生态度。乐观地对待人生的坎坷，不再为过去掉泪，努力地让自己的生命活出亮丽与光彩。

NAYIDEQISHI

蚂蚁的启示

帖木儿皇帝被敌人紧追不舍，不得不躲进了一间坍塌的破屋。就在他陷入困惑与沉思时，他看见一只蚂蚁吃力地背负着一粒玉米向前爬行。蚂蚁重复了69次，每一次都是在一个凸起的地方连同玉米一起摔下来，它总是翻不过这个坎。哦，瞧，到了第70次，它终于成功了，这只蚂蚁的行为极大地鼓舞了这位彷徨的英雄，使他开始对未来的胜利充满希望。

感悟：很多人不敢去追求成功，不是追求不到成功，而是因为他们的心里面也默认了一个“高度”，这个高度常常暗示自己的潜意识，这也就是我们常说的“自我设限”。其实，一切皆有可能。我们必须尽力开掘自己的潜能，大声对自己说：没有什么是不可能的！不给自己设限，你的人生就没有限制。

ZSCZP

战胜挫折篇

TANYANSHIBAI
坦言失败

1928年，大作家沈从文被当时任中国公学校长的胡适聘为该校讲师。沈从文时年才26岁，学历只是小学毕业，却以一手灵气飘逸的散文而震惊文坛，当时已颇有名气。

但是，名气不是胆气。在他第一次走上讲台的时候，慕名而来听课的人很多。面对台下满堂坐着的渴盼知识的学子，这位大作家竟整整待了10分钟一句话也说不出来。后来开始讲课了，而原先准备好的要讲授一个课时的内容，被他三下五除二地10多分钟就讲完了，离下课时间还早呢！但他没有天南海北地瞎扯来硬撑“面子”，而是老老实实拿起粉笔在黑板上写道：“今天是我第一次上课，人很多，我害怕了。”于是，这老实的可爱的“坦言失败”，引得全堂爆发出一阵善意的欢笑。胡适知道后，认为沈从文的坦言与直率，是“成功”了！

感悟：人生都有成功与失败，就看自己怎么去面对。其实没有失败就没有成功，失败乃是成功之母。只要敢于承认，敢于面对，坦言失败，成功则离你不远了。大作家沈从文的成功之路就是来自他对失败的坦然和直率。

SHIDAOYIHOU
失盗以后

一次，富兰克林·罗斯福（曾任美国第32任总统）家中失盗，被偷去很多东西。他的朋友写信安慰他，罗斯福给朋友写了一封回信：

“亲爱的朋友，谢谢你来信安慰我，我现在很平安。感谢上帝。因为：第一，贼偷去的是我的东西，而没有伤害我的生命；第二，贼只偷去我部分东西，而不是全部；第三，最值得庆幸的是，做贼的是他，而不是我。”

感悟：用庆幸的态度对待挫折，从不利中看到好的一面，是疏导情绪、化愁为乐、转忧为喜的一个好办法。当我们遇到一些麻烦时，不妨试试这种能让自己快乐的好办法。

LIWU 礼物

伊琳·艾根曾在慈爱会中同广为美国人民所敬爱的泰瑞莎修女共处30余载。在她的一本书中记叙了泰瑞莎修女对待人生的态度：

一次，当我做完弥撒，和泰瑞莎院长谈到人世间诸多的困难挫折时，她对我说：“其实，世上的艰难困苦又何尝不是俯拾皆是，但如果我们视其为上天恩赐的礼物，那么人们生活便会减少几许悲观，增添几许快乐……”

不久以后，我和泰瑞莎院长乘飞机去纽约，但飞机起飞前却发现了故障，被迫停飞。

当时，我感到失望和沮丧，但我想起了泰瑞莎院长说过的话，便这样对她说道：“院长，我们今天得到了一份‘小礼物’——我们得待在这儿等四个小时，你不能按计划赶回修道院了。”

泰瑞莎修女听完我的话，微笑着看了看我，然后便安然地坐下来，拿出一本书，静静地读了起来。

从那以后，每当我在生活中遇到磨难与挫折时，便会用这样的话语来表达：“今天我又得到了一份礼物”，“嗯，这可真是个特殊的大礼物”……而这些话竟然有着神奇的效果，往往就在不经意间，困顿难释的心境变得开朗，莫名的烦恼也消失不见，连微笑也会在说话间悄悄爬上脸颊……

感悟:当人生遇到各种各样的磨难之时,不要让它们破坏你的心情,打乱你的节奏,而要把它当成一份特殊的"礼物",使你减少烦恼,增加快乐,而且能使你全身心去改变不利环境和解决问题。随遇而安,接受现实,是理智的人生态度。

GONGPINGDESHANGDI

公平的上帝

一位著名的女高音歌唱家,仅仅30岁就已经誉满全球。一次她举行完一个成功的音乐会后,歌唱家和丈夫、儿子被一群狂热的观众团团围住。人们七嘴八舌地与歌唱家攀谈起来,赞美与羡慕之词洋溢了整个会场。

有的恭维歌唱家少年得志,大学刚毕业就走进了国家级剧院,成了一名主要演员;有的人恭维歌唱家25岁就被评为世界十大女高音之一,年轻有为;也有的恭维歌唱家有一个优秀的丈夫,又有活泼可爱脸上永远洋溢着笑容的儿子。

在人们议论的时候,歌唱家只是静静地听,什么也没有表示。当大家把话说完后,她才缓缓地说:"首先我要谢谢大家对我和我家人的赞美,我希望能够和你们共享快乐。但是,你们只看到了一个方面,另一方面你们没有看到,那就是你们夸奖的活泼可爱脸上总带着微笑的儿子不幸是一个哑巴,而且他还有一个精神分裂经常要被关在屋里的姐姐。"

人们震惊了,你看看我,我看看你,似乎很难接受这样的事实。这时,歌唱家又心平气和地对人们说:"这一切说明什么呢?恐怕只能说明一个道理,那就是,上帝是公平的,给谁的都不会太多。"

感悟:完美的生活是每个人都渴望得到的,然而我们所生活的空间却注定是一个不完美的世界。有成功的喜悦,也有失败的痛苦;有鲜花与掌声,也有失败与挫折;有辉煌的得到,也有遗憾的失去。但是只要我们坦然对待,不去抱怨,不去奢求,就会内心平静,永远快乐。

NIJINGSHIZUIHAODEXUEXIAO

逆境是最好的学校

两个半世纪以前，在法国里昂的一个盛大宴会上，来宾们就一幅绘画到底是表现了古希腊神话中的某些场景，还是描绘了古希腊真实的历史画面，彼此间展开了激烈的争论。看到来宾们一个个面红耳赤，吵得不可开交，气氛越来越紧张，主人灵机一动，转身请旁边的一个侍者来解释一下画面的意境。

这是一位地位卑微的侍者，他甚至根本就没有发言的权利，来宾们对主人的建议感到不可思议。结果却大大出乎了人们的意料，这位侍者的解释令所有在座的客人都大为震惊，因为他对整个画面所表现的主题，作了非常细致入微的描述。他的思路非常清晰，理解非常深刻，观点无可辩驳。因而，这位侍者的解释立刻就解决了争端，所有在场的人无不心悦诚服。大家对侍者一下子产生了兴趣。

"请问您是在哪所学校接受教育的，先生。"在座的一位客人带着极其尊敬的口吻询问这位侍者。

"我在许多学校接受过教育，阁下。"年轻的侍者回答说，"但是，我在其中学习时间最长，并且学到东西最多的那所学校，叫做逆境。"

这个侍者的名字叫做让·雅克·卢梭。他的一生确实都是在逆境中度过的。早年贫寒交迫的生活，使得卢梭有机会成为一个对整个社会的方方面面有着深刻认识的人。尽管他那时只是一个地位卑微的侍者，然而，他却是那个时代整个法国最伟大的天才，他的思想甚至对今天的生活仍有着重要的影响。

让·雅克·卢梭的名字，和他那闪烁人类智慧火花的著作，就像暗夜里的闪电一样照亮整个欧洲。

感悟：逆境和苦难能磨炼人们的意志和才华。每一位杰出人物的成长道路都不是一帆风顺的，正是他们善于在艰难困苦中向生活学习，磨砺意志，才能在最险峭的山崖上扎根，成长为最伟岸挺拔的大树，昂首向天。

WOXIANGSHENGCUNXIAQU 我想生存下去

木藤亚也，一名很普通的日本少女，本来和其他的女孩子一样，对未来充满希望和憧憬，希望谈一场甜蜜的恋爱，希望回报父母的恩情，希望可以自由自在地奔跑。亚也所希望做的这些事情都只不过是每一个普通人都想做的事情，但是，在亚也15岁的时候，命运之神却和她开了一个极其残忍的玩笑，亚也患上了一种罕见的绝症——脊髓小脑萎缩症。

亚也很清楚明白，这种病会引起她今后人生翻天覆地的变化，别人能够自由自在地走路和奔跑，自己却只能依靠轮椅移动，甚至终有一天会瘫痪在床；别人能够自由自在地说话，自己却可能连话都说不清楚；坐立、进食，甚至只是拿起一件物件，作为人类最基本、最平凡的行为，在亚也身上全都成为了不可能。即便清楚自己今后的身体会变得如此没用，清楚自己的未来都已经全部化为泡影，亚也却仍然怀着对未来的微小憧憬，毅然升入高中继续学业，她只是想从自己喜欢的学校毕业，只是想永远跟朋友在一起。但是病魔却依然没有放过她，随着病情的日益加重，亚也为了不再给家人和朋友增加麻烦，最终含泪转至养护学校。

但是，难能可贵的是，在经历了悲伤和痛苦，以及在其母亲伟大母爱支持下，亚也奇迹般地振作起来，并且从知道自己得病的那一天开始就写日记，把自己的抗病心情，对未来生命的渴望，生命的美好全部都记录下来。她没有怨恨过任何人，没有怨恨父母给予的这个不争气的身体，没有怨恨命运之神为什么对自己那么残忍，她只想生存下去，抱着自己那单纯而执著的信念和对生命的坚持和渴望，一次又一次地向病魔发起进攻。就算其后受到现实中多少次的伤害和残酷打击，都没有令亚也的希望之火熄灭，就像亚也所说的："我不能活动，也没有办法帮助任何人，但是我想生存下去！"亚也没有办法回报所有爱她的人给予她的帮助，她的心中永远充满着无言的感激，她能回报的只有她那最坚强，最美的微笑。

为了可以回报这个美好的世界，亚也在离开人世前不久，要求死后捐献遗体，希望可以找出恶疾的发病原因，她不想这种病再毁灭更多人的人生，所以愿意把自己的身体献出来作为医学的治疗和研究之用，这也是亚也唯一可以报答大家恩情和为全世界人着想的做法。

在坚持了10年后，亚也终于在她25岁零10个月的时候，在无意识的状态下，在医院里静静地停止了呼吸，结束了自己短暂和“不幸”的一生……

感悟：女孩的故事告诉我们，无论遇到多么大的打击，都不要对生活失望，要坚定自己好好活着的信心，用自己那短暂的一生去体味人生一切美好的存在，尽微薄之力去报答给予自己爱的人们。

YAZHOUDIYINUFEIREN

亚洲第一女飞人

蔚蓝色的水面，柔美的背景音乐，一个身材高挑的年轻女孩与一只海豚一前一后追逐嬉戏，现场的观众完全沉醉在这人与海豚完美与和谐的场景之中，只见海豚用嘴顶住了女孩的双脚，从大家的视野里消失了，几秒钟后，一朵白色的水花翻起，海豚顶着女孩如火箭一样射出水面，在10米多的高空双双完美转身后又落入蔚蓝水面，观众们被这震撼人心的完美表演足足惊呆了几秒钟，雷鸣般的掌声从看台上爆发出来……其实这样的表演非常危险，因为海豚在跃起前要顶着她高速冲向水底，整个下潜过程仅1秒多，而此时她的头正朝向池底，实在是非常的危险。看似简单的表演，从实际训练到表演成功都是非常复杂和困难的，而由一名女性驯养师来演绎完成这个艰难、惊险的“火箭飞人”表演更是罕见。

这位女飞人是抚顺皇家极地海洋世界的驯养师叫杨璐，非常年轻秀气，爱好游泳和唱歌，以前是一名体育老师。一天她看了一个关于海豚电视节目,一下子就萌发了要当海豚驯养员的念头,不久就辞掉自己的工作,投入到自己心爱的驯养师工作当中去了。她出身于专业游泳队,从未接触过海洋动物。完美表演的背后是辛勤的汗水与泪水,高难度动作伴随着的是高危险性。在训练初期,杨璐连最基本的海洋动物训练常识都不具备,她利用业余时间"恶补"理论知识,克服男驯养师都难以忍受的困难。女驯养师体力不及男驯养师,在水下要顶着巨大的压力来完成动作,但是她在一次次的训练当中总结出经验来。女驯养师要比男驯养师体重轻,能与海豚更好地配合,而且做出来的动作也更加轻盈美观。凭着一股初生牛犊不怕虎的勇气和毅力,一次次钻入水底,一次次飞入空中,越飞越高,越来越美,终于如期完成任务并达到先进水准。以往男性在类似的训练中经常发生意外,而且危险极大,杨璐也曾经历过几次危险,但她的脸上看不出胆怯的表情,而是更加积极努力地去完成训练和表演。最终成就了她"亚洲第一女飞人"的称号。

感悟:每个人都有自己的梦想,每个人都会有自己的精彩。但是,梦想的实现,精彩的获得,必须要不怕困难,不怕挫折,坚韧不拔。有多少付出才会有多少回报。

DIEDAOPAQI
跌倒爬起

大学生邓国从大学汽车应用工程系毕业后选择了军营,被分配到装甲旅修理连汽修排任排长。因一次疏忽大意,发生了事故,受到了行政警告处分。刚刚起步就栽了跟头,邓国写了报告,想"向后转"。

旅长、政委知道了情况,找他谈话:年轻人不小心摔了跤并不可怕,可怕的是跌倒了不知道爬起来。碰到挫折就回头,这一生要回多少次头?比起你漫长的人生路,这一次小小的挫折算得了什么呢?

想想有道理,邓国开始了奋起。连队修建篮球场,他身先士卒,带领战士顶着烈日挑泥拉沙，战士们说他流汗最多。练兵场上，车轮滚滚，他率维修分队马不停蹄，两天两夜未合眼，创下整个训练过程没有一辆车抛锚的纪录。他又发挥自己的技术特长，先后革新了汽车后轮毂拆装机、汽车前桥托架、汽车方向盘自由间隙检测仪等。参加集团军、军区和总部科技练兵比武，次次名列前茅，全排没有出现维修技术事故。功夫不负有心人，他从排长越职晋升为连长，并且被集团军评为“大学毕业干部标兵”。

感悟：栽了跟头迅速爬起，挫折面前挺起胸膛，是邓国给我们的最大启示。只要以积极的心态去面对挫折，一定会迎来胜利的曙光。

RENSHENGZUIDADETIAOZHANSHIZIJI

人生最大的挑战是自己

一个学业成绩优秀的青年去报考一家大公司，结果名落孙山。这位青年得知这一消息后，深感绝望，顿生轻生之念，幸亏抢救及时，自杀未成。不久传来消息，他的考试成绩名列榜首，是统计考分时，电脑出了差错，他被公司录用了。但很快又传来消息，说他被公司解聘了，理由是一个人连如此小小的打击都承受不起，又怎么能在今后的岗位上建功立业呢！

这个青年虽然在考分上击败了其他对手，可他没有打败自己心理上的敌人。他的心理敌人就是惧怕失败，对自己缺乏信心，遇事自己给自己制造紧张和压力。

感悟：在追求成功的道路上，一部分人失败了，一部分人成功了，这其中的重要原因：前者是自己被打败，而后者却能打败自己。有位作家说得好：“自己把自己说服了，是一种理智的胜利；自己被自己感动了，是一种心灵的升华；自己把自己征服了，是一种人生的成熟。大凡说服了，感动了，征服了自己的人，就有力量征服一切挫折，痛苦和不幸。”

MAYIDEJINGSHEN 蚂蚁的精神

1985年,法国科学家曾发现蚂蚁能救火。后来,英国一位动物学家的实验证实了法国科学家的发现。

英国科学家把一盘点燃的蚊香放进了一个蚁巢。开始,巢中的蚂蚁惊恐万状,约20秒钟后,许多蚂蚁见险而上,纷纷向火冲去,并喷射出蚁酸。可一只蚂蚁能喷射的蚁酸量毕竟有限,因此,一些"勇士"葬身火海。但它们前仆后继,不到一分钟,终于将火扑灭。存活者立即将"战友"的尸体,移送到附近的一块"墓地",盖上一层薄土,以示安葬。

一个月后,这位动物学家又把一支点燃的蜡烛放到原来的那个蚁巢进行观察。尽管这次"火灾"更大,但这群蚂蚁却已有了经验,迅速调兵遣将,协同作战有条不紊。不到一分钟,烛火即被扑灭,而蚂蚁无一遇难。科学家认为蚂蚁创造了灭火的奇迹。

蚂蚁面临灭顶之灾的非凡表现,尤其令人震惊。

在野火烧起的时候,为了逃生,众多蚂蚁迅速聚拢,抱成一团,然后像雪球一样飞速滚动,逃离火海。那噼里啪啦的烧焦声,是最外层的蚂蚁用自己的躯体开拓求生之路时的呐喊, 是奋不顾身、无怨无悔的呐喊。

感悟:蚂蚁不怕牺牲,英勇献身,高度团结,自救有术的精神,确实值得人类学习。团结一心,前赴后继,能够战胜任何天灾人祸和挫折。

踏实奋斗篇

TSFDP

DIDIAOZUORENGAODIAOZUOSHI 低调做人，高调做事

马文辉是一个在别人眼里谦逊低调的人，从不张扬。上军校的时候，有一次他坐公交车，看到一个小偷正在行窃，身穿便装的马文辉，一个箭步冲上前去，将小偷制伏，送到了公安局。回到部队后，却不向任何人提起此事，后来还是公安局找到他调查取证的时候，大家才知道这件事。马文辉学习刻苦，各科成绩名列前茅，毕业时被评为全优学员。

分配到部队之后，马文辉依然谦虚为人，名利面前从不开口，但是他有自己建功立业的目标，给自己制定了做事的标准：战士掌握的军事技能，自己都要精确掌握，达到会教的程度；上级要求的自己都要做到，达到模范的程度；用心抓好本职工作，达到开现场会的程度。之后的时间里，他刻苦学习，工作出色，和上下左右的关系都相当融洽，从排长到连长，再到营长，得到连续越级提升，后来又被提升为参谋长。他的升迁速度远远超过了同龄人。

感悟：低调做人，高调做事，是一种品质，是一种责任，也是一种成功的经验。低调做人，你会一次比一次稳健，可以得到许多朋友和帮助，高调做事，你会一次比一次优秀，可以得到许多赞赏和认可。能干的人如果是谦逊的，又是积极进取的，就会是辉煌的。

CHENGGONGZHEDEQISHI 成功者的启示

战士徐明，入伍时当了油库的测油兵。油库张主任找小徐谈心，发现这个高中生，肯钻技术，自修电子技术达到一定水平，对油库的

建设有很多想法。张主任大喜过望,推荐小徐到正在搞自动测油装置的兄弟油库观摩见习,还安排他在工程师手下当徒弟,直接参与了遥测装置的改进与安装,技术上大有长进。此后,张主任又让小徐独当一面挑大梁,进行技术革新。小徐没有辜负领导的期望,加班加点查资料、搞设计、画图纸、做试验,先后完成了自动测量、自动报警、自动发油等八项技术革新,使这个技术落后的油库基本上实现了自动化,成为军区后勤先进单位。由于小徐的技术突出,贡献大,经上级批准,将他破格提升为干部。

感悟:这个故事给我们三点启示,其一是,一个人要想成功,必须付出艰苦的努力,必须做出让人认可的成绩;其二是,成功者也离不开大家真诚地支持和帮助,每个成功者在争取帮助的同时,也要珍惜这份厚爱;其三是,领导者要爱才惜才,善于发现人才,培养人才。

ZUIHOUJIANZAODEFANGZI

最后建造的房子

有个老木匠到了退休的年龄,准备回家与妻子儿女享受天伦之乐。

老板舍不得他走,问他是否能帮忙再建一座房子,老木匠说可以。但是大家后来都看得出来,他的心已不在工作上,他用的是次料,干的是粗活。房子建好的时候,老板把大门的钥匙递给他。

“这是你的房子,”老板说,“是我送给你的礼物。”

老木匠顿时惊得目瞪口呆。羞愧得无地自容。看着自己最后建造的房子,他明白了一个道理,对他人不负责任,也是对自己不负责任。

感悟:有些人何尝不是这样?对领导交给的任务,不是尽心尽力,而是应付了事,能够交差就行了,岂不知这是对自己不负责任。漫不经心地“建造”自己的生活,等警觉时,早已深陷在低劣之中。

BAMINGYUNDANGCHENGSHIMING 把命运当成使命

在古希腊神话中,有一个西齐弗的故事。

西齐弗因为在天庭犯了法,被大神惩罚,降到人世间来受苦。对他的惩罚是:要推一块石头上山。每天,西齐弗都费了很大的劲把那块石头推到山顶,然后回家休息,可是,在他休息时,石头又会自动地滚下来,于是,西齐弗又要把那块石头往山上推。这样,西齐弗所面临的是:永无止境的失败。大神要惩罚西齐弗,也就是折磨他的心灵,使他在“永无止境的失败”命运中,受苦受难。

每次,在他推石头上山时,大神都打击他,告诉他不可能成功。西齐弗不肯在成功和失败的圈套中被困住,一心想着:推石头上山是我的责任,只要我把石头推上山顶,我的责任就尽到了,至于石头是否会滚下来,那不是我的事。

当西齐弗努力地推石头上山时,他心中显得非常的平静,因为他安慰着自己:明天还有石头可推,明天还有事做,明天还有希望。

大神因为无法再惩罚西齐弗,就放他回了天庭。

感悟:每个人都有不公平和身处逆境的时候,即便丝毫看不见结果,也既不烦恼,又不退缩,坚信“一分耕耘一分收获”,踏踏实实地工作,就会得到认可和快乐。

BUXIAOXINZHIHOU 不小心之后

有一个大学生,一直热爱画画,大学毕业之后,他出国留学继续深造。读书之余,他帮宾馆修草坪赚取生活费。

一天他不小心铲坏了一块草坪，想了想，就把这块草坪修成了一幅画的样子，不想竟得到人们的赞赏，他的酬金也增加了一倍。

他开始类似的草坪修剪工作。后来，因为请他修草坪的宾馆太多，他不得不雇了另外一些人，再后来，他有了自己的公司，专修草坪。

感悟：这位大学生的成功，是在他的不小心之后，这并非偶然，而是因为他有绘画的功底，又有善于联想，善于创新的头脑。成功需要机会，更需要能抓住机会的智慧、眼光和能力。

YUNQI 运气

张伟这位南京小伙子，在自己硕士研究生毕业刚刚满三年的时候，就被选送到军校舰艇长培训班培训，6个月毕业后出任护卫舰的副舰长，主持舰长工作，这在年轻干部居多的海军舰艇部队也是令人羡慕的事。

在此之前，张伟不过是该支队某驱逐舰部门的一名普通干部，而且自从分配到这艘舰之后，就一直在外面执行任务，连支队首长都认不全。

运气好像从天而降，在舰艇结束任务返回支队的第二天，上级进行考试与考核相结合选拔指挥干部的试点开始了，通知所有正营职干部参加考试。

张伟参加考试的时候，对要考的内容一无所知，但凭借他平时对各种知识的刻苦钻研和积累，考试成绩高居榜首。在第二天的答辩中，面对支队全体常委和上级考核组的同志，他侃侃而谈，对答如流，思路清晰，分析透彻，对策恰当，赢得了一致好评。在随后的工作考核中，舰长、政委极力推荐，群众测评也名列前茅，根据考核结果，支队决定送他去军校舰艇长培训班进修，结业后得到了组织上的重用。

了解张伟的人都说，在看似毫无准备的情况下，张伟取得了成功。其实，这都是他平时打下的基础。他平时就是一个做事认真，勤于积累，善于总结的人。

感悟：“自助者天助之。”任何成功都不是偶然的，运气从不会降落在懒汉头上。没有平时的勤奋学习和用心积累，当机会来临的时候，只能是一次又一次地失之交臂。

DAQIZHICAI

大器之才

一位叫卡菲瑞的人回忆了这样一件事：

1965 年，我在西雅图景岭学校图书馆担任管理员。一天，有同事推荐一个四年级学生来图书馆帮忙，并说这个孩子聪颖好学。

不久，一个瘦小的男孩来了，我先给他讲了图书分类法，然后让他把已归还图书馆却放错了位的图书放回原处。

小男孩问：“像是当侦探吗？”我回答：“那当然。”接着，男孩不遗余力在书架的迷宫中穿来插去，小休时，他已找出了三本放错地方的图书。

第二天他来得更早，而且更不遗余力。干完一天的活后，他正式请求我让他担任图书管理员。又过两个星期，他突然邀请我上他家做客。吃晚餐时，孩子母亲告诉我他们要搬家了，到附近一个住宅区。孩子听说转校却担心：“我走了谁来整理那些站错队的书呢？”

我一直记挂着他。但没过多久，他又在我的图书馆门口出现了，并欣喜地告诉我，那边的图书馆不让学生干，妈妈把他转回我们这边来上学，由他爸爸用车接送。“如果爸爸不带我，我就走路来。”

我当时心里想，这小家伙决心如此坚定，则天下无不可为之事。我可没想到他会成为信息时代的天才、微软电脑公司大亨、美国首富——比尔·盖茨。

感悟：在许多伟人或杰出人物身上，总有优于或异于常人之处，就像比尔·盖茨一样，在小学四年级的时候，就显示出了他的优秀品质。青年朋友们请记住:坚定的决心和毅力,是成功的助推器。

ZIJIDETESE 自己的特色

约翰尼是一家连锁超市的打包员,他利用自己所学的计算机知识,设计了一个程序,他把自己寻找的“每日一得”都输入计算机,再打上好多份,在每一份背面都签上自己的名字。第二天他给顾客打包时,就把那些写着温馨有趣或发人深思的“每日一得”纸条打到买主的购物包中。

一个月之后,连锁店里发生了一种奇怪的现象:无论在什么时间,约翰尼的结账台前排队的人总要比其他账台多好多倍,值班经理很不理解,就大声对顾客说:“大家多排几队,请不要都挤在一个地方。”可是没有人听他的话,顾客们说:“我们都排约翰尼的队,因为我们想要他的‘每日一得’。”

感悟:打包员的工作再平凡不过了,约翰尼居然干得这样受欢迎,奥秘就在于他善于从雷同的工作中独辟蹊径,创造出自己的特色。

XIANLIUZHULEGENG 先留住了根

一位小有成就者讲了自己的难忘经历:

我捏着一纸薄薄的专科毕业文凭,被淹没在冷冰冰的“本科毕业,工作两年以上”的招聘广告中。我一直向往着中关村这个高科技园区,我梦想着在这个中国的硅谷中找到属于自己的一席之地,然而,一张专科文凭显得太苍白无力了,我一次次地被无情地拒之门外。为了生计,我去一个酒楼应聘勤杂工,开始在那里洗菜、扫地、搬东西,我一边干着最累的活,一边不忘自己的学习。在残酷的现实和理想之间,我并没有绝望,我经常安慰自己:只有先留住了根,才能生出茂盛的枝叶。

一天,总经理的电脑出了毛病,女秘书急得团团转。总经理说:不行的话,可以找人来修。我勇敢地说:“我可以试试。”大家都疑惑地看着我,我先检查了一遍机器,没有找出机器的故障,我问有没有说明书,女秘书说有,不过是英文版的。我对照说明书,很容易就把机器修好了,大家都松了一口气。总经理问我:你怎么会修机器和看懂说明书?我简短地回答了经理的问题:“大学专科,自修本科,英语六级,计算机二级”。或许,在这之前,他一直把我当成是一个小学毕业的卖苦力的乡下孩子了吧。他很疑惑地问:“那你怎么在这里干勤杂工呢?”我说:“只有先留住了根,才能生出茂盛的枝叶。”他不再说话。

第三天,总经理把我叫过去说:“我弟弟在中关村开了一家电脑公司,他那里很需要你这样的人,我已经给他说好了,现在就带你过去。”我去了那家公司,不久就被提升为部门经理,负责软件开发。

感悟:成功有个过程,任何一个成功人士都是从小事干起,一点点儿积累财富,积累经验的。只要扎下了根,总要生出茂盛的枝叶。

SHITOUDUIHUA 石头对话

夜深人静,万籁俱寂,寺庙里的两块石头在小声交谈。

铺在地上当台阶的一块石头向被雕成佛像的另一块石头抱怨说:“咱俩从一座山来,瞧你现在多风光,每天都有那么多人跪在你脚下顶礼膜拜。我怎么那么倒霉,每天被人踩来踩去,又脏又累,石头和石头怎么那么大差距呢?”

被雕成佛像的那块石头略一沉思，慢悠悠地说：“老兄，别忘了，进这座庙时，你只挨了四刀，我可是经过千刀万剐呀！”

感悟：大千世界，芸芸众生，谁都渴望人生辉煌，成名成家，谁都想当庙里那块高高在上的石头佛像，不想当那块被人踩来踩去的台阶石，这想法没错，志存高远，值得鼓励。可你得先问问自己，你做好了“千刀万剐”的思想准备了吗？

YIZIZHONGQIANJIN 一字重千金

美国近代最有名的女作家玛格利特·米切尔，有一次被邀请去参加世界笔会。那时还没有胸前佩戴名签的习惯。所以，有位匈牙利作家坐在她的旁边，却根本不知道这个衣着朴素、态度谦虚的女士是谁。因而他就以一种居高临下的态度，同她进行了这样一段谈话：

“小姐，你是一位职业作家吗？”“是的，先生！”

“那么，有些什么大作，可否见告一二部？”

“谈不上什么大作，我只是偶尔写写小说而已。”

“噢，你也写小说。那么，我们可以算是同行了。我已经出版339本小说，你写过多少部呢？小姐！”

“我只写过一部，它的名字是《飘》。”语言未落，那位作家已目瞪口呆了。

感悟：抛开那位作家的狂妄不谈，单就人们的判断而言，无论产品，还是作品，人们的评价不在其数量，而在于其价值。玛格利特·米切尔凭借一部《飘》誉满全球，而那个匈牙利作家叫什么呢？

YOUYANGGUANGJIUGOULE 有阳光就够了

1972年,新加坡旅游局给当时的总理李光耀呈了一份报告,大概意思是:我们新加坡不像埃及那样有雄伟壮丽的金字塔,不像中国有古老蜿蜒的长城,不像日本有美丽的富士山,不像美国夏威夷有十几米高的海浪。我们国家除了一年四季直射的阳光,什么名胜古迹都没有。要想在新加坡发展旅游事业,实在是巧妇难为无米之炊,比登天还难。

李光耀看过报告后,在文件上批了这样一行字:你想让上天给我们多少东西? 有阳光就够了。

后来,新加坡利用一年四季光照长的季节气候,大力发展花卉事业,在很短的时间里发展成世界上著名的"花园城市",改善了人居环境,世界各地的旅游人士蜂拥而至。连续多年,新加坡的旅游收入稳居亚洲第三位。

感悟:"有阳光就够了",这句话给我们最大的启迪,就是不要过分强调客观,只要有一点条件,就充分利用,发挥它最大的效能。创造出不平凡的业绩,关键在于主观能动性。

XIAODAOYOUZHOUSHANGDAJIANGTAN 小导游走上大讲坛

谁也意想不到,一向是学术名家云集的央视《百家讲坛》,却走上来一位年仅36岁的名不见经传的年轻女子,她主讲的"慈禧陵寝之谜",赢得了观众的喜爱和广泛的好评。她就是遵化市清东陵一名普通的导游员赵英健。

那是2006年夏天,央视《百家讲坛》栏目组人员到遵化清东陵参观,导游正是赵英健。栏目组人员听到赵英健对地宫藏宝、盗案发生、重殓慈禧等故事的讲解后,被深深地吸引住了。参观结束时,一名工作人员半开玩笑地说,"小赵的水平完全可以上我们的栏目了。"之后的九月,《百家讲坛》栏目编导孟庆吉真的请她到央视试讲,主要讲述慈禧陵寝的选址与建筑风格以及慈禧陵寝被盗的经过。

只有赵英健自己最清楚在机遇敲门之前,她曾付出了怎样的心血。赵英健在15年的导游生涯中,深入研究东陵的文化价值,孜孜不倦地挖掘着清东陵的文化内涵,对清东陵的每一阶段的历史都从多方考证,以增加自己对清东陵的认知和了解。赵英健在学习清史的同时,还遍访了本地守陵人的后裔。她还学习和研究了旅游专业知识,探索了不同层次游客的心理,写下了几万字的读书笔记和心得体会。正是辛勤的汗水,为她赢得了今天的机会,正如她自己所说:"东陵的一砖一瓦是我走上《百家讲坛》的阶梯。"

感悟:无论身处什么样的行业,也无论做着什么样的工作,都可以在平淡中演绎出精彩,在平凡中创造出神奇。但是,都必须付出辛勤的汗水,必须经过扎扎实实的努力。

BUWEIWENTIZHAOJIEKOU

不为问题找借口

刚毕业的女大学生刘雪,由于学识不错,形象也很好,很快被一家大公司录用。

刚开始上班时大家对刘雪印象还不错,但没过几天,她就开始迟到早退,领导几次向她提出警告,她总是找这样或那样的借口来解释。

老总安排她到北京大学送材料,要跑三个地方,结果她仅仅跑了一个地方就回来了。老总问她怎么回事,她解释说:"北大好大啊!我在传达室问了几次,才问到一个地方。"

老总生气了:“这三个单位都是北大著名的单位，你跑了一下午,怎么会只找到这一个单位呢？”

她急着辩解:“我真的去找了,不信你去问传达室的人！”

老总心里更有气了:“我去问传达室干什么？你自己没有找到单位,还叫老总去核实,这是什么话？”

其他员工也好心地帮她出主意：你可以打北大的总机问问三个单位的电话,然后分别联系,问好具体怎么走再去。你不是找到其中的一个单位吗？你可以向他们询问其他两家怎么走。你还可以进去之后,问老师和学生……

谁知她一点也不领会同事的好心，反而气鼓鼓地说:“反正我已经尽力了……”

既然这是你尽力之后达到的水平，想必你也不会有更高的水平了,那么只好请你离开公司了！老总下了辞退她的决心。

感悟：美国成功学家格兰特纳曾说:“如果你有自己系鞋带的能力,你就有上天摘星的机会！让我们改变对借口的态度,把寻找借口的时间和精力用到努力工作中来。因为工作中没有借口,人生中没有借口,失败没有借口,成功也不属于那些寻找借口的人！”凡事找借口的人,在社会上绝对站不稳脚跟。

XINDONGBURUXINGDONG

心动不如行动

清代彭端淑《白鹤堂文集》中讲了这样一个故事：

四川地区有两个和尚,一个和尚很贫穷;另一个和尚有些资财,比他富有。两个人都希望能够去南海朝拜。有一天富和尚就和穷和尚谈起这件事。穷和尚说他马上就要出发,富和尚很惊讶,就问穷和尚:“南海离四川几千里远,没有车船,你怎样去呢？”穷和尚回答说:“哪里需要什麼车船,我拿一个饭钵,一个水瓶,走着去就够了。”富和尚不以为然地说:“我筹措舟车,一年还不具备条件,你一钵一瓶什麼时候才能走到？”

一年的光景过去了,穷和尚已经从南海回来了,当他再次见到富和尚谈起在南海朝拜的情景时,富和尚还没有上路。

感悟:心动不如行动,不能指望万事俱备,才去行动。说干就干,是成就事业的好作风。

CONGMANTOUJIAXIANCAIDAOMINGZUOJIA 从馒头加咸菜到名作家

著名作家沈从文出身于落后闭塞的湘西农村,只有小学文化程度。

他接触新文学时,连标点符号都不会用。为了追求理想,他来到了北京。他本想进大学念书,可考试时脑子一片空白,得了个零分。从此他断了升学的念头,但他并没有放弃,而是开始了长期艰苦的自学之路。每天早上吃三两个馒头和一点泡咸菜后,一头扎进京师图书馆,直到闭馆才回到住处。天天如此,年年如此。

在陌生的帝王之都里熬过了多个年头,他读了许多中外名著,也读了许多新文学作品。不久,他的作品也一篇篇地发表出来,他因此成了引人注目的文学新人。后来沈从文到多所大学任教,成了一名著名的教授。

50岁以后,他进中国历史博物馆工作。文物对他来说完全是一个陌生的领域,但他仍然凭着与生俱来的韧劲,凭着馒头加泡菜的精神,又干出了一番大事业。最后当他的《中国古代服饰研究》一书出版时,在国内外学术界引起轰动,奠定了他作为中国物质文化研究权威的地位。

感悟:不进大学也可以成才,没有文凭也可以成为名作家,进入陌生的领域,也能出轰动的成果,其原因是有"馒头加泡菜"的吃苦精神和锲而不舍的韧劲。

CONGDICENGZUOJI

从底层做起

一博士毕业半年，学的是传媒专业，求职屡不如愿，只好待业在家。一本名人传记让他反思：不少企业巨子、政界要人乃至总统，年轻时都是从底层做起的。

于是，他降低了求职目标。即便如此，这也不容易。有点身份的工作如记者，人家总要看你的文凭。亮博士文凭吧，人家会认为一个博士只想当个记者，是因为没有实际水平。亮出大学毕业文凭吧，人家又会问他大学毕业后做过什么工作。他不能造假，否则，会留下"不良记录"。因为人家一定会核查的。只有一些底层的工种不看文凭。

他不想荒废学业，求职方向锁定媒体。他到一家大报应聘做校对。人家交一个版的校样稿让他校对后，就录用了他。

他的才华并没有被埋没。在校对时，他常能看出一些句子的语法错误，或其中提法欠妥之处。他的一些看法与编辑相左，有时还争吵起来要总编辑来定夺，而他总是对的。总编辑就调整了他的工作，让他到广告部做编辑。他在这个岗位上游刃有余，总编辑又让他到时事部做编辑。他策划的版面，对稿件的处理意见，见解独特而深刻。

总编辑慧眼识人，终于发现了他的"庐山真面目"。于是，他成为副总编辑，后来，接任总编辑，他的名字叫生蒙。这家报社就是世界著名的《泰晤士报》。

感悟：是金子总会发光，不要怕自己的才华被埋没，关键看自己有没有才华。从最底层干起，不仅不会埋没才华，反而会增添实践经验和实干的本领。实干加上本事，就会赢来成功。

CHAYI

差异

军校毕业十多年后，大鹏与小龙在上海相遇，两个老同学格外激动。

大鹏听说小龙要主动申请离开上海，到边防一线作战部队去工作，非常关切地说："小龙，军校毕业的时候，学校领导让你留校工作，而你非要到偏僻的基层部队，结果撇家舍业，吃了不少苦。后来，好不容易被机关选中了，来到了大城市，你怎可以把这么好的条件放弃了呢？难道你不怕这一去就再也没有返回来的机会了吗？"

小龙气定神闲地回答："感谢老同学的关心。现在的生活条件是很优越，但是我更喜欢富有挑战、富有风险的工作环境，趁着现在年轻，去挑战自我，充实自我，也检验一下自己的价值。"

又过了10多年，大鹏与小龙再次碰面，这时的小龙已经是某军事学院院长了。

大鹏细心比较了自己与小龙成长经历的差异，发现自己整天只找可以舒适安逸的地方，而没有想过如何让自己成长得更加强壮，难怪直到今天自己还是碌碌无为。

感悟：温室里长不出青松，炕头上跑不出骏马，不避艰苦，勇于挑战的人，怀揣大志，不断充实自我的人，才能获得成功。

CONGJUNYINGMAIXIANGJUNXIAO

从军营迈向军校

"我要在部队铸就人生。"一到新兵连，李华就在日记本里写下了青春的誓言。新兵连的强度训练常令一些娇生惯养的女孩们哭鼻子，但李华早就有了心理准备，她将读书的那股蛮劲带到了军营。为了提高队列素质，她常在别人午休的时候，一个人跑到操场上踢正步、站军姿……一分耕耘一分收获。三个月过去了，她各项军事考核都取得了好成绩，三项难度最大的项目，她独揽了第一。

新兵连生活结束后，李华下到连队。连队训练任务繁重，李华丝毫不敢放松自己，她还给自己定了目标，争当优秀士兵，报考军校。

由于李华表现突出，被推荐参加了苗子班，因为平时刻苦训练，各项体能达标而获准免训，这为她赢得了较多的复习时间。文化预考，她拿了女兵第一名，争取到了参加院校统考的指标，之后顺利被军校录取。

感悟：数学家华罗庚说："勤能补拙是良训，一分辛苦一分才。"伟大的成功和辛勤的劳动是成正比的，有一分辛勤，就有一分收获，日积月累，从少到多，我们离成功也就不远了。

NININGLIUHEN 泥泞留痕

鉴真大师刚刚遁入空门时，寺里的主持让他做了谁都不愿做的行脚僧。

有一天，日已三竿了，鉴真依旧大睡不起。主持很奇怪，推开鉴真的房门，见床边堆了一大堆破破烂烂的瓦鞋。主持叫醒鉴真问："你今天不外出化缘，堆这么一堆破瓦鞋做什么？"

鉴真打了个哈欠说："别人一年一双瓦鞋都穿不破，我刚剃度一年多，就穿烂了这么多的鞋子。"

主持一听就明白了，微微一笑说："昨天夜里落了一场雨，你随我到寺前的路上走走看看吧。"

寺前是一座黄土坡，由于刚下过雨，路面泥泞不堪。主持捻须一笑："你昨天是否在这条路上走过？"鉴真说："当然。"

主持问："你能找到自己的脚印吗？"

鉴真十分不解地说:“昨天这路又坦又硬，哪能找到自己的脚印?”

主持又笑笑说:“今天在这路上走一趟,你能找到你的脚印吗?”

鉴真说:“当然能了。”

主持听了，微笑着拍拍鉴真的肩说:“泥泞的路才能留下脚印，世上芸芸众生莫不如此啊。那些一生碌碌无为的人,不经历风雨,就像一双脚踩在又坦又硬的大路上,什么也没留下。”

鉴真恍然大悟。

感悟:只有那些在风雨中走过的人们,才知道痛苦和快乐究竟意味着什么,只有不辞千辛万苦登上高峰的人,才能够领略无限的风光,越是艰难困苦的环境,越能锻炼人的意志,越能取得一般人不能取得的成就。艰苦的人生经历,才会更精彩。

ZHUANZHU 专注

渥沦·哈特葛伦博士是研究南非树蛙的专家,他从南非树蛙的身上提取了世界上极为罕见的一种能预防皮肤伤病的药物，从而一举成名。他曾经问过一位年轻人是否了解南非树蛙,年轻人坦白地说不知道。博士诚恳地说:“如果你想知道,你可以每天花5分钟的时间阅读相关资料。这样,5年内你就会成为最懂南非树蛙的人,成为这一领域中最具权威的人。”年轻人当时未置可否,但他后来悟出了这段话的意义，开始像博士一样把时间和精力投入到自己的专项上,终于成就了一番大事业,这个年轻人叫伍迪艾伦。

感悟:机遇只同积累了优势的人交友,只与做好了准备的人握手,机遇只垂青于那些具有求索眼光的人。只有进行优势积累,才能得到机遇的青睐。想要成功,就要做好知识、能力的储备,储备的东西越厚实,成功概率就越大。

脱颖而出的诀窍

TUOYINGERCHUDEJUEQIAO

有位叫李慧的陆军指挥学院学员，毕业后分配到部队担任排长。他所在的团是具有光荣传统的红军团队，驻守在省会城市，成为许多干部梦寐以求的热门单位，分配到这里的干部大部分是本科学历以上，而李慧却只有中专学历。令人没有想到的是，李慧到部队任职后，得到上下的一致认可，职务提升很快，毕业后的9年里，他从排长直接提升为连长，从连长直接提升为营长，又被提拔为团参谋长。

一位中专学历的干部，在本科学历如林的干部群体中，为什么能脱颖而出，有什么诀窍呢？李慧在介绍自己的体会时说："我没有什么诀窍，就是抓住两条，一个是学习充电，每天我都要在部队熄灯后自学到深夜，天天坚持；再一个就是高标准地工作，无论是当排长、连长、营长，都把工作干到开现场会的程度，我的努力得到了领导和群众的认可。"

感悟：李慧的成功告诉我们，一个干部有文凭，更要有水平，有学历，更要有能力。水平和能力来自不懈的学习和刻苦实践，来自工作的高标准。

上帝的劝告

SHANGDIDEQUANGAO

有个落魄不得志的中年人每隔三两天就到教堂祈祷，而且他的祷告词几乎每次都相同。

第一次他到教堂时，跪在圣坛前，虔诚地低语："上帝啊，请念在我多年来敬畏您的份上，让我中一次彩票吧！阿门。”

几天后，他又垂头丧气地回到教堂，同样跪着祈祷：“上帝啊，为何不让我中彩票？我愿意更谦卑地来服侍您，求您让我中一次彩票吧！阿门。”

又过了几天，他再次出现在教堂，他跪着：“我的上帝，为何您不垂听我的祈求？让我中彩票吧！只要一次，让我解决所有困难，我愿终身奉献，专心侍奉您。”

就在这时，圣坛上空发出宏伟庄严的声音：“我一直垂听你的祷告。可是最起码，你也该去买一张彩票吧！”

感悟：要成功，光有梦想是不够的，还必须拥有一定要成功的决心，采取相应的行动。祈祷成功，不如去实践成功。只说不做，不是真的想成功。

PENGYOU

朋友

一个寂寞的人看了一个电话的广告，“有了电话，朋友就来！”于是，他装了一台电话，希望朋友跟着来。白天他卖力地工作，回家之后就整晚盯着电话机，心想，可能漏接了不少电话。

他仍然寂寞。一天他又看到录音机的广告，“有了录音机，朋友不‘漏接’！”他又去买了录音机。录音机装了一个星期后，仍然没有朋友来。

他十分生气，就把电话和录音机都廉价处理了。于是，房间空空的，更加寂寞。

感悟：不是有了电话和录音机就有了朋友，同样的也不是有了金钱就有朋友。有一颗真诚和主动热忱的心，才是最重要的。你主动地关心了别人，热情的帮助了别人，你才能得到朋友的回报，才会拥有更多的朋友。

GUANJIANZAIREN
关键在人

曾经有人进行这样的实验:把 20 个富人的财富平均分给 20 个富人和 20 个穷人，然后让他们住在同一个村子里，所处的环境相同,所拥有的财产相同。就这样经过了 3 年,再看这些人,富人又成为富人,穷人又变回了穷人。

感悟:这说明能否成为富人不在客观条件,而在于主观愿望、思维观念,还有个人的能力和努力程度。没有增加财富的意识、头脑和能力,金钱再多也守不住,而善于经营的人能不断地用钱生钱,扩大财富规模,即使没有钱也会寻找机会赚到钱。

TUIKAIXINLIDENASHANMEN
推开心里的那扇门

一天，总经理对全体员工交代:“不要走进那个没挂门牌的房间。”

“为什么?”有个年轻人小声嘀咕。

“不为什么。”总经理严肃地答道。

有个年轻人不理解,想探个究竟,其他人劝他干好自己的工作,不用瞎操心。可是年轻人偏偏有个倔脾气,非要进那个房间看看不可。他轻轻地叩门,没有反应,再轻轻一推,虚掩的门开了。走到里面,只见房间桌子上放着一个纸条,上面写着“把纸条送给总经理”。

年轻人走进总经理办公室，当他将那个纸条交到总经理手中时,总经理一脸笑意地宣布了令人吃惊的决定:“从现在起,你被任命为销售部经理。”

那个年轻人果然不负众望，把销售部的工作做得有声有色。

感悟：人类发展的历史是不停地探索，不停地寻找答案的历史。探索需要勇气，探索的精神加上勇气，就能做好事情。

NIANQINGNUGONGDEJINGYA 年轻女工的惊讶

一位年轻的女工进入一家毛织厂，从事织挂毯的工作。做了几天，就觉得无聊提出辞职。

她找到上级主管说："这种事情太无聊，太渺小了，一会打结，一会剪断，没有什么新东西，简直是在浪费我的青春。"

主管安慰她说："不要小看你自己，你做的虽然是很小的一部分，却是很重要的部分。"

然后主管领着她到仓库里的挂毯面前，年轻的女工呆住了，原来她编织的是一幅美丽的百鸟朝凤图，她负责的那一部分正是凤凰展开的美丽的羽毛。

主管问她："如果把羽毛那部分拿掉，这幅百鸟朝凤图会怎么样呢？"

女工转身进了机房，认认真真地织起挂毯来。

感悟：每个人都有自己的生活意义，自己的价值。有句谚语"没有一滴雨滴认为它们应当对洪灾负责"，"没有雨滴敢对花儿的绽放居功"，其实，任何一次洪灾都和每滴水相关，花儿的绽放是每滴水的功劳，如果每块砖都认为自己无关紧要，而撤出来，那么，万里长城还会存在吗？

TIAOJIANSHICIYAODE

条件是次要的

陈景润是世界著名解析数论学家之一，他在20世纪50年代、60年代就对数学的难点进行了广泛深入的研究。1966年屈居于6平方米小屋的陈景润，借一盏昏暗的煤油灯，伏在床板上，用一支笔，耗去了几麻袋的草稿纸，居然攻克了世界著名数学难题“哥德巴赫猜想”中的(1+2)，创造了距摘取这颗数论皇冠上的明珠(1+ 1)只是一步之遥的辉煌。他证明了“每个大偶数都是一个素数及一个不超过两个素数的乘积之和”，使他在哥德巴赫猜想的研究上居世界领先地位。这一结果国际上誉为“陈氏定理”，受到广泛征引。这项工作还使他与王元、潘承洞在1978年共同获得中国自然科学奖一等奖。他研究哥德巴赫猜想和其他数论问题的成就，至今仍然在世界上遥遥领先。世界级的数学大师、美国学者阿·威尔曾这样称赞他：“陈景润的每一项工作，都好像是在喜马拉雅山山巅上行走。”

感悟：陈景润在6平方米小屋，伏在床板上，借一盏昏暗的煤油灯，用一支笔，耗去了几麻袋的草稿纸，攻克了世界著名数学难题，创造了顶尖的辉煌，这说明，能否成功，条件是次要的，主要在于智慧的头脑和不懈的奋斗。

惜时机遇篇

BUXIAOKANJIHUI 不小看机会

人们在美国的加利福尼亚发现了黄金，于是成千上万的人涌去挖黄金。当时,亚摩尔才17岁,也跟着人流去那里碰运气。

加利福尼亚环境恶劣,挖黄金又是力气活,因为没水喝,很多人抱怨:“谁能给我一口水喝,用一个金币换我也愿意。”

这些人的牢骚给亚摩尔带来了灵感。他想,既然自己没挖到金子,不如卖水给找金子的这些人。于是,他放弃了找金子而开始卖水。当时有人嘲笑他,干这种蝇头小利的生意何必跑到加州来。可亚摩尔并不在意人们的看法，他继续自己的卖水的生意。很快,亚摩尔就赚到了好几千美元,这在当时是很可观的财富。而很多挖金矿的人却因为找不到金矿而忍饥挨饿。

感悟:机会时时存在,而且机会也是发展变化的。重视小机会,抓住小机会,踏踏实实去做,小机会就可能变成大机会,成功就会来到你的身边。

JIHUIZHIYOUSANMIAO 机会只有三秒

她是名牌大学的毕业生，好不容易找了份戏剧编剧的工作,却发现整个公司除了老板,就她一个员工。累死累活地干了三个月,只拿到一个月的工资,于是炒了老板的鱿鱼,开始游荡,帮人写短剧,写电影,前途渺茫,她希望着奇迹发生。

一次,她应聘到电视台一个节目当编剧。半年后,一次在录制节目时,制作人突然大发雷霆,说了句“不录了！”就走了。当时在场的工作人员都不知道怎样办好，主持人看看大家，对她说："下面的我们自己录吧！"

三秒钟后，她拿起制作人丢下的耳机和麦克风。那一刻，她清醒地告诫自己："这一次如果成功，就证明你不仅只会写小剧本，还是一个可以掌控全场的制作人，所以千万不能出丑！"

后来她开始做执行制作人，几年后，她一手制作了满受赞誉的电视剧《流星花园》，被称为台湾偶像剧之母，她就是柴智屏。

感悟：三秒钟的机会，却考验了一个人的才气、勇气和灵气。机会历来都是留给有准备的头脑，这个头脑是知识、能力、勇气和汗水点滴积累的结果。

PIAOLIANGDEJIEKOU

漂亮的借口

有一首著名的诗是这样写的：

"他在月亮下睡觉，
他在太阳下取暖，
他总是说要去做什么，
但什么也没做就死了。"

这就像当我们自己还是一个小男孩的时候我们对自己说，当我成为一个大男孩的时候，我会做这做那；而当我们成为一个大男孩之后，我们又说，等我读完大学之后，我会做这做那；当我们读完大学之后，我们又说，等我找到第一份工作的时候，我会做这做那；当我们找到第一份工作之后，我们又会说，当我结婚的时候，我会做这做那；当我们结婚的时候，我们又会说，当孩子们从学校毕业的时候，我会做这做那；当孩子们从学校里毕业的时候，我们又说，当我退休的时候，我会做这做那；当我们退休的时候，真正步入了我们的晚年，我们看到了什么？我们看到生活已经从我们的眼前走过去了。

感悟:“成功者总在做事,失败者总在许愿。”一个人如果总在打算做什么什么,而始终没有付诸行动,大好时光就会在“漂亮的借口”中流逝,而成功也就与他擦肩而过。要想建功立业,重要的是采取行动,做好当下的事情,珍惜现在的每一分钟。

BUYAORANGSHIJIANTOUZOULENIDESHENGMING

不要让时间偷走了你的生命

两个猎人一同打猎,天空中一群大雁飞来,二人急忙张弓搭箭,准备把它们射落下来。

忽然,一个猎人说:“伙计,你看这群大雁好肥呀,打下来煮着吃,滋味一定不错。”

另一个猎人听了,把举着弓箭的手放下来,说:“不,还是烤着吃好,烤雁又香又酥。”

两个人各持各的理,争吵起来。后来请人来评判,才找到一个解决的办法:把大雁一半煮来吃,一半烤来吃。

争吵停止了,这才重新张弓搭箭,再去射雁。可是,那群大雁早已凌空远翔,飞得不知去向了。

感悟:毫无意义的争论,使猎人错过了射雁的宝贵时机,也可以说是时间偷走了猎人嘴下的大雁。人的生命是有限的,时间在悄悄流逝。珍惜时间,多做一些有意义的事,让生命更有价值。

SHIJIANHEAIDEGUSHI

时间和爱的故事

从前有一个小岛，上面住着快乐、悲哀、知识和爱，还有其他各类情感。

一天，情感们得知小岛快要下沉了，于是，大家都准备船只离开小岛。只有爱留了下来，她想要坚持到最后一刻。

过了几天，小岛真的要下沉了，爱想请人帮忙。

这时，富裕乘着一艘大船经过。爱说："富裕，你能带我走吗？"富裕答道："不，我的船上有许多金银财宝，没有你的位置。"

爱看见虚荣在一艘华丽的小船上，说："虚荣，帮帮我吧！""我帮不了你，你全身都湿透了，会弄坏了我这漂亮的小船。"

悲哀过来了，爱向她求助："悲哀，让我跟你走吧！""哦……爱，我实在太悲哀了，想自己一个人待一会儿！"悲哀答道。

快乐走过爱的身边，但是她太快乐了，竟然没有听到爱在叫她！

突然，一个声音传来："过来！爱，我带你走。"

这是一位长者。爱大喜过望，竟忘了问他的名字。登上陆地以后，长者独自走开了。

爱对长者感恩不尽，问知识老人："帮我的那个人是谁？"

"他是时间。"知识老人答道。

"时间？"爱问道，"为什么他要帮我？"

知识老人笑道："因为只有时间才能理解爱有多么伟大。"

感悟：时间是良药，可以治愈一切创伤，时间是泥板子，可以抹平一切不平之处，时间是老师，可以给我们满意的答案。

YUNQI 运气

张骥这位北京小伙子，在自己刚刚过完 29 岁生日的时候就被美国第七大计算机厂商看中，出任 MicIDn 电子公司北京代表处首席代表中国区总经理。

这在年轻干部居多的计算机行业也是令人称奇的事。而在此之前，张骥不过只是该公司驻北京办事处的一名普通员工，更不利的是，该公司正准备撤销在中国的这家办事处。运气好像从天而降，在何去何从的关口，公司总部召他去开会。

为什么公司会招他去开会呢？一则因为他的领导闻听办事处要撤销，已另觅高枝；二则是这个年轻小伙子给曾前来中国巡视的公司老总留下深刻印象。

张骥提着笔记本电脑就上了飞机，对于与会人员、会议内容他一无所知。在飞机上他一直在琢磨，仔细研究了 Micron 近两年的年度报告，十多个小时之后，当飞机抵达机场的时候，他已经作出了 Micron 公司在中国两年内的发展计划。

这份计划的完成，与张骥平时养成的喜欢积累心得体会的习惯是分不开的，他总认为即使和别人做同样的事情，也要比别人从中多收获一点，对于做过的事情总要留下点什么。

会前 5 分钟，张骥被要求当着 Micon 公司的所有海外分公司总经理和 Micron 公司总裁的面发言。这次汇报的结果是，公司决定不仅不撤回这个办事处，而且还要加强在中国的发展，并对张骥委以重任。

感悟：张骥取得的胜利，再次验证了这样一个简单而又易被人忽略的真理：机会从来都只是青睐那些有准备的头脑。我们不要总是去抱怨自己没有机会，而应该努力为机会的到来多做些准备，没有知识和经验的积累，即使是有了机会也会白白地丧失。

LIUZOUDEJIYU

溜走的机遇

有一个医学院毕业的年轻人，顺利地找到了一家大医院实习，而且认识了一位非常有名的外科大夫。年轻人早就仰慕这位医师的医术，于是有一天，他问医师："我能看您做手术吗？"

医师看了他一眼，说："可以。明早7点半，我有一个手术。"

年轻人迟疑了一下，因为他通常早上起得比较晚，7点半对他来说有些早，不过他还是对医师点了点头。第二天，年轻人很守信，准时到了手术室。手术做完后，他对医师赞不绝口，并表示想做医师的学生。医师答应了他的请求，他非常高兴地说："希望有一天我也能像您一样成为一名出色的外科大夫。"这样，他后来又去了几次。

可是有一天，他没有按时到手术室，医师做完手术走进办公室，发现他坐在那里。

"你去了哪里？"

"我睡过头了，起来一看，已经晚了。"他回答说。

"下次一定注意。"医师说道。"好的。"

可是，一连几次，他都没有来。医师再次碰见他的时候，他问医师："您下午有没有手术？如果有，下午我比较方便一些。"

"对不起，我总在早上做手术。我要挑病人最好的状态，早晨刚醒时是最好的时间。""哦……"

这之后，他再也没有出现在医师的手术室里。作为一名实习医生，能和一位自己早就仰慕的著名医师学习，这个年轻人也知道是一个很好的机遇。可他却改不了自己爱睡懒觉的习惯，也不能为病人设身处地的着想。于是，他的机遇也就这样轻轻地溜走了。

感悟：人要想成功，不但要有伟大的理想和目标，还要有献身的精神和坚持到底的毅力，要能够控制自己，下决心克服阻碍事业发展的不良习惯。否则，有了机会也会失去，因为，机会来临的时候,你在睡觉。不能战胜自己的人,不能为别人着想的人,不能“耐烦”的人,终究成不了大器。

QIADANGDEBIAOXIAN 恰当的表现

王某陪同总经理到东京洽谈一个300万美元的合作项目。已是深夜两点,在可以远眺整个皇宫的高层写字楼里,双方因为合作条件各不相让,谈判几乎陷入僵局。

一阵长时间的沉默后,对方社长松尾说:“如果总经理您这次先到敝公司,而不是先到仙台的九州投资公司,我方就可以多作些让步。但是现在只能说遗憾了,因为这关系到彼此信任程度。”说完松尾还咄咄逼人地看着他。

一向在谈判桌上驾轻就熟的总经理一下子无言以对,意外“卡壳”了。

这时,坐在总经理旁边的王某,没向总经理请示便迅速地说:“这次访日日程全部是我安排的,总经理根本没有时间来过问这些小事。我决定先去仙台唯一的原因是考虑到交通费用问题。也许社长还不太了解中国外汇核销方面的事情。中国银行对出国费用都有严格规定,交通费也不例外。一旦超支,核销上就会有麻烦。仙台在东京北边,东京之行后我们还将往南去拜访另外的客户。路线只能由北往南走才不会出现交通费超支问题。如果行程也会影响谈判的话,那么让我来道歉吧,总之跟总经理无关。”

松尾先是呆呆地看了王某一会儿,随即站起来,深深地向总经理低下头说:

“错怪了,请原谅。”

事后,总经理对王某说:“若不是你那番即兴发言,也许我们的谈判真会失败,你这脑瓜转得那么快,可真帮了我的大忙。”谈判结束后,王某被晋升为公司的副总。

感悟:恰当的表现在恰当的时机,运用恰当的方式和语言,提出恰到好处的意见，起到了化险为夷、转危为安的作用，你的才华也就恰当地表现出来了，脱颖而出也就成为必然。

SHIJIANJIUSHICAIFU 时间就是财富

在本杰明·富兰克林的书店里，一个男子问道："那本书要多少钱？""1美元"店员回答道。"能便宜一点吗？""没法便宜了，就得1美元。"

这个颇有购买欲望的人又盯了一会儿那本书，然后问道"富兰克林先生在吗？""是的，"店员回答说，"他正忙于印刷间的工作。""哦，我想见一见他。"这个男子坚持道。

书店的老板富兰克林被叫了出来，陌生人再一次问："请问那本书的最低价是多少，富兰克林先生？""1.25美元。"富兰克林斩钉截铁地回答道。"1.25美元？怎么会这样子呢，刚才你的店员说只要1美元。"

"没错。"富兰克林说道，"可是你还耽误了我的时间，这个损失比1美元要大得多。"

这个男子看起来非常诧异，但是，为了尽快结束这场由他自己引起的谈判，他再次问道："好吧，那么告诉我这本书的最低价。""1.5美元。"富兰克林回答说。

"1.5美元？天啊！刚才你自己不是说了只要1.25美元吗？""是的，"富兰克林冷静地回答道，"可是到现在，我因此所耽误的工作和丧失的价值要远远大于1.5美元。"

这个男子默不做声地把钱放在柜台上，拿起书离开了书店。从富兰克林这位深谙时间价值的书店主人身上，他得到了一个有益的教训：从某种程度上来说，时间就是财富，时间就是价值。

感悟：有时候，我们不但自己不注意时间的宝贵，而且还拖累别人跟着自己去消耗时间，这是一件很残忍的事情，同时也是不道德和不尊重人的表现。时间就是价值。

GUOJIANG

过江

有这样一则故事：一个人来到江边想要过江，刚巧江边有一艘要过江的小船，他嫌船太小，就没上船。等啊等终于又来了一艘，可船比前一艘小了许多，船身在江水中摇来荡去，太危险了。他想："这么长时间我都等了，天还没黑，一定要等来一艘又大又好的船，舒舒服服地过江。"

他从早晨等到正午，从正午等到日偏西，天眼看就黑了也没等来他理想中的船。江边前不着村后不着店，天一黑，冷风、强盗、野狼啥都有，他越想越怕，急得团团转。这时从上游飘来一块木板，他想：看来我命中只有这块木板了。与其在这挨冷受冻、被强盗抢或被野狼吃掉，还不如抓住木板过江。

感悟：如果你想实现自己的想法，再没有什么比及时行动更重要的了，倘若不为你的梦想采取实际行动，那么再好的想法也会付诸东流，那些曾经美妙的思考最后将在光阴的年轮中搁浅。所以，你心里想做什么，就马上去做吧！不要错过了时机，机不可失，时不再来。

RZXZP

认真细致篇

YOUQIJIANGGAIBIANLEMINGYUN

油漆匠改变了命运

一次，一个年轻的油漆匠给一个富翁油漆一栋别墅。在刷最后一扇门的油漆时，一不小心，门倒了，倒在刚刷好的墙上。顿时，米黄色的墙壁上，粘上了一道浅蓝色的油漆的颜色。

油漆匠小心翼翼地把墙上的浅蓝色一点一点地刮掉。于是，墙面上出现了一道两寸多长的浅沟。油漆匠又小心翼翼地用白石灰将浅沟填平，再刷上米黄色的涂料。

这时，油漆匠发现，浅沟上的米黄色比墙面上的米黄色略深一些，有一点细微的差别，如果不仔细看，根本看不出来。按照一般人的想法，这样也就可以了。但油漆匠想，不能因为这一点的不协调，破坏整体的美感。

于是，油漆匠把这一面墙重新刷了一遍。这时，油漆匠又发现，这一面墙的颜色跟这个房间的其他三面墙和屋顶墙面的颜色不一致了。油漆匠就把三面墙和屋顶重新刷了一遍。于是，这个房间的颜色协调了。

这时，油漆匠又发现，这一个房间的颜色跟其他十几个房间的颜色又不一致了。于是，油漆匠就毫不犹豫地把十几个房间重新刷了一遍。

这样，工期拖了7天。油漆匠向富翁表示了歉意，并说明原因。油漆匠表示，多做的7天工钱他不要，只请求富翁付给他多买的油漆钱。

富翁非常感动，不仅如数给了他钱，而且把自己的独生女儿嫁给了他。

于是，这个油漆匠开始有钱了。他开始经商，开的商场的名字就叫做沃尔玛，就是今天的环球500强中的第一家沃尔玛。这个油漆匠的名字就叫做山姆·沃尔玛。

感悟：“天道酬勤”也“天道酬细”。是什么改变了油漆匠的命运，不是金钱，而是他认真的工作态度、高度的负责精神、细致的工作作风和无可挑剔的工作标准。有了这些，还有什么不能成功呢？实际生活中的每一个细节都有可能是你人生中的转折点。

RENZHENGCHUZHANDOULI 认真出战斗力

1790 年 12 月，俄军与土耳其军队进行了一次交战，战争发生在土耳其在多瑙河最坚固的堡垒伊兹梅尔，这是一次经典的城市攻防战。

伊兹梅尔要塞位于多瑙河右岸，控制着多瑙河下游，战略地位极为重要。该要塞壁垒森严，城墙壁立，壕沟环绕，大有一夫当关，万夫莫开之势。当时，驻守伊兹梅尔要塞的土军共有 35000 人，装备有 300 门火炮。俄军攻城兵力为 31000 名步骑兵、600 门火炮和 200 余艘多瑙河区舰队的小型舰艇。

俄军久攻不下之际，苏沃洛夫奉命来到前线。他用了八天时间做准备，然后给伊兹梅尔城卫戍司令送去一封劝降信，信中写道："我已统率大军到此，给你 24 小时的时间考虑。只有投降，才有自由。一旦进攻发起，你只有死路一条，攻城就意味着你们灭亡！"

伊城守将艾多斯·穆罕默德却是十分相信自己的力量，傲慢地复信道："天可以塌，多瑙河水可以倒流，但伊兹梅尔决不投降！"

可是，一天后，在苏沃洛夫部署下的俄军就占领了固若金汤的伊兹梅尔。土耳其军队士兵全被击毙或俘虏，仅有一名土耳其士兵逃出了城堡，游过了多瑙河，将伊兹梅尔失陷的消息带给了土耳其国王，但却被恼羞成怒的国王下令斩了首。

战后，苏沃洛夫在给沙皇叶卡捷琳娜二世的奏表中是这样描述伊兹梅尔之战的："没有任何一个堡垒比伊兹梅尔更坚固，没有任何一个抵抗比伊兹梅尔更激烈，但是它在我皇的宝座之下倒下来了，这是英勇进攻的结果。"这句话后来被镌刻在苏沃洛夫的纪念碑上。

当时，土耳其军队不仅数量上占优势，而且有坚固的城堡，对俄军来说，要打下这个堡垒是很艰难的。这次战役的快速取胜是建立在极其认真的战斗精神之上的。

苏沃洛夫对作战中可能出现的各种情况都一一做了周密细致的安排,并为官兵制定了专门手册,其内容包括攻城作战及城内作战规则。

他仿照伊兹梅尔堡的样子在城堡附近的布斯罗克镇建造了一个土围,每天夜里让士兵一批接一批练习攻城动作,白天则亲自带领士兵练习白刃战。为了迷惑土耳其军队,俄军表面上仍在进行长期围困准备, 而秘密地进行精密的强攻训练。经过 8 天的认真准备,战斗的结果是大获全胜。

感悟:许多杰出的军事家为什么能所向无敌?是因为他不仅善于谋划,而且准备工作极其认真。每一个细节都严格要求,保证把事情做到位, 不出差错。正是这种认真的精神形成了强大的战斗力,取得了胜利。

YONGXINJIUNENGDADAOBIAOZHUN 用心就能达到标准

第二次世界大战中期,美国空军和降落伞制造商之间有一个真实的故事。当时,降落伞的安全度不够完美,经过厂商努力的改善,使得降落伞的优质率达到了 99.9%。但是美国空军却对此公司说:"NO!"他们要求所交降落伞的优质率必须达到 100%。于是降落伞制造公司的总经理便专程去同军方商讨此事,看是否能够降低这个水准,当然美国空军一口回绝,因为品质没有折扣。

后来,军方要求改变检查品质的方法。那就是从厂商交货的降落伞中,随机挑出一个,让厂商负责人装备上降落伞,亲自从飞行中的机舱跳下。这个方法实施后,不良率立刻变成零。

感悟:用心了,就可以达到做事的标准。用心来自责任感,来自压力。当这种责任感和压力不足时,要想出把对人负责和对己负责一致起来的办法。

SHUHU YIGEXIAOSHUDIANZHIYINGXIONGLINAN

疏忽一个小数点致英雄罹难

1967年8月23日，苏联著名宇航员弗拉迪米尔·科马洛夫驾驶“联盟一号”宇宙飞船，经过一昼夜的太空飞行之后，胜利返航。科马洛夫的母亲、妻子、女儿和几千名各界人士，都来到飞船基地等待迎接这位航天勇士。

然而，当宇宙飞船返回大气层后，意外发生了。“联盟一号”飞船由于无法排除故障，不能减速，两个小时后将在着陆基地附近坠毁，人们将目睹民族英雄科马洛夫罹难。

消息如此突然，举国上下立刻陷入巨大的悲痛之中。指挥中心特意准备将这弥足珍贵的两个小时交给科马洛夫的亲人。通过屏幕，科马洛夫看见了自己的老母、妻子和女儿，他显得很激动，但他还是控制住自己说：“首长，属于我的时间不多了，我想先把这次飞行探险情况向您报告，这是比生命更重要的东西。”因为汇报的内容涉及国家机密，指挥中心暂时关掉了电视直播的录音传递，全国电视观众只能通过屏幕看到科马洛夫无声的形象。这个历史上最感人的汇报持续了整整70分钟。

话筒终于传到了亲人的手中，当科马洛夫与母亲和妻子悲痛话别后，他看着自己12岁的女儿，他的眼睛里流露出父爱的深情，“孩子，你不要哭。爸爸就要走了，告诉爸爸你长大了干什么？”“像爸爸一样，当宇航员！”科马洛夫落泪了，“你真好，可是我要告诉你，也告诉全国的小朋友，请你们学习时，认真对待每一个小数点，每一个标点符号。‘联盟一号’今天发生的一切，就因为地面检查时忽略了一个小数点，这场悲剧，也可以叫做对一个小数点的疏忽。同学们记住它吧！”

轰隆——整个苏联一片寂静。人们纷纷走上街头，向着飞船坠毁的方向默默哀悼……

感悟：一个小数点的失误使英雄付出了生命的代价。“天下大事，必作于细。”一点都不能疏忽，这就是细节的重要意义。

HAOXIGUANYANGNIGENGRONGYICHENGGONG 好习惯，让你更容易成功

1961年4月12日，前苏联宇航员加加林乘坐4.75吨重的“东方1号”航天飞船，进入太空遨游了89分钟。他成为世界上第一位进入太空的宇航员。这样的荣誉，对任何一个人来说都是极大的诱惑。

在选择宇航员的时候，很多人都报了名。但是，为什么最终只有加加林入选了？这件事很少有人知道真实的原因。大多数人都认为，加加林是上帝的宠儿，他太幸运了！

在确定人选前一个星期，航天飞船的主设计师罗廖夫让所有报名的人都去参观飞船。大家兴奋极了，他们迫不及待地走进飞船。除了设计师和制造者，他们是首次走进飞船的人。有一些人都有些飘飘欲仙了。他们被这样的光环笼罩着，每个人的脸上都洋溢着兴奋的笑容。

在进入飞船前，只有加加林一个人脱下了鞋子，只穿着袜子进入座舱。就是这个细小的举动，一下子赢得了罗廖夫的好感。他感到这个27岁的青年既懂规矩，又如此珍爱他为之倾注心血的飞船。于是，他决定让加加林执行人类首次太空飞行的神圣使命。

感悟：成功得益于好习惯，习惯的力量是巨大的。一个想成功的人，必须从小事情做起，养成对自己的追求有帮助的好习惯，因为小事能体现一个人的习惯和素质。或许一件小事能成就一个人的一生。

RENBENRENDEXIXIN

日本人的细心

大庆油田是我国最大的油田。最早在开采油田的时候，除了中央领导和在工地上的工人，没有人知道关于大庆的详细资料。

但是精明的日本人却从公开报道的蛛丝马迹之中“看”出了眉目。

《人民画报》上刊登了铁人王进喜身穿大棉袄、背景飘雪花的照片。日本人推断，大庆在中国东北。因为那个时候，只有东北在下雪。

其后，日本人又根据运原油的列车上灰层的厚度，测出油田与北京的距离，认定油田应在哈尔滨与齐齐哈尔之间。

《人民日报》报道王进喜到了马家窑，大喊一声：“好大的油田啊！”日本人推断，马家窑是大庆的中心部位。

《人民日报》又报道了大庆人发扬“一不怕苦，二不怕死”的革命精神，肩扛人抬各种设备。日本人由此推断，大庆附近有铁路、公路，否则，人怎么可能长距离扛得动几千斤重的设备！于是，他们推断，大庆在安达车站附近。

1966年，王进喜作为人民代表参加了全国人民代表大会。日本人推断，大庆出油了！否则，王进喜当不了人大代表。

《人民日报》刊登的一幅石油钻塔的照片，日本人看了以后，测算出了油井的直径，并据此测算出这台油井的产量。

《政府工作报告》公布了一些大庆的资料，日本人又测算出大庆油田的生产规模与产量。

紧接着，日本人就设计了完全符合大庆油田生产条件的石油设备。当中国刚一公布在国际上招标购买石油设备的时候，其他国家还没有来得及设计，日本人就把图纸给了中方。很快，他们就同中方签订了合同。这份合同让日本人受益匪浅。

感悟：聪明的头脑，是细心的头脑、逻辑的头脑，是善于从蛛丝马迹中发现机会的头脑。把握机遇在于,及时捕捉细节,巧妙利用细节,从而达到致胜的目的。

XIAOSHUHUYEYAOBUDE

小疏忽也要不得

在一个晴空万里、风平浪静的三伏天,一艘即将出厂的驱逐舰,正在碧波万顷的海面上进行高速航行试验。

炎炎烈日直射下,隔着鞋底都能感到甲板的滚烫。

这样的天气里进行高速航行试验,主机舱的温度像坐了火箭一样,噌地一下就窜到了60多度。主机分队长是一位从军校毕业的干部,正与值班的几名战士忙碌着。只见他拿着一块棉纱,不时地擦拭着机器的结合部位,检查着机器的运行状况。

时隔不久,轮到他下班休息了,出舱前,他随手把沾满油污的棉纱丢在了离舱门不远的铝制花隔板上。

一个小时后,值班战士发现主机舱舱门附近起火,迅速拉响了损害管制警报,20分钟以后,火被扑灭。虽然这场火造成的损失并不大,也没有人员伤亡,但正常的试验试航工作却被迫推迟了。

事后调查,起火的原因就是那块棉纱由于高温自燃引起的,分队长理所当然地受到了处分。

感悟:所谓“千里之堤,溃于蚁穴”,“小心无大错”,都是经过实践检验的经验。一些不经意的小疏忽,也会铸成大错误。注重细节的好习惯,是成功者的必备素质。从根本上说,要加强责任心,保持高度的注意力,把小事看大,才能把小事做好,防止出现不应有的失误。

XIANGBANFAZUODEZUIHAO
想办法做得最好

现任北京外交学院副院长的任小萍女士，在她的职业生涯中，每一步都是组织上安排的，自己没有什么自主权。但在每一个岗位上，她都想办法做得最好，这给她赢来了荣誉和机会。

1968年，任小萍成为北京外语学院的一名工农兵学员。当时她年纪最大，水平最差，第一堂课就因为回答不出问题而站了一堂课。第二天，教室里挂出一条横幅：不让一个阶级兄弟掉队，她就是这个"阶级兄弟"。但等到毕业的时候，她已成为全年级最好的学生之一。

大学毕业后她被分到英国大使馆做接线员。小小的接线员，是很多人觉得很没出息的工作，任小萍却把这个普通工作做得很好。她把使馆所有人的名字、电话、工作范围甚至连他们的家属名字都背得滚瓜烂熟。有些电话进来，有事不知道该找谁，她就会多问问，尽量帮他准确地找到人。慢慢地，使馆人员有事要外出，并不是告诉他们的翻译，而是给她打电话，告诉她会有谁来电话，请转告什么，有很多公事、私事也委托她通知，任小萍成为留言点、大秘书。

有一天，大使竟然跑到电话间，笑眯眯地表扬她，这是破天荒的事。结果没多久，她就因工作出色而破格调到英国某大报记者处做翻译。

该报的首席记者是个名气很大的老太太，得过战地勋章，授过勋爵，本事大，脾气大，把前任翻译给赶跑了，刚开始也不要任小萍，看不上她的资历，后来才勉强同意一试。一年后，老太太经常对别人说："我的翻译比你的好上十倍。"不久，工作出色的任小萍又被调到美国驻华联络处，她干得又同样出色，获得外交部嘉奖……

感悟：不如意的工作，得到了如意的评价，不容易的工作，得到了意外的成功，诀窍就是"想办法做得最好"，这条重要的成功经验，值得那些抱怨工作不如意的朋友们思考。

HAOBUTUIRANG 毫不退让

在一家医院，一个年轻的护士学员第一次担任责任护士，如果此次手术后，她被外科医生评定合格，那么，她将获得合格的护士证书。

复杂艰苦的手术从清晨进行到黄昏，终于手术接近尾声，主刀的外科专家即将缝合患者的伤口，女护士突然严肃地盯着他说："大夫，我们用了10块纱布，您只取出了9块。"

外科专家道："不可能，我已经都取出来了，你不要妄加判断。"

"不会的！我记得清清楚楚，一共用了10块纱布。"

外科专家不耐烦地说："我是医生，我有权决定缝合伤口！"

女护士毫不退让，她大声道："正因为您是医生，您更不能这样做，我们都要对患者负责。"

这时，外科专家严峻的脸上才泛起了欣慰的笑容。他举起左手心里握着的第10块纱布道："你是正确的，你是一个合格的护士。"

感悟：女护士不怕得罪自己的考官，坚持正确的意见，毫不退让，一方面取决于她"记得清清楚楚"的认真态度，更重要的是她有对患者负责的崇高医德，正是这两点，才让考官的脸上泛起了欣慰的笑容。

ZHUIQIUZHUOYUE 追求卓越

阿姆饵食品厂的厂长迈科道尔之所以能够从一个速记员一步一步往上升，就是因为他在工作中总是追求尽善尽美。他最初在一个懒惰的经理手下做事，那个经理习惯于把事情推给下面的职员去做。有一次，他吩咐迈科道尔编一本阿姆饵先生前往欧洲时需要的密码电报书。

如果是一般人来做这个工作，他就会简单地把电码编在几张纸片上敷衍了事，但迈科道尔可不是这样玩忽职守的人。他利用下班的空余时间，把这些电码编成了一本漂亮的小书，并用打字机打印出来，然后再用胶装好。完成之后，便通过经理把电报本交给了阿姆饵先生。

“这大概不是你做的吧，”阿姆饵先生问。

“不…… 是…… ”那经理嗫嚅着回答。

“是谁做的呢？”

“我的速记员迈科道尔做的。”

“你叫他到我这里来。”

阿姆饵对迈科道尔亲切地说：“小伙子，你怎么会想到把我的电码做成这个样子呢？

“我想这样用起来会方便些。”

“你什么时候做的呢？”

“我是晚上在家里做的。”

“是吗，我特别喜欢它。”

这次谈话后没几天，迈科道尔便坐到了前面办公室的一张写字台前；没过多久，他又代替了以前那个经理的位置。

感悟：追求卓越是一种态度，是一种境界。卓越就是不放松对自己的要求，就是在别人放弃追求时，自己仍然一如既往坚持操守，就是高度的责任感和敬业精神，就是一丝不苟的做人态度。

LIANGMIANJINGZI
两面镜子

有两件事，可以作为我们生活中的镜子。其中一件是老外干的，另一件也是老外干的。现把它们分述如下。

第一件事:武汉市都阳街有一座建于1917年的6层楼房,该楼的设计者是英国的一家建筑设计事务所。20世纪末,那座叫做“景明大楼”的楼房,在漫漫岁月中度过了80个春秋后的某一天,它的设计者远隔万里,给这座大楼的业主寄来一份函件。函件告知:景明大楼为本事务所在1917年所设计,设计年限为80年,现已超期服役,敬请业主注意。

真是闻所未闻!80年前盖的楼房,不要说设计者,连当年施工的人,也不会有一个在世了吧?然而,至今竟然还有人为它的安危操心!操这份心的,竟然是它最初的设计者,一个异国的建筑设计事务所!

第二件事:在东北地区滨洲铁路穿越小兴安岭那条最长的隧道的山顶,有一座方方的石碑,那里长眠着一位异国的工程师。这位工程师曾负责这条隧道的设计。当工程进度由于意外没有按照预定时间打通时,这位工程师开枪自杀了!她以自杀来抵补自己的失职和耻辱。

这种自责方式对我们来说也许太陌生了。我们太习惯于在失败面前寻找“客观原因”了,我们也太习惯于在失误面前为自己开脱了。一个肩上负有责任的人,出了天大的责任事故,别说引咎自杀,辞职谢罪的也少有。一位异国女工程师喷洒着鲜血的自责行为,让我们懂得了什么是灵魂中的亮点和阴暗。

感悟:这两面镜子折射出的都是一种强烈地为他人,为社会高度责任的精神;严于律己,勇于揽过的精神;实事求是,尊重客观的精神。这些都是成功者必备的精神。

SHUSHIWUDUDEWEIXIAN

熟视无睹的危险

一位朋友开车手艺不错,已有多年驾龄,但他开车时总是小动作不断,点根烟啦,换个磁带啦,看看路边漂亮姑娘啦等等。同志们说他他不听,他说:艺高人胆大,不会出事。结果一次在北京三元桥上,他连人带车从桥上冲了出去,原因再平常不过:在高速急转弯的同时,他低头摆弄卡住的磁带。

不要以为那些潜伏着危险的不良习惯只是件小事，不要觉着你本事大,别人眼中的危险事对你而言如履平地,总有一天,它会同你算账的。

大哲学家柏拉图曾有一次就一件小事毫不留情地批评了一个小孩,因为这个小孩在玩一个很愚蠢危险的游戏。小男孩不服气,说这只是一件鸡毛蒜皮的小事，柏拉图说:“你经常这样做就不是小事了。”

感悟:“经常这样做就不是小事了。”多么深刻的至理名言,危险的隐患就潜藏在习以为常之中。不在乎危险的小事,因小失大,造成终身悔恨的事情不胜枚举。

SHAOLEYIGEMAZHANGDINGWANGLEYIGEGUOJIA 少了一个马掌钉,亡了一个国家

一个马掌钉,甚至能决定一个国家的历史,决定一个政权的存亡。这不是天方夜谭,而是确有其事。

1455 年到 1485 年,英国历史上发生了两大封建王室之间的混战，因为双方家族的族徽分别为红玫瑰和白玫瑰，史称“玫瑰战争”。这两个家族,在当时,可以说是旗鼓相当,势均力敌。

1485 年 8 月 22 日,举着红玫瑰战旗的亨利率军进攻白玫瑰理查。当然,白玫瑰理查也不是好惹的。他当即部署了自己的军队,在一片开阔地上布成了阵势,迎战红玫瑰的亨利。

当天早上,理查派一个马夫去备好自己最喜爱的战马。可是,由于前几天给全军的马都钉了掌,铁匠那儿缺少钉子,慌忙中铁匠凑合着把马掌钉上,其中一只马掌上少了一颗钉子。铁匠心想,一只马掌上至少有 4 颗钉子,少了一颗应该不会出问题。他没把这当做一回事,更没有向理查报告。理查当然蒙在鼓里。

于是,当理查策马扬鞭指挥战斗。因为每一只马掌上,必须有

4颗钉子,这钉子将马掌牢牢地钉在马蹄上。马蹄就像穿上了鞋,跑起来既轻快又舒服。然而,这只少了一只马钉的马掌,就钉在马的一只前蹄上。由于少了一颗钉子,马跑着跑着,这只前蹄上的马掌就松了。这松了一只马掌的马腿,就高一脚低一脚地在坑坑洼洼的野地上奔跑。它跟其他3只脚就不平衡。突然,这匹马的前蹄插进了一个洞里。仅有一颗马钉支撑的马掌就立起来,撑住了马蹄。一股钻心的疼痛,从马蹄直达马的心脏。这匹战马大叫一声,它来不及将马蹄从洞里拔出来。说时迟,那时快,巨大的向前冲锋的惯性,把这匹马的前腿搞骨折了,造成了马失前蹄。坐在马背上的白玫瑰理查登时被腾空掀起,摔了一丈多远,只听得咔嚓一声,他的脊梁骨就断了,倒在地上无法动弹。跟随理查的白玫瑰军队一阵惊呼,纷纷围着理查,要把他抬起来,可是理查已痛得昏过去了。

这时,本来向前逃跑的红玫瑰亨利听到呼声,一看这阵势,马上掉转马头,率领士兵冲杀过来。理查当了俘虏,被红玫瑰亨利抢走了。

白玫瑰理查被抓,士兵便没有了斗志,他们扭头就逃,纷纷作鸟兽散,一个个做了俘虏。白玫瑰理查王朝登时土崩瓦解。亨利自称为王,建立了都铎王朝。

此后,西方就流传着这样一首民谣:少钉一颗钉子,坏了一只蹄铁;坏了一只蹄铁,折了一匹战马;折了一匹战马,伤了一位统帅;伤了一位统帅,输了一场战斗;输了一场战斗,亡了一个帝国。

感悟:这是一个典型的小事不小,因小失大案例,告诉我们,任何时候履行职责,都不能应付,不能大意,不能心存侥幸。

YIGEXIJIEDAOZHILEQUANJUNFUMO

一个细节,导致了全军覆没

中日甲午海战前,中国的军舰在吨位、数量、火力上都胜于日本。举国上下一片陶醉,以为中国必胜无疑。

然而,日本间谍发现,中国军舰的炮塔上居然横七竖八晾着短裤、袜子。于是,这个细节被写进情报中,并分析:这是一支纪律松弛、管理混乱的军队,不会有强大的战斗力。断言:日本必胜无疑。

果然,海战一开,中方惨败,几乎全军覆没。先进的军舰成了日本的战利品。

感悟:一个不经意的细节,成为日本发动进攻的重要依据,实在是让中国人欲哭无泪。短裤、袜子,居然横七竖八地晾在炮塔上,说明中国军队的麻痹与轻敌、懒散与无序,带来军队战斗力的低下甚至丧失。这样的军队不打败仗,那才怪呢。

ZHUOYUE

卓越

一个年轻人,他得到了很快的提升,成为了一个大机构的负责人,对于这个职位,他并没有任何的经验。他之所以被选中,正是因为他所承担的任何工作,任何事物,都被他打上了夺目的"卓越"印记。

有一天,他被邀请参加一个重要的宴会,但他却放弃了。因为,在公司即将寄出的一大批信件中,有一个小错误。为了重写这批有错误的信件,他带领着公司的速记员小组,一直在办公室中工作到深夜里。

这样一个小错误,在有些人看来,实在是微不足道,根本不值得如此兴师动众,大惊小怪。一封潦草马虎的信件,一个错别字,一个不适当的标点,一张贴得上下颠倒或者歪歪扭扭的邮票,总之任何的失误或偏差,对于这个年轻人来说都不是无足轻重的小事。由他经办的任何事情,一定要做到"很不错"、"相当好"。

正因为他如此的认真,在几年以前,他还只是公司里一个无人知晓的小人物,当那些高级职员在路上遇见他时,根本不知道他是谁,而现在,他们都会十分尊敬地向他脱帽致意。

感悟:认真的工作态度,卓越的做事标准,会让一个人脱颖而出，这就是精华法则：最优秀的将上升到金字塔顶部。

GANGBAODAOJIUCHENGLEBIWUGUANJUN
刚报到就成了比武冠军

张海在军校学习时就非常用心，无论是军事课还是政治理论课，他都能认真听，认真记，重要的内容，把教员的教案借来整理笔记，没有想到，这种好的学习习惯日后帮了他的大忙。

毕业后他被分配到九连当排长。当时，正赶上团里组织教练员比武，每营推荐一名军事干部参加，自定课目，营长决定先在营里组织比武选拔。张海盘点了自己的积累，决定用自己把握的课目参加比武，他选定了"三种步法与立定"。营长看到这个新来的小排长选了一个普普通通、没有难度的课目，对他根本没有抱有希望。

张海在军校学习时，队列教员是国庆阅兵的队列教练，队列训练有不少绝招和口诀，他把在校学习时整理的笔记拿出来，很快写好了教案，按照军校教员的做法，做好了比武准备。

营里比武那一天，他是最后一个出场，他的准备工作一做完，就给人耳目一新的感觉，踢步线、摆臂线、挂图……非常正规，非常制式。教练中，洪亮的口令、清晰的讲解、标准的示范、好记的口诀、准确的纠正，让营长和全营干部赞不绝口。营长当即拍板："不用选了，代表我们三营到团里参加比武的，就是九连这个小排长！"

张海到团里参加比武，果然不负众望，一举夺魁，团长在比武总结时说："要问'四会教练员'什么样？就看看九连排长张海！"

比武结束不久，因为九连连长空缺，在营长、团长的推荐下，张海当了连长。

感悟：张海短时间就得到认可，不是偶然的，告诉我们两个道理，一个是无论学习还是工作，都要做有心人，注意多积累，平时注入一滴水，用时拥有太平洋，平时懒塌塌，用时就抓瞎；再一个就是认真对待上级交给的任务，坚持高标准，细心下苦功。

情操美德篇

XUEHUIGANXIE

学会感谢

一家公司招聘一位职员，许多人参加了角逐。公司的面试和笔试十分烦琐，一轮轮淘汰下来，最后只剩下 5 个人。公司通知 5 个人，聘用谁得由公司经理层会议讨论后才能决定。

几天后，其中一位看到电子邮箱里有一封公司人事部发来的信，内容是："经过公司研究决定，你落聘了，但是我们欣赏你的学识、气质，因为名额所限，实是割爱之举。公司以后若有招聘名额，必会优先通知你。你所提交的材料录入电脑存档后，不日将邮寄返还于你。另外，为感谢你对本公司的信任，还随信寄去公司产品的优惠券一份，祝你开心。"

她知道自己落聘了，十分伤心，但又为公司的诚意所感动。两天后，她收到了寄给她的材料和一份优惠券，另加一个电子信件中没有提及的一个带有公司标志的小饰物。

她十分感动，立即花了 3 分钟时间用电子邮件给那家公司发了一封简短的感谢信。

两个星期后，她收到那家公司的电话，说她已被正式录用为该公司职员。

后来，她才知道这是最后一道考题。公司给其他 4 个人也发了同样的电子信件，也送了优惠券和小饰物。但是回信感谢的只她一个。她能胜出，只不过是因为多花了 3 分钟的时间去感谢。

感悟：有时一个不经意的感谢就会有意想不到的收获，因为，知恩图报展示了你的美德，说明你是一个懂得珍惜、很少抱怨、知道回报的人，人们愿意给这种人以更多的惠顾。

军人的品质

JUNRENDEPINZHI

2008年的四川汶川大地震后,全国展开了迅速救援。解放军更是冲在了第一线去奋力救助受灾的群众。有一个受伤的老奶奶在倒塌的房屋里已经待了20多个小时,但是由于当时的特殊情况,在外面救她的战士无法在短时间内将她救出,这个老奶奶认为自己快不行了,就把随身带的8000元钱递给外面的战士,让他将来转交给她的儿子。在当时,这位身陷困境的老奶奶身边除了这个年轻的解放军战士外,没有任何人。后来这个战士和其他人一起把老奶奶救出,送到医院治疗。之后,这个战士辗转地找到了老奶奶的儿子,把8000元钱交给了他,让他数一数,是不是正好。老奶奶的儿子接过钱后说:"不用数了,解放军办事,我放心得很!"

感悟:金钱考验人的品质。世上确实有"乘人之危,大捞一把"的人,这样的人把金钱看成高于一切。军人的高尚之处,就是在金钱面前不动心,视军人的荣誉重于生命。一个人的品质如何,不是听你的口头表白,而是要看实际行动,这种行动是发自内心的,不是做给世人看的。言行一致,是军人应该具备的优良品质。

侯赛因的传奇人生

HOUSHAIYINDECHUANQIRENSHENG

约旦国王侯赛因·伊本·塔拉勒执掌王权47年,是阿拉伯国家乃至全世界执政时间最长的国家元首之一。

侯赛因说:"我决不怕死,我已经几次面对死亡。"实际上,他面对死亡何止几次?自1952年8月11日他登基被立为约旦哈希姆王国第三任国王以来,遭遇过150多次谋杀,是阿拉伯世界遭受暗杀次数最频繁的领导人之一。

早在16岁那年,反对派对他进行了第一次暗杀。枪手的左轮手枪子弹击中了他的祖父阿卜杜拉国王，子弹也飞向了侯赛因的胸膛。但是,祖父别在他军装上的一枚徽章挡住了子弹,救了他的性命。

1958年11月的一天,他亲自驾驶飞机去瑞士度假。突然,两架米格战斗机截住了他的座机，他凭着高超的驾驶技术幸免于难。1960年,厨师把毒药掺进食物企图毒死他。由于国王的随从让猫先尝了食物,阴谋随之败露。

越是处于危险之中,他就越在公开场合露面。1967年,当以色列进攻约旦时,他自己驾驶吉普车,冒着枪林弹雨到前线指挥战斗。侯赛因是亲临前线的唯一的国家元首。

1997年下半年,侯赛因患了淋巴癌,因医治无效,他于1999年2月逝世,终年63岁。令人吃惊的是,侯赛因的陵墓,只是一个占地2平方米的沙土包,仅一个人躺下的尺寸。陵墓不设一阶,不筑一亭,不守一兵,没有墓碑和墓志铭,简直像普通人的坟墓一样。

侯赛因的传奇人生,在约旦人心目中享有特殊地位,可他的陵墓为什么会如此平常?有一位学者说得妙,这是“人生的最后智慧”。

感悟:明明知道自己时时处于危险之中,却临危不惧,不怕牺牲,义无反顾地救民众于水火;虽然是民众爱戴的国家元首,坟墓却和普通人一样,这就是伟人留给我们做人的思考。

REN 忍

日本的白隐禅师,是位生活纯净的修行者,因此受到乡里居民的称颂,都认为他是个可敬的圣者。

有一对夫妇,在他住处附近开了一家食品店,家里有一个漂亮的女儿。不料,夫妇俩发现女儿的肚子无缘无故地大起来。

这种见不得人的事，使得她的父母震怒异常！好端端的黄花闺女，竟做出不可告人的事。在父母的逼问下，她起初不肯招认那个人是谁，但经过一再苦逼之后，她终于吞吞吐吐说出“白隐”两字。

她的父母怒不可遏地去找白隐理论，但这位大师不置可否，只是若无其事地答道：“是这样吗？”

孩子生下来后，就被送给白隐。此时，他的名誉虽已扫地，但他并不以为然，只是非常细心地照顾孩子。他向邻居乞求婴儿所需的奶水和其他用品，虽不免横遭白眼，冷嘲热讽，他总是泰然处之，仿佛他是受托抚养别人的孩子一般。

事隔一年后，这位没有结婚的妈妈，终于不忍心再欺瞒下去了。她老老实实地向父母吐露真情：孩子的生父是在鱼市工作的一名青年。

她的父母立即将她带到白隐那里，向他道歉，请他原谅，并将孩子带回。

白隐仍然是淡然如水，他没有表示，也没有乘机教训他们，他只是在交回孩子的时候，轻声说道：“就是这样吗？”仿佛不曾发生过什么事。

感悟：在生活和工作中不免会遇到别人的误解或不当的羞辱，处理这类事情时，正常的辩驳固然也是一种方法，但很多时候，无声的沉默更是最有力的证言，这既是一种包容，更蕴涵了无限的慈悲与智慧。

RANGLU 让路

绅士过独木桥，刚走几步便遇到一个孕妇。绅士很礼貌地转过身回到桥头，让孕妇过了桥。孕妇一过桥，绅士又走上桥。走到桥中央又遇到一位挑柴的樵夫，绅士二话没说，回到桥头让樵夫过了桥。

第三次绅士不敢贸然上桥，而是等独木桥上的人走完才匆忙上了桥。眼看就到桥头了。迎面赶来一位推独轮车的农夫。绅士这次不愿回头了，摘下帽子，向农夫致敬："农夫先生，你看，我就要到桥头了，能不能让我先过去。"农夫不干，把眼一瞪，说："你没看见我推车赶集吗？"话不投机，两人争吵起来。这时，河面上浮来一叶小舟，舟上坐着一个僧人。两人不约而同请僧人为他们评理。

僧人双手合十，看了看农夫，问他："你真的很急吗？"农夫答道："我真的很急，晚了便赶不上集了。"僧人说："你既然急着赶集，为什么不尽快给绅士让路呢？你只要退那么几步，绅士便过去了，绅士一过，你不就可以早早过桥了吗？"

农夫一言不发。僧人便笑着问绅士："你为什么要农夫给你让路呢，就是因为你快到桥头了吗？"

绅士争辩道："在此之前我已给许多人让了路，如果继续让农夫的话，我便过不了桥了。"

"那你现在是不是就过去了？"僧人反问到："你既然已经给那么多人让了路，再让农夫一次，即使过不了桥，起码保持了你的风度，何乐而不为呢？"

绅士的脸涨得通红。

感悟：人生旅途中，我们是不是也有过类似的遭遇呢？始终保持"礼让"心态，不争，不急，不怒，自己的路子会越走越宽，越走越顺利。给别人让路，其实是给自己让路。

ZUIHOUYIKE

最后一课

一位哲学家带着他的一群学生去漫游世界，十年间，他们游历了很多国家，拜访了很多有学问的人，现在他们回来了，个个都满腹经纶。在进城之前，哲学家在郊外的一片草地上坐了下来，对他的学生说："十年游历，你们都已是饱学之士，现在学业就要结束了，我们上最后一课吧！"

弟子们围着哲学家坐了下来。哲学家问：现在我们坐在什么地方？弟子们答，现在我们坐在旷野里。哲学家又问，旷野里长着什么？

弟子们说,旷野里长满杂草。

哲学家说,对,旷野里长满杂草。现在我想知道的是如何除掉这些杂草。弟子们非常惊愕,他们都没有想到,一直在探讨人生奥妙的哲学家,最后一课问的竟是这么简单的一个问题。

一个弟子首先开口,说:“老师,只要有铲子就够了。”哲学家点点头。

另一个弟子接着说:“用火烧也是很好的一种办法。”哲学家微笑了一下,示意下一位。

第三个弟子说:“撒上石灰就会除掉所有的杂草。”接着讲的是第四个弟子,他说:“斩草除根,只要把根挖出来就行了。”

等弟子们都讲完了,哲学家站了起来,说:“课就上到这里了,你们回去后,按照各自的方法除去一片杂草,一年后,再来相聚。”

一年后,他们都来了,不过原来相聚的地方已不再是杂草丛生,它变成了一片长满谷子的庄稼地。弟子们围着谷地坐下,等待哲学家的到来,可是哲学家始终没有来。

数年后,哲学家去世,弟子们在整理他的言论时,私自在书的最后补了一章:要想除掉旷野里的杂草,方法只有一种,那就是在上面种上庄稼。同样,要想让灵魂无纷扰,唯一的方法就是用美德去占据它。

感悟:每个人的心里都有“杂草”,铲除杂草的最好办法是有高尚的追求、远大的理想,用美好的道德占据“杂草”的位置,使心灵充满阳光。

DESHIFENGFAN
大师风范

一位世界一流的小提琴演奏家在为人指导演奏时,从来不说话。每当学生拉完一曲,他总是要把这一曲再拉一遍,让学生从倾听中得到教诲。“琴声是最好的教育。”他如是说。

一次,他收了一位新生,在拜师仪式上,学生为他演奏了一首短曲。这个学生很有天赋，把这首短曲演奏得出神入化、天衣无缝。

学生演奏完毕，这位大师照例拿着琴走上台。但是这一次，他把琴放在肩上，却久久没有奏响。他沉默了一段时间，然后，把琴从肩上又拿了下来，深深地叹了口气，走下了台。

众人惊慌失措，不明白发生了什么事。他微笑着说："你们知道吧，他拉得太好了，我没有资格指导他。最起码在刚才的一曲上，我的琴声对他只能是一种误导。"

全场静默片刻，继而爆发出一阵热烈的掌声。

感悟：光明磊落，君子所为。盛名之下的演奏家，在拥有一流琴艺和一流师名的同时，也拥有磊落的胸怀和可贵的谦逊。承认自己的不足往往更能赢得别人的尊重。

GAIDITOUSHIJIUDITOU

该低头时就低头

被称为美国人之父的富兰克林，年轻时曾去拜访一位德高望重的老前辈。那时他年轻气盛，挺胸抬头迈着大步，一进门，他的头就狠狠地撞在门框上，疼得他一边不住地用手揉搓，一边看着比他的身子矮去一大截的门。出来迎接他的前辈看到他这副模样，笑笑说："很痛吧！可是，这将是你今天访问我的最大收获。一个人要想平安无事地活在世上，就必须时刻记住：该低头时就低头。这也是我要教你的事情。"

富兰克林把这次拜访得到的教导，看成是一生最大的收获，并把它列为一生的生活准则之一。富兰克林从这一准则中受益终生，后来，他功勋卓越，成为一代伟人，他在他的一次谈话中说："这一启发帮了我的大忙。"

感悟：该低头时就低头，是理智聪明的人生态度，低调做人，不做无意义的计较，可以避免无聊的纷争，赢得更多的收获。

GUANGGAODEMIAOYONG

广告的妙用

有一次，一位先生对一个商人说："上个星期，我的伞在伦敦一所教堂里被人偷走了。因为伞是朋友作为礼物送给我的，所以，我花了两把伞的价钱登报寻找，可还是没有找回来。"

"您的广告是怎样写的？"商人问。

"广告在这儿。"那人一边说着，一边从口袋里掏出一张从报上剪下来的纸片，商人接过来念道："上星期日傍晚于教堂遗失黑色绸伞一把，如有仁人君子拾得，烦请送至布罗德街十号，当以十先令酬谢。"

"我说先生。"商人说，"我倒是常常登广告，那是挺划得来的啊。不过，广告的写法可大有学问。您那把伞，咱们再登个广告试试。"

说着，商人从口袋里摸出一张纸，在上面这样写道："上星期日傍晚，有人曾见某君从市教堂取走雨伞一把，取伞者如不愿招惹麻烦，还是将伞速送回布罗德街十号为妙。此君为谁，尽人皆知。"

这条广告见报了。次日一早，失主打开前门便大吃一惊。原来门前早已横七竖八地堆了十一二把伞。失主自己的那把黑色绸伞也夹在里头。好几把伞还拴着字条，说是没留心拿错了，恳请失主切勿将此事声张出去。

感悟：伪君子当然也顾面子，拿走别人的雨伞似乎是小事，没有了面子是大事，小中见大，最可贵的是没有人看见的时候，不做坏事情。做好事不是为了让人知道，把面子和心灵统一起来才是真君子。

YIGERENGANDONGYIZUOCHENG

一个人感动一座城

为救一名跳河女子，年轻的军人甩掉鞋子就跃入冰冷的江水中。他用尽全身力气将女子托出水面，挽救了女子的生命，但是自己体力不支而沉入了江底……

解放军某部机要参谋孟祥斌刚刚完成训练任务回到部队，与临时来队探亲的妻子和3岁的女儿，利用休息时间前往市区购物，途经通济桥时，忽然传来“救人啊，有人跳江了”的呼喊。孟祥斌循声望去，只见一位年轻女子扔掉手机，从10多米高的桥上跳入江中，在水中上下沉浮，情景十分危急。孟祥斌说了声“来不及了”，便迅速脱掉上衣外套和鞋子，跃上桥栏，纵身跳入冰冷的江中，奋力游向轻生女子。

孟祥斌奋力一次又一次将落水女子托出水面，因江宽水凉，体力不支，他和女子渐渐下沉。这时，闻讯赶来的一艘快艇驶近，孟祥斌用尽最后的力气将女子托出水面。快艇工作人员将女子拉上快艇，可孟祥斌却沉入江中，献出了28岁的年轻生命。

孟祥斌的事迹震撼了整个金华城。连接江南江北的主干桥城南桥，贴在桥上灯箱广告的标语，被换成了孟祥斌的巨幅遗照，间隔一个灯箱，肃穆的红黑底色广告牌上，就是这么寥寥数字——一个人感动一座城。显示屏偌大的荧幕上滚动着“向英雄孟祥斌致敬”，并配了哀乐悼念。当地电视新闻节目，反复播放英雄牺牲的场面。报纸也大篇幅进行了报道。英雄的名字在街道、饭桌、车上、课堂、田头口口相传。市民络绎不绝地自发到桥头追悼。一场金华从未有过的高规格追悼大会在当地殡仪馆举行。部队首长来了，金华市委书记、市长来了。更重要的是，3万民众自发赶来，几乎每人手上，都攥着一束菊花，许多花店都免费送花。金华从城区开往殡仪馆的公交车，也特辟了专线，免费接送市民。几百辆出租车，只要有市民说去看英雄最后一眼，的哥停止生意，免费送市民。

民间自发酝酿出的真实情感，让更多人被这座城市感动。金华的许多QQ群里，前所未有地传颂着军人孟祥斌的英雄事迹，年轻人这一群体通过特有的传播渠道自发地组织各种纪念与实际行动。当天晚上，前后有千名网友到达现场，按照金华当地的习俗，放灯泛江，寄托哀思。通过QQ群组织起来的志愿者队伍捧着3个捐款箱到了桥上，从早上8点半到下午4点，市民共捐了21万元。在当地公安的护送下，他们把募捐的钱如数交到英雄的妻子叶庆华手里。

感悟：风萧萧，江水寒，壮士一去不复返。同样是生命，同样有亲人，他用一次辉煌的陨落，换来另外一个生命。英雄舍己救人的壮举，诠释了当代革命军人的核心价值观。孟祥斌用大爱成仁、大义至善的英雄壮举说明，对神圣、光荣、骄傲、庄严、崇高的崇尚和敬畏，视人民的利益高于一切，为人民的利益英勇献身，是每个军人的高尚追求和自觉行动。

DUOLUOZHILU

堕落之路

洪永林是农民的儿子，参军后，立过功，受过奖，入了党，提了干，走上了领导岗位。后来他转业到惠阳地区任公安处副处长，后任惠州市公安局长。刚到地方时，他到县里检查工作，仍然穿着解放鞋，被人嘲笑，此后便穿上了新式皮鞋。起初，下边招待他吃饭，他不习惯，慢慢地，他习惯了大鱼大肉，拿惯了土特产。有一天傍晚，有个干部将500元港币塞给他，说有个亲戚想去香港，请他批一下。他一夜未眠，第二天又呆坐了一个上午，最后还是在赴港通行证上签了字。应该说，在这时，洪永林良知未泯，有问题也只限于开后门搞不正之风，如果就此止步，还为时不晚。但他没有。他要用手中的权去换取更多的钱，从此一发不可收拾。到被揭露出来的时候，他利用批准入港和批准汽车入户等手段，收受了大量贿赂，被查获、追缴的赃物共值人民币60多万元，另有来源不明的港币142万多元，人民币78万多元。随着一声正义的枪响，一个罪恶的生命结束了，但洪永林蜕变的轨迹却引起人们深长的思考。

感悟：防微杜渐，千里之堤毁于蚁穴。越是拥有权力的人，越要思考，为什么有些人讨好你，给你好处？那是利用你的权力，获取他自己的利益。收下了送来的金钱和美女，往往就是收下了镣铐和毒药，何时发作，只是时间问题。脚上的泡是自己走的，做人还是"厚道"好。

JIEFANGJUNZHUANDAHUANREN

解放军专打坏人

有一天晚上，部队干部朱伯儒乘车回部队。车上，有3个流里流气的年轻人不买票，到站时女售票员要他们补票，他们不但不补，反而口出秽语，硬挤开车门往下跑。售票员追了下来："不补票，今天你们别想走！"那3个家伙厚颜无耻，动手动脚，向女售票员耍流氓。朱伯儒见此情景，义愤填膺，大声招呼乘客们："大家跟我下去，收拾这群小流氓！"他第一个跳下去，大喝一声："不许侮辱妇女！"小流氓不听劝阻，其中的一个还动手抓女售票员的上身。朱伯儒怒不可遏，飞起一脚，将那个家伙踢倒在地。另外一个揪着售票员的头发胡言乱语说："解放军还打人哪！"朱伯儒说："解放军不打好人，专打坏人！"说着，又飞起一脚，踢得他也跪倒下去。第3个见势不妙，撒腿跑掉了。在朱伯儒和群众的威慑下，被抓住的小流氓乖乖地补了票，受了罚，并向售票员认了错。

感悟：敢于站出来同违法乱纪行为作斗争是革命军人应有的优良品质。挺身而出，扶正义，压邪气，你才不愧军人的称号。

GUANXIANSHI

管“闲事”

有一部名叫《冰与火》的电视剧，里面讲的故事很是耐人寻味。部队干部任为民与亚娟姑娘是一对恋人。由于社会风气的影响，亚娟的心变得像冰块一样冷。她只是关心自己和自己的小圈子，除此之外，一概视为可以不予理睬的“闲事”。

有一次，在她和任为民乘坐的公共汽车上，有位姑娘勇敢地揭发一个行窃的流氓。当姑娘到站下车时，流氓也不怀好意地尾随下了车。任为民见此情景，要下车干预，亚娟却叫他“别管闲事”。任为民出于人民子弟兵的强烈责任感，不顾亚娟的阻拦，毅然下车跟了上去。果然，他看到流氓持刀要伤害姑娘，就与流氓展开了搏斗，救出了姑娘，赶走了流氓，自己却受了伤。亚娟责备任为民多管闲事，害了自己，任为民不买她的账，两人就这样闹崩了。

几天后的一个夜晚，亚娟闷闷不乐地只身来到公园深处，恰巧碰上一个流氓。正当流氓要强行侮辱她的时候，任为民及时赶到，擒住了流氓，解救了亚娟。亚娟终于理解了任为民。

感悟：人不经过事情，不会明白事情的道理。放任“坏人坏事”，坏人就会泛滥成灾，倒霉的人里，就可能有不管“闲事”的人。管闲事，是人的一种美德，是有社会责任感的体现，我们这个社会，需要更多的管闲事的人。

YINGPIN

应聘

一个相貌平平的女孩，在一所极普通的中专学校读书，成绩也很一般。她得知妈妈患了不治之症后，想减轻一点家里的负担，希望利用暑假这两个月的时间挣一点钱。他到一家公司去应聘，经理看了她的履历，没有表情地拒绝了。

女孩收回自己的材料，用手掌撑了一下椅子站起来，觉得手被扎了一下，看了看手掌，上面沁出了一颗红红的小血珠，原来椅子上有一只钉子露出了头。她找来东西将钉子敲平，然后转身离去。可是几分钟后，经理却派人将她追了回来，她被聘用了。

感悟：一个爱别人的人也最被别人爱。尤其是在一些细小的、与自己无关的事情上，更能体现出一个人的善良、爱心和责任感，这种爱的力量最令人折服，也最能使自己获得认可。

XIUYANGDEZUOYONG

修养的作用

有一批应届毕业生，实习时被导师带到北京的国家某部委实验室里参观，全体学生在会议室里等待部长的到来。这时秘书给大家倒水，同学们表情木然地看着她忙活，其中一个还问了句："有绿茶吗？天太热了。"秘书回答说："抱歉，刚刚用完了。"学生林晖也在场，轮到他时，他轻声说："谢谢，大热天的，辛苦了。"这是这位秘书今天唯一听到的一句。

门开了，部长走进来和大家打招呼，不知怎么回事静悄悄的，没有一个人回应。林晖左右看了看，犹犹豫豫地鼓了几下掌，同学们这才稀稀落落地跟着拍手，由于不齐，越发显得零乱起来。部长给大家发纪念手册时，更尴尬的事情发生了，大家都坐在那里，很随意地用一只手接过部长双手递过来的手册。部长脸色越来越难看，走到林晖面前时，已经快要没有耐心了。就在这时，林晖礼貌地站起来，身体微倾，双手握住手册恭敬地说了一声："谢谢您！"部长闻听此言，不觉眼前一亮，伸手拍了拍林晖的肩膀："你叫什么名字？"林晖照实作答，部长微笑点头回到自己的座位上。早已汗颜的导师看到此景，微微松了一口气。

两个月后，毕业分配表上，林晖的去向栏里赫然写着该部委实验室。有几位颇感不满的同学找到导师："林晖的学习成绩最多算是中等，凭什么选他而没选我们？"导师看了看这几张尚属稚嫩的脸，笑道："是人家点名来要的。其实你们的机会是完全一样的，你们的成绩甚至比林晖还要好，但是除了学习之外，你们需要学的东西太多了。"

感悟：做事先做人，品德修养是一个人立身安命的根本，是一个人事业成功的基石。别人对你的认可，首先是人品方面的认可，尊重别人，礼貌待人，理解别人，感恩别人，你就会得到通行证。

YIWAIDESHOUHUO

意外的收获

某大学的一位领导同志，他在做系里的团支部书记的时候，每周都要参加一个各系的团委书记的例会。有一次，他提前几分钟到达会议的现场，发现会场的地上很不干净，桌子上和椅子上也落了一层灰。他想，反正自己没有事情，索性就动起手来，开始打扫卫生，把开会的地方弄得干干净净。一会儿大家来了，看见开会的地方这么干净，不禁都称赞起这位同志来，他一笑了之。以后开会，他每次都提前来几分钟，在众人到达之前把屋子收拾干净，这个习惯坚持了很久，即使他后来当上了学校的团委书记也是如此。如今，他已经升任这个学校所在市的团委副书记，而且据说马上就要提为正职。

感悟：生活中的小事，反映了一个人的情操和责任心。低调做人，实在做事，陶冶情操，大事业从小事情做起。不计较个人得失，只把眼前的事情做好，终究会有回报的。

YONGGANZHE

勇敢者

1918年9月,圣米歇尔战役开始了,巴顿指挥美军的坦克兵参加了这次战役。为了填平壕沟,使坦克顺利通过,巴顿解下皮带,拿起铁锹和锄头亲自动手干了起来。而敌人仍然不断向这边开火,一发子弹击中了他身边一个士兵的头部,他依然毫不慌乱,继续挖土。其他的士兵都被巴顿的勇气所鼓舞,于是齐心协力,很快就将壕沟填平了。5辆坦克越过了壕沟,冲向山顶。

巴顿他们刚冲到山顶,一阵机枪子弹就像雨点般猛射过来,几个士兵当场毙命。大多数人都趴在地上一动也不敢动。望着倒在身边的尸体,巴顿大喊:"该是另一个巴顿献身的时候了!"便带头向前冲去。不幸的是,士兵都一个接一个地倒下去了。最后,巴顿身边只剩下传令兵安吉洛。安吉洛望着巴顿,满脸沮丧地说:"就剩我们孤单单两个人了。"巴顿口气坚定地回答说:"无论如何也要前进!"他又向前跑去。一颗子弹击中他的左大腿,又一颗子弹从他的直肠穿了出来,他血流不止。尽管受了重伤,他还是坚持着,直到战争的胜利。

战后,他被授予"优异服务十字勋章"。嘉奖令上写道:"1918年9月26日,在法国切平附近,他在指挥部队向埃尔山谷前进中,表现出超乎寻常的责任感。尔后,他将一支瓦解了的步兵集合起来,率领他们跟在坦克后面,冒着机枪和大炮的密集火力前进,直到负伤。在他不能继续前进时,仍然坚持指挥部队作战,直到将一切指挥事宜移交完毕。"

感悟:狭路相逢勇者胜,勇者有可能牺牲,但勇敢者无畏的精神定会鼓励别人。怯懦者不敢担承大事,勇敢者敢于担当责任,不怕牺牲奋勇向前,最后的胜利属于勇敢者。

CHENGKENDIXIANGBIERENDAOQIAN
诚恳地向别人道歉

1754年，华盛顿还是一名上校，率领部下驻守在亚历山大里亚。有一次选举弗吉尼亚议会议员时，一名叫威廉·佩思的人反对华盛顿所支持的候选人。

据说，华盛顿与佩思在关于选举问题的某一点上发生了激烈的争论，他说了一些冒犯佩思的话。佩思把华盛顿一拳打倒在地。华盛顿的部下马上冲了过来，准备替他们的长官报仇。华盛顿当场予以阻止，并劝他们返回营地。

第二天一早，华盛顿递给佩思一张便条，要求他尽快到当地的一家小酒店去。

佩思如约到来，他是准备来进行一场决斗的，令他感到惊奇的是，他看到的不是手枪而是酒杯。

华盛顿说："佩思先生，犯错误乃人之常情，纠正错误是件光荣的事。我相信昨天我是不对的，你已经在某种程度上得到了满足。如果你认为到此可以解决的话，那么请握我的手——让我们交朋友吧。"

从此以后，佩思便成了一个热烈拥护华盛顿的人。

感悟：与人交往，难免不说错话、做错事，有时甚至会给人家带来精神上的巨大痛苦和经济上的巨大损失。对此，若是能及时认识到自己的错误，诚恳地向人家道歉，主动承担责任，会得到别人原谅的。

BIAOXIANZIJIYAOSHIDU 表现自己要适度

汤姆是一家大公司的高级职员，平时工作积极主动，各方面表现得都很好，处世待人也热情大方，跟同事关系也不错。但是有一天，一个小小的行为却使他的形象在同事眼中一落千丈。

那是在会议室里。当时好多人都在等着开会，其中有一位同事觉得地板有些脏，便拿起拖把，主动拖起地来。这时的汤姆似乎不很关注同事的行为，一直站在窗台边往楼下看。突然，他走过来，坚持要拿过同事的拖把替他拖地。本来差不多已拖完了，根本不需要他的帮忙，可汤姆却执意要求，那位同事只好把拖把给了他。

刚接过拖把不一会儿，总经理推门而入。看到的是汤姆在勤勤恳恳地拖地，一切似乎都不言而喻了。

但是，从此以后，大家再看汤姆时，就觉得他为人虚假了许多，以前的良好形象一扫而光。

感悟：刻意的自我表现就会使热忱变得虚伪，自然变得做作，最终的效果还不如不表现。所以，表现自我要适度，如果真的怀有虚假的动机，你表现的就是你丧失威信的开始。

GONGJUEWEISHIBINGJIEWEI 公爵为士兵解围

在滑铁卢之役大败拿破仑的英军总司令威灵顿公爵凯旋返回伦敦时，举办了一个相当隆重而盛大的庆祝晚宴，不但参战的所有士兵都参加，还有许多名流和各阶层的淑女、绅士到场。

晚宴的菜肴非常丰富。末了，在每一个人面前都摆了一碗清水。

其中一名士兵竟大大方方地端起来喝了一口，这个时候，在场的贵宾都窃笑不已，原来这碗水是在吃点心前洗手用的。这个农家出身的士兵不懂这种礼节，造成了这个笑话，当时他羞得满脸通红。

就在这个时候，威灵顿公爵端起这碗洗手水站了起来：

“各位女士、先生们，让我们共同举杯向这位英勇的战士干一杯吧！”一阵热烈的掌声后，大家举碗同饮。

不但那位士兵，在场的每一个人都为威灵顿公爵的人品、作风而大为感动。

感悟：士兵的可爱，公爵的真挚，都让我们感动。机智地替人解围，是一个人高尚品质的体现，这样的人不能不让人钦佩。任何时候都不要去取笑别人的错误，而要设法去化解别人的尴尬，这才是善良而又高尚的人。

KELIANDEHUA

可怜的花

有位老人爱养花，什么花都栽得很好。每到花开季节，满园子花香宜人，蝶飞蜂绕，很让人羡慕。老人是个大方人，碰上爱花人，必以鲜花相赠，所以有许多人慕名而来。

一天，老人一位熟悉的人也去赏花，并且讨要一盆开得正艳的牡丹。奇怪的是，平素大方的老人一反常态，说啥也不给。那人恳求再三，硬是把花搬走了。老人顿脚叹息说：“不信你等着看吧，这棵花算是死定了。”

果然，没过多久，那人搬走的牡丹就死了。老人摇头惋惜：“果然不出所料啊！”

朋友问他为什么。老人说：“难道你不知道，这人是个势利眼吗？别人发达时，他趋之若鹜，别人倒霉时，他避之不及。”

“那么这跟养花又有什么关系？”朋友又问。

老人正色道：“用这份性情来养花，必然是花艳时百般呵护，花谢时弃之不顾。你想想看，世上又有哪一朵花是开之不败呢？”

感悟：养花如做人，势力小人从古至今无处不在，没有他们，怎么能反衬出君子来呢？巴结权势，见利忘义，好了伤疤忘了痛，不忠不孝，是小人的嘴脸。对只能观花不能养花的势力小人，不能委以重任。

CHONGDONGHUAIDASHI 冲动坏大事

三国时由于东吴利用关羽骄傲自满的情绪，赚取荆州，并杀了关羽，使刘备悔恨交加，决计举倾国之兵，东出伐吴，企图消灭吴国，为他的二弟关羽报仇。

赵云当时劝阻道："国贼乃曹操，非孙权也，今曹欲篡汉，神人共怒，陛下可早图关中，屯兵渭河上流，以讨凶逆，则关东义士，必裹粮策马以迎王师；若舍魏伐吴，兵势一交岂能骤解。愿陛下察之。"刘备却回答道，孙权害死我二弟关羽，我与他有切齿之仇，"啖其肉灭其族，方雪我恨！你不要阻拦。"赵云仍坚持劝阻道："伐东吴报杀弟之仇是私仇，但愿我主能以天下为重。"刘备愤愤地说道："不为弟报仇，虽有万里江山，何足为贵？"因一时的愤怒，奋斗的大目标他抛至脑后，硬是不听赵云的劝谏。

诸葛亮见这种情形，便率领文武百官当面劝谏。刘备也不听，后来诸葛亮又专门写成奏章，讲明伐吴的害处，刘备也置之不理。学士秦必再谏，刘备甚至要砍他的头。诸葛亮等人也只好由他去了。于是刘备亲自率领七十五万大军，出师伐吴。

起兵之时，蜀军一路上浩浩荡荡，气势恢弘，斩将夺关，蜂拥而来。此时东吴的大将周瑜、鲁肃、吕蒙已先后身故，孙权在危急之时，拜一儒生陆逊为大都督，统率东吴6郡81州兼荆楚诸路军马，并郑重地嘱托道："京城以内的事，我自己主持，京城以外的所有疆土上的事，由你决策。"

刘备进军之际，打了几个小胜仗，已是喜不自禁，如今又听说东吴任命一介书生为帅，更是不放在眼里，便催促各路人马加速前进,大有毕其功于一役的架势,陆逊走马上任后,运用"持重不抢先,待机而制人"的战略严阵以待。

不久,陆逊瞅准时机,率军动如脱兔,终于一把火烧了蜀军700里连营。直到此时,刘备还说:"我竟被陆逊所折辱,岂不是天意!"其实,哪里是什么天意,完全是他"见小利"、"求速成"酿成的苦果。

一开始刘备只记得要报兄弟之仇,放弃主要的敌人曹魏,不惜破坏吴蜀联盟,动摇蜀国的根基。这种政治上的近视,已埋下了失败的祸根。进而在率军队攻吴之中,又小视对方将帅的才能、彼军的实力,只求速战速决;到后来,竟发展到刚愎自用,不怕犯兵家之大忌,依山傍水结营,连接700余里,终于给了陆逊可乘之机。前后观之,刘备正是在政治和军事上都急于求成,才导致失败。刘备失败的事实,正为孔子所告诫的"欲速则不达"提供了绝好的佐证。

感悟:要干大事业,就得有非凡的耐性,更不可冲动,感情用事。要考虑客观条件和事物的发展规律,绝不能蛮干、硬干;既然要干大事就不能为蝇头小利所诱惑,应该眼光放远,大步向前。为人做事有一条大原则,就是不可急功近利、急于求成,而要有远大的眼光。如果你担任一定的领导职务就更是如此,拿出一种决策,开始每一项行动,都要顾及到后果,筹百年的大计,不要想很快地就拿出成果,也不要为一些小利益花费太多的心力,要顾及到大局。

TAIQINGGAOBULIYUZUORENCHUSHI

太清高不利于做人处世

从前有一位无际禅师,他经常云游四方,有一天,他来到了一个小山村。这时正是中午时分,天气炎热,禅师看到河边有一个村民正在用水车打水,就上前去向他讨水喝。

这个村民见无际禅师是个出家人,就说:"禅师,假如有一天我也看破了红尘,我就会和您一样出家修行。不过,我出家以后,不会像你这样四处云游,居无定所。我会找一个地方隐居起来,专心参禅打坐,不再抛头露面。"无际禅师微微一笑,问道:"那么你什么时候才会看破红尘呢？”村民说：“我虽然一直有出家悟道的想法，但遗憾的是，我们这一带只有我最了解水车的性质，而全村的人都以此为主要水源。如果我能找到人来接替我的位置，那我就可以无牵无挂地出家了。”

无际禅师道：“你最了解水车，那我来问你，如果水车全部浸在水里，或者完全离开水面又会如何呢？”村民答道：“水车在水里是要靠下半部被水流冲击而转动的原理来工作的，如果把水车全浸在水里，它不但无法转动，而且还有可能会被急流冲走。同样，如果水车完全离开水面也是不能转动的，更别说要靠它抽上水来了。”

无际禅师点点头，说：“水车与水流的关系，其实和个人与世间的关系是一样的。如果一个人完全入世，纵身江湖，难免会被尘世的洪流所冲走。假如超然出世，与世隔绝，则人生就会失去强大的动力。同样，一个修道之人，也要出入得宜，既不冷眼旁观，也不随波逐流。因此，出家既要看破红尘，更要想法普度众生。”

村民听了无际禅师的话，久久地愣在那里，若有所悟。

感悟：禅师的话很有道理，一个人，既保留自己的原则和个性，又随机应变、灵活变通，在水流的冲击下忍耐、坚持，只有这样才能汲水上岸，成就事业。古人常讲“天时、地利、人和”，没有人和，什么事能做好呢？

QIEMOXINKOUKAIHE

且莫信口开河

小雪是福建人，来京三年多了，几天前处了个对象，条件非常好：家在本地，有房有车，人品长相都不错。同事们都十分羡慕她，说她找了一个好对象，纷纷祝贺她。可是有一个同事却说：“你条件也不太好啊，怎么偏偏找了一个条件这么好的？是不是这个人有什么毛病？”本来是很愉快的心情，被她这突如其来的话就给破坏了。一个同事赶紧打圆场说：“你怎么能这么说人家呢？咱们小雪条件也不差呀，皮肤又好，又苗条，个性又好，就单凭这一点，什么样的找不着啊！”那个泼冷水的同事知道自己说走了嘴，不好意思地说：“我不是那个意思，真的，小雪，你可别误会。我觉得你男朋友条件太好了，与你家条件太悬殊了，我只是觉得有点不可思议。”小雪很生气：“你说来说去，还是在贬低我，怎么啦，我家条件是没有他家好，那又怎么样？他就是看上我了，有什么奇怪的！少见多怪，我看你才是有毛病呢！”

感悟：社交中，一些人说话简直像不经过大脑一样，信口开河，想到什么就说什么。与人交往时，说话一定要有分寸，以免触怒对方，影响相互关系。

SANBUMISHIDEDAIJIA

散布秘事的代价

周山从军校毕业后到连队当排长，由于他头脑灵活，能说善写，很快就调到宣传股当干事。可是半年时间不到，他又被调回了连队。什么原因呢？原来，他的嘴不严，好显示自己，经常散布领导的秘事。有时甚至故意“添油加醋”，同事们都戏称他是“首长的新闻发布官”。领导多次批评他，都不见悔改，只好把他调离机关。

感悟：下级为上级保守秘密是职责、义务，是工作纪律、道德观念的要求，也是对上级忠诚的体现。要控制自己的知密欲，不要有意识地去探听，有时还要主动回避。有些人以在领导身边工作知道秘闻为荣耀，喜欢别人从自己嘴里探密，用以显示自己的身份。其实，这是一种非常浅薄和有害的做法。

WENYANDEYIERGUANG

威严的一耳光

1972年,基辛格和尼克松总统来到中国,和毛主席与周总理一起,发表了中美联合公报,掀开了中美关系史上的新篇章。随同尼克松来中国的记者团,他们是来报道这一历史进程的。对他们的到来,周总理制定了“不卑不亢,落落大方”的接待原则。

好客的中国人民对他们进行了热情而有礼貌的接待。在来访的记者当中,绝大多数是友好的,但也不乏生事之徒。

在欢迎他们的国宴上,中国人展示了自己的盛情。然而,在上一道菜时,一名女服务员一不小心,将菜汤洒在一名美国记者的西服裤子上。服务员赶紧放下盘子,取出手帕,把裤子上的汤汁擦干净,同时,向他赔礼道歉。

这位美国记者不仅不原谅, 反过来问:“难道这样就完事了?”服务员一听,跟他提议饭后请他把裤子换下来,给他洗干净,烫平整,第二天早晨送到他房间里来,同时再次向他表示歉意。然而,这位美国记者说不行。于是,服务员建议他饭后把裤子换下来,她负责依照原样做一条新裤子赔他,并且第三次向他表示歉意。但是,这位美国记者仍然说不行,且把头摇得像拨浪鼓。

服务员耐着性子问他:“你说该怎么办?”这位美国记者挑衅地说:“你必须跪下来,用舌头把裤子上的汤汁舔干净。”服务员一听,二话没说,上前就给他一记响亮的耳光,打完,扭头就走。

周总理听到这个事后,连声说:“打得好,打得好!”

第二天,按照外交惯例,这位美国记者被宣布为“不受欢迎的人”,赶出了国门。

这样一来,所有的美国记者都老实了,没有一个人再敢造次。他们记住了这个张狂的同行在新中国的今天挨过的一巴掌。他们明白:中国人民已经站起来了,中国人民两膝着地受人欺侮的时代已经一去不复返了!

那个巴掌在空中画出的弧线真的很优美,那打在脸上的“啪”

的一声真的很悦耳。这个动作细节,将会长久地留在中国人的记忆中。

感悟:为人应善良有礼貌,冒犯了别人应该诚恳地道歉。但是要有原则和人格,特别是涉及到国家和民族尊严的时候,更应该大义凛然,寸步不让!

JIUZHUOYI
旧桌椅

李参谋是司令部的老同志了,愿意打抱不平。这不,团里发了部分新办公桌椅,因为数量不够,没有给他们股,他觉得是参谋长偏心,建议股长去向参谋长反映,就是不给也要说个明白。

股长是位顾全大局又很有修养的人。他听了李参谋的话,微微一笑说:"新桌椅不够,总有发不到的,不是参谋长偏心,是他有难处,不给我们股发,是对我们的信任,你去找不是给他出难题,也辜负了他对我们的信任吗?"

李参谋默不做声,股长接着说:"我们当然希望坐上新桌椅,但是旧桌椅不也一样办公吗?这套旧桌椅,或许是事业发展壮大的酵母。毛泽东主席在延安的破窑洞里,坐在旧椅子上,运筹于帷握之中,决胜于千里之外,建立了新中国。巴金先生就是坐在旧桌椅上,写出了《家》、《春》、《秋》等鸿篇巨制,奠定了在中国文学史上的地位;卓别林大师就曾利用一把旧椅子,演出了让人捧腹大笑的小品,使他成了闻名世界的艺术家;居里夫人坐在一把旧椅子上,在实验室日夜操劳,终于浓缩出放射性元素镭,为科学事业的发展作出了杰出的贡献。不在你的桌椅新旧,关键看工作成绩怎样。"李参谋心服口服地点点头。

感悟:这位股长的处理确实让人佩服,看似不公平的事情,却能看出领导的信任,替领导分忧解愁。不比条件比贡献,不比环境比工作,保持一颗平常心,这是人的优秀品质。

毛泽东的亲情“三原则”

MAOZEDONGDEQINQINGSANYUANZE

伟人毛泽东的丰功伟绩说不完,在处理亲情方面也为世人作出了表率。他处理亲情坚持的原则是:恋亲不为亲徇私,念旧不为旧谋利,济亲不为亲撑腰。

其他不说,单说对待其爱子毛岸英的严教,就令人感慨万千。1946 年初,毛岸英从苏联回到延安,离别 18 年的父子团聚,当然是很高兴的。可是毛泽东同志并没有把岸英留在身边。他对岸英说:“你在苏联大学毕业了,还参加过苏联卫国战争,可是你还没有上过中国这个革命大学。你对中国的情况了解得很少。缺乏实践,这一课应当补上。你应该到农村去拜农民为师,在那里可以学到在外国学不到的许多有益的东西。”1950 年抗美援朝战争爆发,毛泽东为了送毛岸英上前线,生怕彭老总不同意,备下家宴,为子求情报名。当听到爱子牺牲的消息时,毛泽东说:“谁叫他是毛泽东的儿子。”

感悟:这是最伟大的亲情观,有什么比这更高尚、更感人!要切实懂得,亲情再深也应有度,个人利益绝不能超越党和人民的利益。为了社会和谐,也为了个人和家庭幸福,要切实管好配偶、子女及其亲属,绝不能触犯党纪国法这条防线。

真诚感人

ZHENCHENGGANREN

有一个战士,平时散漫,要求不严。后来得了痢疾,住进了医院传染科,医院离连队 200 多里地。他住院的第三天,指导员带着东西来看他,护士不让进,指导员就跑到楼外,站在二楼的窗下看望战士。正是三伏天,又是中午,指导员在阳光下站着,一个劲擦汗。战士说:“指导员你身后有棵大树,你往后站在阴凉下,省得晒。”指导员说:“离你太远了,说话不方便。”

就这样,一个楼上,一个楼下,两个人你一言我一语,唠得热热乎乎。最后,战士感动地说:“指导员,我没想到,这么远你还来看望我。大热天,让你在楼下晒了这么半天,过去都是我的不好。本来,我还打算出院以后,偷着回家一趟,这回你放心,我决不给连队抹黑。”

感悟:温情能温暖人,真诚能打动人。现在的战士独生子女比较多,从小就生活在被关心、被关爱的温暖环境中,重感情,讲感情,只要我们干部真心关心体贴他们,官兵关系就一定融洽。

不懂常识

BUDONGCHANGSHI

一位刚从大学毕业的同学,到连队当排长。由于头天晚上到连队太晚了,正好通信员探家,有张空床,连长安排他先和自己住一个屋,第二天上午再去排里。没有想到的是,第二天上午,连长就到营部要求把这个排长调走,说啥也不要他了。因为什么呢?

原来,早上起床号吹响以后,连长穿好衣服,准备去出早操。这位排长,没有起床,而是欠欠身问:“连长,我还去吗?”连长十分生气地说:“你看着办吧。”排长一听,那就再睡一会儿吧。

连长收操回来,看见排长也起来了,坐在床上照镜子。连长拿起扫帚扫地,排长没有把连长的扫帚接过来,而是连长扫到哪里,他躲到哪里。连长一看,这个新排长也太不懂事了,太没有规矩了,不能要。

这位新来的排长,缺的是什么呢?

感悟:有些人能力很强,却不被选择,原因就是不懂做人的常识,不懂做人的规矩。有规矩才有人格魅力,才有人际通行力,才能被人喜欢,被人挑选,才能成功。

XINGEYUTONGBAN
辛格与同伴

辛格和他的旅伴穿越高高的喜马拉雅山脉一个山口,他们看到一个躺在雪地上的人。辛格想停下来帮助那个人，但他的同伴说："如果我们带上他这个累赘,我们就会丢掉自己的命。"但辛格不想丢下这个人,让他死在冰天雪地之中。当他的旅伴跟他告别时,辛格把那个人抱起来,放在自己背上。他使尽力气背着这个人往前走。渐渐地辛格的体温使这个冻僵的身躯温暖起来,那人活过来了。过了不久两个人并肩前进。当他们赶上那个旅伴时,却发现他死了——是冻死的。

感悟:这个故事揭示了一个客观真理:自私、吝啬、算计、不吃亏的人最终总是吃大亏。乐于吃亏助人、甘于牺牲奉献、无有所图的人,往往有意想不到的好报。

WOBUXIANGSHASHOUSHANGDEREN
我不想杀受伤的人

在17世纪,丹麦和瑞典发生战争,一场激烈的战役下来,丹麦打了胜仗,一个丹麦士兵坐下来,正准备取出壶中的水解渴,突然听到哀哼的声音,原来在不远处躺着一个受了重伤的瑞典人,正双眼看着他的水壶。

"你比我还需要它",丹麦士兵走过去,将水壶送到伤者的口中,但是瑞典人竟然伸出长茅刺向他,幸好偏了一边,只伤到他的手臂。

"嗨!你竟然如此回报我。"丹麦士兵说:"我原来要整壶水给你喝,现在只能给你一半了。”

这件事后来被国王知道了,特别召见这个丹麦士兵,问他为什么不把那个忘恩负义的家伙杀掉?他轻松的回答:“我不想杀受伤的人。”

感悟:在别人忘恩负义之后,仍有饶恕的心,这是一种更伟大的情操。

SUZHIBAOZHENGLEZHIXU
素质保证了秩序

首都师范大学一位教授在日本曾亲历一次堵车:从伊豆半岛到东京的公路上,几万辆车一辆挨一辆排了100多公里。那个时间段几乎所有的车都是回东京的,道路左侧堵成一条长龙。右侧空出一条无人道,谁要是开到右侧,可以一溜烟儿直奔东京。可就是没有一辆车插到空荡荡的下行道超行。在近10个小时的时间里,车流一步一步地挪动,静悄悄地,不闻一声鸣笛。在100多公里的塞车路上,不见一名交通警察维持秩序,司机们竟自己把这长长的车龙化解了。如此场面,让人震撼!

感悟:我们中的一些人,遇到规矩,不是想着守规矩,而是千方百计走捷径,超越于规矩之上。有时,不仅自己不守规矩,而且看不起守规矩的人,真的不应该。其实,不守规矩是缺乏诚信的表现,实在不是什么能耐。

TAOPIAODEDAIJIA
逃票的代价

一名在德国的留学生，毕业时成绩优异，便决定留在德国。他四处求职，拜访过很多家大公司，都被拒绝，因此很是恼火。于是他收起高才生的架子，选了一家小公司去求职，心想，这次无论如何也不会再被赶出门了！结果这个小公司仍然和大公司一样很有礼貌地拒绝了他。高才生感到不解时，对方为他送上一杯水，然后从档案袋里抽出一张纸，放在他面前。留学生拿起看了看，是一份记录，记录他乘坐公共汽车曾逃票3次。

他很惊讶，也更加不理解德国人为何如此“小气”。原来就是因为这么点儿鸡毛蒜皮的事，太小题大做了吧！可在严肃严谨的德国人看来，一个不能彻底遵守规矩的人，是谈不上认真工作的。这位高才生居然被抓住3次，大概那是永远不可饶恕的。

感悟：逃票好像是小事，却小中见大，反映了人的素质和品德。自律是对一个人的考验，是一种美德，因为你做任何事情都是对自己负责，并不是为了做给别人看，所以有没有人监督并不重要。自律也不能只是偶尔为之，它必须成为你的生活方式。

XINREN
信任

一艘货轮在浩瀚的大西洋上行驶。一个搞勤杂的黑人小孩不慎掉进了大西洋。他大喊救命，可船上的人谁也没有听见，他眼睁睁地看着货轮越来越远…… 求生的本能使孩子在无际的水里拼命地游，他用全身的力气挥动着双臂，努力使头伸出水面，眼睛盯着轮船远去的方向。船越来越远,后来,什么都看不见了。孩子力气快用完了,实在游不动了,他觉得自己要沉下去了。这时候,他想起了老船长。他想:船长知道我掉进海里后,一定会来救我的!想到这里,孩子又鼓足勇气,用最后的力量又朝前游去……终于,船长发现那黑人孩子失踪了,当他断定孩子是掉进海里后,下令返航,回去找。有人说:“为一个黑奴孩子,值得吗?”船长犹豫了一下,还是决定回去找。终于,在那孩子就要沉下去的最后一刻,船长赶到了,救起了孩子。

感悟:被人信任是一种幸福,能够信任别人同样是一种幸福。诚信,是个美好的东西,只要你做到“诚”和“信”,真心对待别人,就会收获幸福。

TANRANMIANDUI

坦然面对

一支登山队在攀登一座雪山。这是一座分外险峻的山峰,稍有不慎,就会从上面摔下去,粉身碎骨。

突然,队长一脚踩空,向下坠落。

他想发出一声临死前的悲呼,但是只要他一出声,准会有人受到惊吓,攀爬不稳,再掉下去!他咬紧牙关,硬忍着不发出一点声音来。就这样,他无声无息地落在了万丈冰谷里。

亲眼目睹这一惨烈场面的只有一个队员。

本来,他是可以发出一声惊叫的,但是多年的经验使他明白,惊叫一声不仅不能救回队长,而且还会惊吓其他队员,给全队带来灾害。

他像没事人一样继续向上攀登,每登一步,眼泪都会掉下来,打在雪上。登顶后大家才发觉队长不在了,他把事情的真相说了出来,大家都沉默了。

感悟:这是世界上最优秀的一支登山队,因为它的队员能够坦然面对自己的死亡,也能镇静地面对朋友的死亡。他们不仅登上了自然的高峰,也登上了人性的高峰。顾全大局,不惜牺牲自己的性命,拯救了大家。伟大的情操,造就了一个伟大的群体。

ZHOUENLAIXIANGTONGHUDAOQIAN 周恩来向农户道歉

抗战胜利的延安,生活仍很困难。有一次,警卫班几个战士凑在一起,想给周恩来副主席弄点吃的补补身子。警卫战士小魏出了个主意,拿四双旧布鞋去农户家里换了一条狗。周恩来知道后,严肃地批评小魏说:"四双旧鞋能换到一条狗吗?老百姓之所以跟你换,是因为他们相信共产党,我们决不能侵犯老百姓的利益。"第二天,周恩来带着小魏找到农户家里,向农户道歉,并亲自付了钱。

感悟:国民党政府为什么垮台,他们鱼肉百姓,强取豪夺。共产党的领袖和军队爱护老百姓,处处关心老百姓,与老百姓同甘共苦,得到全国人民的拥护。爱护人民,永远是人民军队的宗旨。

ZHOUZHONGLIYANSHI 周总理"宴"事

1958年7月,周恩来总理到广东省新会县视察。时任该县的县委书记党向民同志看到周总理风尘仆仆,日夜操劳,感到过意不去,就在周总理离开新会的前夕,他悄悄安排炊事员在县委院内的一间小屋里为总理设宴送行。宴会没什么美酒佳肴,只是些瓜菜而已。尽管这样,在吃喝将近结束时,周总理语重心长地说:"向民同志,你一月的收入,我清清楚楚。这样一顿饭,你请不起,还是让我出钱,算我请客吧!"总理随即示意他的秘书,把300元人民币交给了县委的司务长。

感悟：我们每一个同志，都应该以周总理为榜样，廉洁自律，秉公守法，为纯洁党的肌体作出自己的贡献。

SUDONGPOSANYANG

苏东坡三养

宋朝苏东坡被贬官，来到黄州。苏东坡把几个钱袋挂在梁上，每个钱袋150钱。

一天半夜，家人抓住一个小偷。那个小偷慌忙掏出钱袋，连连求饶："老爷，小的叫阮小三，家住后村，上有小，下有老，日子过不下去，听说您家里钱多的没处放，就挂在梁上，所以就来偷了。"

苏东坡听了不觉笑出声来，他叫阮小三打开钱袋数数，然后说："这是我家一天的生活费，你拿去一袋，我就要挨一天饿。"

阮小三一惊："这150钱的开销跟我们老百姓差不多，老爷，都说你有钱，怎么这样节俭？"

苏东坡微微一笑，回答道："口腹之欲，何穷之有，每加节俭，亦是惜福延年之道。"阮小三听不懂苏东坡文绉绉的话，苏东坡解释道："我的意思是，肉体上的欲望是没有限度的，你不注意节俭，才沦为盗贼。"

阮小三慌忙申辩，说自己穷得揭不开锅才出此下策，而且是第一次。苏东坡听他这么一说，马上让苏迈去请庞安常来作证。

不一会儿，庞安常来了，见是阮小三，便跟苏东坡说，他老母病瘫在床，妻子是个哑巴，还有三个孩子，日子过得很苦。苏东坡十分同情，念他为生活所迫，又系初犯，就放了他。阮小三千恩万谢，连连磕头，转身要走。

忽然，苏东坡叫住他，自己转身到书房，挥动大笔，在宣纸上点了一个形似钱袋的墨点，然后将那宣纸卷好，送给阮小三。跟他说，那梁上的钱袋只有150钱，拿去也派不了用场，这个纸袋有一万钱，叫他好好保存。阮小三接过纸，半信半疑，不便多问，只得告辞回家。

在一旁的庞安常也觉奇怪，问苏东坡葫芦里卖的什么药，苏东坡笑而不答，他要庞安常通知那几个财主，明天一早来取他的题字。

第二天，两个财主来到苏东坡家取墨宝，他们一看题字，苍劲有力，非同一般，心里十分开心，突然发现南天门的“门”少了一点，忙请教苏东坡是何缘故，苏东坡笑着说：“啊，我想起来了，这一点嘛忘在后村的阮小三家里了，你们去取吧！”

此时阮小三正在家里左右端详着那张宣纸上的墨点，他想：这一点就值一万钱，会不会苏老爷作弄我？文人会开玩笑，也许是骂我一点也不懂。

这时两个财主来了，阮小三想起了苏东坡的话，开价一万钱，少一分钱也不给。财主知道苏东坡墨宝值钱，只好答应了。

财主走后，阮小三将一万钱分成两份：一千钱给自己，九千钱用布包好，给苏东坡送去。苏东坡不肯收，他对阮小三说：“我每天150钱，足矣足矣。”

阮小三不懂，他问苏东坡：“老爷你浑身是宝，写一点就值一万钱，为什么日子过的如此清苦？”

苏东坡笑道：“君子倡俭，一曰安分以养福，二曰宽胃以养气，三曰省费以养财，此乃三养也。”

感悟：阮小三当然不懂“三养“的含义，但苏东坡那种节俭的美德，那种过日子的精神，被后人引以为楷模。幸福就在平淡中，在自身的廉洁修养中，在内心安分中。

淡泊自律篇

DBZLP

XINGFU
幸福

英国有位倾国倾城的美貌少女,因一心迷恋钱财,贪图安逸的生活,答应嫁给一个大商人。这个大商人跟他爷爷一般大,整天只知道发财赚钱,少女只是把他当做摇钱树。新婚时,她生活在纸醉金迷、花天酒地的生活里,久之,她的内心充满了空虚,豪华的宫殿、盛大的宴会再也提不起她的精神了,整天只有泪水洗面,悲苦难言。她的朋友后来问她:

"你那么年轻貌美,生活一定很幸福吧?"

"哪里,事事不顺心,事事都拧着。"

"难道就没有一致的时候吗?"

"有,那次家里失火,我们倒是一齐跑出来的。"

感悟:物质享受不等于幸福,幸福是金钱买不来的,如果没有充实的精神生活,常常是金钱越多烦恼越多。夫妻之间、亲人之间、朋友之间,有了相同的追求和乐趣,才有共同语言,才有和谐的生活。

PANGUANDEYUANWAN
判官的愿望

有一天,阎王爷对他身旁的判官说:"你跟我数十年,尽心尽力,着实不易,我想把你转世人间,你希望做个何等人物?"

判官很高兴地回答:

我只有一个小小的愿望,是这样的:

父做高官子状元,绕家千顷尽良田,

鱼塘花果样样有,娇妻美妾个个贤,

画梁雕栋龙凤间,仓库积聚尽金钱,
天长地久人不老,荣华富贵万万年。
阎王爷听了苦笑道:“人间若有这样的好人家,我早就去了,何必等你去?”

感悟:判官的愿望是可笑的,因为真正的桃花源是没有的,不要追求完美,更不要把希望变成奢望,不切实际的追求开始就是一场空。

FUCHUYUSUOQU 付出与索取

甲乙两人死后来到阴曹地府,阎王查看过功簿后说:
“你二人前世未作大恶,准许投胎为人。但是现在只有两种人可供选择:付出的人与索取的人,也就是说,一个必须过付出、给予的人生,另一个则必须过索取、接受的人生。”
甲暗忖,索取、接受就是坐享其成,太舒服了,于是他抢先道:
“我要过索取、接受的人生!”
阎王听其所愿,当下判定二人来世前途:
“甲过索取、接受的人生,下辈子当乞丐,整天向人索取,接受别人施舍。”
“乙过付出、给予的人生,来世做富翁,布施行善,帮助别人。”

感悟:遇到事情,先算计自己的得失,到头来事与愿违,反而要吃大亏。

XUANSHANG

悬赏

一位富翁家的狗在散步时跑丢了，于是富翁就在当地电视台发了一则启事：有狗丢失，归还者，付酬金一万元。并有小狗的一张彩照充满大半个屏幕。

启事播出后，送狗者络绎不绝，但都不是富翁家的。富翁太太说，肯定是真正捡狗的人嫌给的钱少，那可是一只纯正的爱尔兰名犬。于是富翁就把电话打到电视台，把酬金改为两万元。

一位沿街流浪的乞丐看到了这则启事，他立即跑回他住的窑洞，因为前天他在公园的躺椅上打盹时捡到了一只狗，现在这只狗就在他住的那个窑洞里拴着，一看果然是富翁家的狗。

乞丐第二天一大早就抱着狗出了门，准备去领两万元酬金。当他经过一家大百货公司的墙体屏幕时，又看到了那则启事，不过赏金已变成三万元。乞丐又折回他的窑洞，把狗重新拴在那儿，第四天，悬赏额果然又涨了。

在接下来的几天时间里，乞丐没有离开过这只大屏幕，当酬金涨到使全城的市民都感到惊讶时，乞丐返回他的窑洞。可是那只狗已经死了。

感悟：这个小故事一方面告诉我们，贪心不足，也贪极生悲，想得到更多，却一点都没有得到；另一方面也告诉我们，对贪心的人，不能一味加码，把对方的胃口吊多大，自己的损失也有多大。总之是物极必反，要适可而止。

YANJINDAODI

严谨到底

马连长在这个岗位上已经5年了，前几年对自己要求严格，处处严谨，由于迟迟没有得到晋升，近两年多少有些松懈。

说他松懈，主要是说他认为自己反正也晋升无望了，对自己也别那么严格要求了，在廉洁自律上开了口子，比如，习惯接受战士的吃请啦，收受战士一些礼物啦，等等。虽然也给人家办点事儿，可也没有出什么事。

但是，俗话说得好："常在河边走，哪能不湿鞋。"马连长的"霉运"终于到了。

有8个即将退伍的战士，想在退伍前每人弄个"党表"，于是约好了一起请马连长吃顿饭。酒喝得差不多的时候，战士们说出了想法，醉醺醺的连长迷迷糊糊地答应了。这是一个不可能兑现的承诺，清醒后的马连长想到了这个问题，但他转念一想，这8个战士马上就退伍了，自己也收下了每人表示的心意，只要他们平安离开了部队，这事儿也就过去了。

可是，没想到，8名战士退伍回到地方后，发现档案里没有"党表"，顿时大怒，不甘心的他们，最后联名写信向领导机关举报了。

就这样，马连长受到了党的纪律处分和组织处理。

感悟：应该说，马连长开始还是个好干部，只不过是在觉得自己升迁无望的时候，放松了对自己的要求。人在失意的时候，最容易松懈，在松懈的时候，最容易犯错误，最容易给自己留下遗憾。所以，要严谨到底，对自己的一生负责。

SIXIANGJUEDINGYISHENG

思想决定一生

上任不久,高团长发现一个"怪现象",官兵们见到他都会露出紧张的情绪,这是怎么一回事儿呢?是自己太严肃了?

过了几天,高团长通过自己的公务员了解到真实情况。原来,在高团长上任前,团里就开始悄悄流传他在另一个单位当副团长期间的一些故事,说他为人刻薄,一年四季脸上看不到笑容,在他面前不挨批评就是万幸,等等。

听到这些传言,高团长感到十分震惊,又十分委屈。

带着苦恼和不解,他找到好友——另一个团的政委进行倾诉。他问好友:"我到底是一个什么样的人?"

"听说过古罗马的一位皇帝——马卡斯·奥理欧斯的一句名言吗?"好友没等他表态,接着说道:"那就是'思想决定一生'。有快乐的想法,我们就是快乐的;有恐惧的想法,我们就会心生恐惧;有不尊重人的想法,我们的态度就可能变得严厉;有自怜的想法,就会人人都避之唯恐不及。事实上,我们一生面对的唯一问题就是选择正确的思想。不管谁认为你是什么样的人,都无关紧要;反倒是你自己怎样想的,你就是怎样的人。"

好友的一席话,让他陷入了沉思。以前满脑子想的,都是自己是领导,布置工作,检查讲评,忽视了他人的存在,尊重官兵的意识不强,导致官兵们和自己有距离感。

高团长开始调适自己,他为自己选定了一些思想原则……之后的日子里,他看到官兵们的是一张张既尊重又亲切的笑脸。

感悟:思想决定一生,性格决定命运。思想和性格可以改变,关键是自己能够反思,能够认账,能够改进。你的想法改变了,做法就会改变,别人的看法也就改变了。

RENGEDELILIANG
人格的力量

1976年1月8日,周恩来逝世。9日凌晨5点,联合国总部大厅的联合国大旗降了半旗,所有联合国会员国的国旗,都不升起。这在联合国从无先例。因此,有的国家大使提出质问:我们国家的元首去世,联合国大旗依然升得那么高,中国的第二首脑去世,联合国降半旗还不算,还把其他国家的国旗收起来,这是为什么?

当时的联合国秘书长瓦尔德海姆说:"为了悼念周恩来,联合国下半旗,这是我的决定。原因有二:一、中国是个文明古国,她的金银财宝多得不计其数。可是她的总理周恩来在国际银行没有一分钱的存款!二、中国有10亿人口,可是她的总理周恩来没有一个孩子!你们任何一个国家元首,如能做到其中一条,在他去世时,总部也可以为他降半旗。"全场人默然。

感悟:人格的力量,是无形的,也是不可估量的,高尚的人格,会带来高尚的命运。周总理正是因为自己的人格高尚,赢得了世界对他的折服和尊重。

WOBINGQIULI
卧冰求鲤

王祥,晋朝的琅琊临沂人(今山东),性格温和,十分的孝顺。他很小的时候母亲就去世了,父亲再娶,后母叫朱氏,之后也生了一个儿子叫王览。朱氏非常偏袒和爱护自己的亲生儿子,经常让王祥干重活,吃不好的饭菜。但是王祥对父母依旧很孝顺,从来没有怠慢。父母生病时,王祥衣不解带地床前床后日夜照顾,在喂父母汤药之前,一定先自己品尝然后让父母服下。

一年冬天,继母想吃鲜鱼,但是天寒地冻的,河面上结了厚厚的一层冰,渔民无法下网捕鱼,根本没有地方去购买。王祥就冒着凛冽寒风,趴在河上,脱下衣服,用温暖的身体融化冰面,结果冰下真的冒出条鲤鱼来,他高兴地拿回家去孝敬继母。这件事,令继母深深地感动。继母死后,王祥厚葬了继母。王祥对他的弟弟王览,也是十分的爱护,王览对兄长也是特别尊敬。哥哥友善,弟弟恭敬,远近闻名,所以当时的人把他们的居住地称作"孝悌里"。临沂"孝悌里",到现在还存在。

感悟:《弟子规》里讲过"亲爱我,孝何难;亲憎我,孝方贤",就是说,如果父母疼爱我,孝顺父母不是一件难事;如果父母讨厌我,我却还能用心尽孝,那才算得上难能可贵。王祥的孝悌之举,就是难能可贵,令人感动。我们要学习古人的美德,弘扬孝亲的优良传统,形成尊老、敬老、爱老的社会风尚,为建设和谐家庭、和谐社会作出贡献。

NUERDEZIZE 女儿的自责

母亲节那一天,已经有了女儿的女儿,带着精心准备的礼物回家,站在母亲的遗像前,请求母亲原谅自己。如今自己有了母亲的经历,才理解了母亲的辛苦,理解了母亲当年的那些抱怨。

女儿想起了和母亲的一幕幕。小时候,母亲为她早起做饭,饭菜不可口就不吃;放学后让母亲去接,自己却不说一声,就和同学们玩到天黑,害得母亲大街小巷地找她;晚上睡觉前,母亲都要端来热气腾腾的牛奶,有一次母亲忘了,自己用几天不说话来惩罚母亲;每次考试前,都要告诉母亲,这次肯定考不好,让母亲提心吊胆。

大学的每一个假期,回家都是匆忙地来去,爱情几乎成了自己生活的全部内容。男友说过的每一句话,都会拿出来咀嚼几次,而后又无端自寻烦恼。可是,却不曾注意无意中说出的话,是不是也同样让母亲心烦意乱呢？每次逃课去看男朋友，逛街、聊天，可是却没有想过，这短短的假期，母亲同样需要陪伴。每个月的手机费都是200多元，可是又有几元钱是花在母亲身上的呢？

记得有一次，刚刚回到家，连饭都没有吃，就和母亲告别，说为了给男友庆祝生日，要去给他挑选合适的礼物，然后赶去看男友。母亲说："你怎么从来不记得给你妈妈买生日礼物呢？"自己却生了气说："哪有妈妈向孩子索取礼物的！爱情怎能拿来与亲情相比呢？"

现在才知道，上天给了母亲的称号，并不是要求她们无时无刻地都要勇敢、坚强、伟大、无怨无悔的奉献，它同时给了每一个女人脆弱、敏感、虚荣与自尊。所以，每一个孩子都无权要求妈妈无限制地为你付出，自己却没有给母亲应该给予的回报。

母爱也期待回报。记住母亲的每一点好，一一回报，这也许是苛刻的。但是，当自己也为人母时，为了孩子一次次的冷漠和无礼，而流与汗水一样多的眼泪时，才真正地明白，母亲所要求的回报，其实是那么微不足道。爱情需要彼此的付出，也需要彼此的回报，那么，一辈子都无法割舍的亲情，难道不同样需要用心来呵护？

女儿流着泪在母亲的遗像前深深地鞠躬。

感悟：意大利著名作家亚米契斯说过："一个人如果使自己的母亲伤心，无论他的地位多么显赫，无论他多么有名，他都是一个卑劣的人。"这个在母亲生前没有尽孝的女儿终于明白了，母爱也是需要回报的，亲情同样需要用心呵护，可是已经晚了，留下的只有遗憾和自责。中国人的孝顺有两种，一种是在老人活着的时候尽孝，是发自内心的孝敬。一种是老人活着的时候不孝，死了以后，哭天喊地，烧香磕头，迁坟立碑。前者是为了报答父母，后者是为了自己不遭到报应。可以说，不孝的人，不可以为官，不孝的人，不可以为友。对自己的父母都不孝敬，还能为百姓服务？还能珍惜友谊？

TIWOJIAOYISHENGMAMA

替我叫一声妈妈

一个守寡多年的母亲只有一个儿子叫大木。她的儿子犯了死罪被抓了起来。

就在大木被抓走的那一刻，他的母亲扑通一下跪在警察面前，堵在了门口，可是大木还是让警察带走了。在那一刹那，大木哭了，他是为了他的母亲哭，自己走了，谁来照顾母亲呢？在出门的时候，大木回头喊道："妈，你没儿子了！"这喊声像鞭子抽打着他母亲的心。

自从大木被带进看守所，母亲经常要去看他，可总是看不到。母亲就在看守所的高墙外绕啊绕，泪水在看守所的高墙外湿了一地。不到三天，母亲的眼就瞎了。

后来，有人对母亲说，在看守所放风的时候，爬上看守所的小山坡就可以看到大木了。母亲信以为真，终于找到那个山坡，她爬上山坡就感觉到下边有许多人，她坚信她儿子大木就在里面。

母亲摸索了一块地方坐好，就激动地一边哭一边喊："大木！大木你在哪儿，妈来看你了！"也不知道母亲喊了多少遍。就在母亲流不出泪，喊不出声时，突然传来一阵喊声，大木跪在人群中，拼命地磕头，撕心裂肺地不停地喊妈。原来是大木发现了母亲。母亲一听到大木的声音，就颤抖着站了起来，唤得更勤，一双手摸向远方，平举得像一架飞翔的梯子。

这种场面，让每一个在场的人那面心灵之旗，在迷离中昭然若揭，在泣然中裸露悔恨。

就这样每一天母亲都准时坐在山坡上，举手挥喊着自己的儿子。

一年后，大木要被执行枪决。临赴刑场那天，他哭着对同监舍的人说："我的母亲眼睛瞎了，听不见我的声音会哭，所以我走了以后，你们谁听到我妈的呼喊，都要替我叫一声妈妈！"监友们听后，都点头哭了。

那是一个风雨交加的夜晚，母亲又要到山坡去看儿子，所有人都劝她不要去，可是母亲坚持要去，说见不到她大木会难过的。于是，母亲就在雨中蹒跚。当她到达山坡时，全身湿透了，怜爱地喊着："大木！大木！妈又来看你了！"

风一直在刮，雨一直在下。

其实，母亲看不到，山坡下已没有她的儿子大木了。

就在此刻，山坡下 274 名服役犯人在雨中，朝她深深鞠着 90 度的躬。

感悟：尽管儿子是死囚，母亲的爱没有减少，依然那样无怨无恨，那样执著。儿子大木也是孝顺母亲的，只不过触犯国法，没有办法尽孝。他身陷囹圄时才知道，母亲的爱是那样的宝贵和高尚，而他对母亲是那样的愧疚，只能用呼喊母亲的声音去孝敬母亲了。母爱是一种无敌的力量。

MUQINHEERZI
母亲和儿子

满仓娘是个瞎子。在满仓当兵的时候，她正患病在床，临走前她把满仓唤到床前摸了又摸，然后满仓一步三回头地当兵去了。

满仓抢修线路时，电线杆突然倒下，(据查那根电线杆被汽车撞过)，在抬往医院的路上，他用尽全身力气说："不要让俺娘晓得，不然她会受不了的。"说完就去了。

满仓牺牲不久，连队开展学习满仓活动。满仓家里有哪些人，有几亩地，有几头猪，战士们都是了解得很清楚，一封封书信飞向了那个小山村，信首称的都是娘。

满仓娘收到每一封信都是欢天喜地的请人念，当信念完后她还要摸一摸，好像那就是满仓的脸。念信的人一念完，就紧咬嘴唇，眼睛一红找借口往外跑，他们不能在屋里哭，其实全村人都知道满仓已经回来了，就葬在村口东山坡上。满仓是被指导员和政治部组织科一位干事装在一个小匣子带回来的。这一切只瞒着一个人——满仓的娘。

过年前，满仓来信说要回家和娘一起过春节。过节的气氛可浓了，满仓又来信说：有任务，回不来了。同时寄回了一张照片，还有一些药物和营养品。其实，那照片，只是个和满仓穿一样衣服的士兵。满仓娘把照片贴在胸口，直唤“满儿”。

又是一年，梧桐叶落完了，满仓还是没有回来。

满仓已是“超期服役”的兵了。初冬的一天，满仓娘突然病情加重，昏迷不醒。黄昏时，她醒过来，把满仓的姐姐唤到床头吩咐：“我见不到满儿了，我死了，千万不要让满儿知道，他会伤心的，会影响他干大事业……”说完，满仓娘干枯的手轻轻地抚摩着那一沓厚厚的、盖着红色三角邮戳的信，忽然挺住不动了。

满仓娘去世的消息传到连队，她那群儿子全都哭开了。

感悟：“孩子永远是母亲心头的牵挂。”瞎了眼睛的母亲，不希望自己的死，成为儿子人生旅途中的羁绊，她吩咐向儿子隐瞒这个事实，希望美好伴随着儿子，可是她哪里知道，其实儿子早已离她而去，儿子也同样让战友们编织了一段段深情的谎言，陪伴母亲走过了自己的晚年。母亲，也同样是孩子心头永远的牵挂！真善美让亲情生辉。

XIAOERJINXIAO

小二尽孝

因为在家里排行老二，父母都管他叫小二。说是小二，其实他已经是50多岁的人了。他常说，孝敬父母要有行动，他的行动就是利用业余和休息时间帮助父母干活，父母养鱼，他帮助捞鱼食；父母养兔子，他帮助割草；父母养花，他帮助浇水；父母开馒头铺，他帮助做馒头，几乎天天起早去帮助父母干活，然后再去上班，风雨不误。

那是冬日的一天早上，下了罕见的暴风雪。小二的家离父母家有6里多地，要不要去帮助父母做馒头呢？小二没有犹豫，凌晨3点多钟，就动身了。路面被厚厚的大雪覆盖着，刮着刺骨的寒风，没有一个人走路，也没有一道车印，他很费力的推着自行车走到了父母家，汗水浸透了内衣内裤，老父亲心疼地问："雪这么大，你咋还来了？"

其实，小二也不愿意一大早就从温暖的被窝里起来。但是，他想到父母年龄大了，还在艰苦奋斗，整天忙忙碌碌，自己能多干一点，老人就轻松一点。再说，父母为我们付出了那么多，自己帮助干点活又算得了什么呢？

孝心促使小二日复一日地坚持帮助父母干活，他的行动感动了老人，感动了邻居，感动了他在外地的兄弟姐妹，也感染了他的下一代。大家都说："小二是孝敬老人的好榜样！"

感悟："孝"是中国的传统美德。在今天，很多传统的道德标准受到了挑战，但是"孝"依然被作为一个必须遵守的行为准则得到推崇。孝敬老人有不同的方式，故事里的小二，就是通过帮助父母干活来体现孝道，难能可贵的是他的天天坚持。只要心中想着报答父母，付出孝顺的行动，老人就会欣慰，自己的心灵也会得到滋润。

豁达大度篇

MAGUAFU
“马寡妇”

“北大怪侠”孔庆东在他的畅销书《47 楼 207》中曾写过这样一件趣事：

上中学时，他们几位同学在一起边走边聊，忽然间走在前边的一位姓马的同学转过头来，愤怒地叫道：“你们叫谁马寡妇？”其实大家谈论的话题与他一点关系都没有，他就这样给自己起了个外号。

感悟：这类疑神疑鬼的“马寡妇”，在生活中实在是太多了。他们过分注意别人对自己的评价或态度的微小变化，总是以为大家在同他过不去，给自己带来了不少的烦恼，也影响了自己与别人的关系，这真是，世上本无事，庸人自扰之。

HUODADEFU
豁达得福

戎马一生的孙毅将军，在个人得失的处理上，历来大度坦然，堪称我们的楷模。1935 年，红军长征时，出发前，中央军委教导师师长张经武、政委何长工，一起向师参谋长孙毅传达红军总部召开的“分马工作会”精神，当时红军中共产国际的洋顾问李德指示，孙毅是从白军过来的，不能给他马骑。孙毅听罢说：“放心吧！白军过来的也绝不会掉队！”

上路不久，军委教导师撤销，孙毅被分配到红军学校干部团任作战科长。再往前走，孙毅又接到通知，让他到政治保卫团任参谋长。报到后在团首长处见到一张“孙毅任参谋长”的命令，但不知是何人、何故,将参谋长的“长”字用蓝笔圈掉了。孙毅不以为然,加快步伐朝前赶路。

遵义会议开后不久,孙毅调任红三军团教导大队任队长,并分到一匹枣红色的军马。3天后,有人奉命牵来一匹病马,把孙毅的那匹红马拉走了。又过3日,病马亡命,孙毅便做了根手杖,挑起行李继续朝前走,一直走完了二万五千里长征。

半个多世纪后,当93岁的孙将军荣获“全国最佳健康老人”称号时,这位世纪老人由衷地说:“人老先老腿,我踏遍青山腿未老,应感谢李德先生和那位奉命换马的同志,是他们让我锻炼出这双‘铁脚板’。”

感悟:当遇到不愉快的事情时,应该洒脱一些,豁达一些,用智者的思维方式来思考问题,将自己从那些无聊的精神痛苦中解脱出来。“糊涂”一点,大度一点,也许让你有意外的收获。

KUANSHU 宽恕

一个周五的早晨,格兰的礼品店依旧开业很早。格兰静静地坐在柜台后边,欣赏着礼品店里各式各样的礼品和鲜花。

忽然,礼品店的门被推开了,走进来一位年轻人。他的脸色显得很阴沉,眼睛浏览着礼品店里的礼品和鲜花,最终将视线固定在一个精致的水晶乌龟上面。

“先生,请问您想买这件礼品吗?”格兰亲切地问。可是,年轻人的眼光依旧很冰冷。

“这件礼品多少钱?”年轻人问一句。“50元。”格兰回答道。年轻人伸手掏出50元钱甩在橱窗上。

格兰很奇怪,自从礼品店开业以来,她还从没遇到这样豪爽、慷慨的买主呢。“先生,您想将这个礼品送给谁呢?”格兰试探地问了一句。

“送给一个新娘,她明天就要结婚了。”年轻人依旧表情冰冷地回答着。

格兰心里咯噔一下，什么？要送一只乌龟给新娘，那岂不是送给她一颗炸弹！格兰仔细地想了一会儿，对年轻人说："先生，这件礼品一定要好好包装一下，才会给新娘带来更大的惊喜。可是今天这里没有包装盒了，请你明天再来取好吗？我一定会利用今天晚上为您赶制一个新的、漂亮的礼品盒……"

"谢谢你！"年轻人说完转身走了。

第二天清晨，年轻人早早地来到了礼品店，取走了格兰为他赶制的精致的礼品盒。

年轻人匆匆地来到了结婚礼堂，快步跑到新娘跟前，双手将精致的礼品盒捧给新娘。尔后，转身迅速地跑回了自己的家中，等待着新娘愤怒与责怪的电话。在等待中，他的泪水扑簌簌地流了下来，有些后悔自己不该那样去做。

傍晚，结束婚礼的新娘便给他打来了电话："谢谢你，谢谢你送给我代表幸福和快乐的鸳鸯，谢谢你终于能明白一切了，能原谅我了……"电话的一边新娘高兴而感激地说着。年轻人万分疑惑，什么也没说，便挂断了电话。但他似乎又明白了什么，迅速地跑到了格兰的礼品店。推开门，他惊奇地发现，在礼品店的橱窗里依旧静静地躺着那只精致的水晶乌龟！

一切都明白了，年轻人感动地望着眼前的格兰。而格兰依旧静静地坐在柜台后边，冲着年轻人微微一笑。年轻人冰冷的面孔终于在这瞬间被改变成一种感激与尊敬："谢谢你，谢谢你，让我又找回了自尊。"

感悟：这个故事告诉我们，冲动不可取，宽恕解千仇。原谅别人，是快乐自己，宽容别人，是解脱自己。

DAWUGUIHEXIAOWUGUI

大乌龟和小乌龟

大乌龟和小乌龟在一起喝可乐。大乌龟喝完自己的一份后，就对小乌龟说:“你去外面帮我拿一下可乐。”

小乌龟刚走两步,就不走了,回头说:“你肯定是支我出去后,要把我的可乐喝掉!”

“这怎么可能?你是在帮助我啊!”经大乌龟一再保证,小乌龟同意了。

一个小时过去了,二个小时过去了,小乌龟还没有来,三个小时过去了,小乌龟仍然未见回来。

这时,大乌龟想:“小乌龟肯定不会回来了。它一个人在外面喝可乐,怎么会回来呢?我干脆把它这一份喝了!”

小乌龟就像从天而降,站在大乌龟面前,气冲冲地说:“我早就知道,你要喝我的可乐!”

“你怎么会知道呢?”大乌龟尴尬而不解地问。“哼!”小乌龟气愤地说,“我在门外已经站了3个小时了!”

感悟:现实生活中,这样的事随时随地都在发生,实际是自己的心态在作祟。一件事情,可能有好几种结果,疑心太重往往坏事。

ZHOUYUYIYUN 咒语疑云

有位同学,在北京上学时,在学校附近碰见一个老妪站在大树底下兜售布袋。一种长方形单面有图案的纯棉购物口袋,价钱相当便宜,只售一元五角。于是一气买了六个。

布袋拿回宿舍,他的同学都说值,不料一位细心的同学蓦然惊呼:“怎么上面有个‘死’字!”定睛一看,布袋的图案四周原来还环着一圈外文,几个较长的单词不认识,字典里也没有,中间一个“die”,却赫然触目惊心!再细看图案本身,几个简单而形状怪异的色块拼凑在一起,谁也辨不出那究竟是什么。

“我说这么便宜!”“准是邪教的图腾!”“巫婆!”“咒语!”同学们都大呼小叫。

虽说他向来不信邪,照用不误,但挎着口袋上街时还是小心地把有图案的一面向里,以免引来旁人注目。有一次要寄衣物回家,那些口袋是再好不过的包裹,但瞅着那个碍眼的“die ”,心里仍有些别扭,总不能往家里寄去一份不祥吧?后来想出个好主意,用同色的彩笔在“die ”后面加上“t”,成“饮食、节食”之意。自忖破去一劫,顿时心安理得。

直至一年后,认识了一个外语学院的朋友,“咒语”之谜方水落石出:那句奇怪的外文其实是德语,“die ”是德语中一个再普通不过的冠词,发音为“地”,用法相当于英语“the ”,专用以修饰阴性名词,“咒语”全句的意思是“保护世界环境”。

恍然悟过之后回头再看那神秘的图案,原来竟是世界七大洲的板块!

感悟:世界上本无鬼,鬼在人心里。童心无忌,赤子无畏,在于无心。忌讳的东西是人自己吓唬自己的,无所谓就万事大吉了。还是那句古语说得好,世上本无事,庸人自扰之。心胸坦荡者,自然百无禁忌。

KUANRONGDELILIANG

宽容的力量

指导员到任的第一天,正赶上连队节日会餐。官兵同乐,气氛热烈。酒过三巡以后,指导员发现有一个战士好像有点醉了。

于是过去劝导:“小酒宜情,大酒伤身。酒喝到差不多就可以了,不要喝多啊!”

没想到话刚落地,这名战士举起酒瓶摔在地上,“不让喝拉倒,谁稀罕!”说完,转身走了。

一时间,气氛十分尴尬。排长刚要发火,指导员拦住了,平静地问:“谁是班长?”

班长马上上前,紧张地说:“对不起……”

指导员忙打断他的话:“我没关系,你赶快去看看他。不要责备他。”

第二天刚起床，醉酒的那名战士神情紧张地来到指导员房间门前，准备道歉。指导员一见，连忙热情地把他拉进屋里，不但没说一句责备的话，而且还像老大哥一样，和他拉起了家常。

打消了顾虑以后，这名战士道出了心里话。原来，他的女朋友来信要和他分手，这些天心情不好，所以昨天才借酒消愁……

送走了战士，指导员找来了排长。之后的几天里，在指导员和排长的热心帮助下，这名战士与恋人终于和好如初了。

这件事传开以后，大家都佩服指导员的宽容海量。一把火也没烧的新官，就这样把威信树起来了。

感悟：冲动是恶魔，能够激化矛盾，宽容是春风，可以化解坚冰。人在难堪和受到侮辱时，能够控制情绪，寻求妥善解决问题的办法，是一种聪明和智慧，更是一种胸怀和境界。

CHEDUANDEYINGDAI

扯断的缨带

战国时期，楚庄王兴兵讨伐，结果大获全胜。为了庆贺胜利，嘉奖众臣，楚庄王设宴与众臣痛饮。

席间，文武百官谈笑风生，喜形于色的楚庄王召来嫔妃和群臣们同席畅饮，大家猜拳行令，兴致颇高，不觉天色已经渐渐暗了下来。

楚庄王大声道："今日甚兴，大家尽可放量痛饮。"遂命点起蜡烛夜宴，又让自己最宠爱的妃子许姬斟酒助兴。

在许姬斟酒的时候，突然刮来一阵大风，把蜡烛吹灭了。黑暗之中，谁都看不见对方，席中大将唐皎酒已过量，不由乱了方寸，看见貌似天仙的许姬正在自己的面前，竟伸手去拉住了许姬的衣袖，许姬很是恼怒，但又不便声张大叫，只是一个劲儿地挣扎，衣袖也被撕破了，她情急之中，一把扯断了唐皎帽子上的缨带。唐皎惊慌松开手，逃开了。

许姬含着泪来到楚庄王面前，把事情告诉了楚庄王，并说只要点亮蜡烛,如果谁的缨带断了,那他就是非礼之人。

楚庄王听罢,沉默了一会儿,吩咐先不要点蜡,然后命群臣解开缨带,摘下帽子,尽情畅饮。大家纷纷解开缨带,把帽子摘下来,这时灯光大亮,却已无法分辩是谁的缨带被扯断了,楚庄王就像没有发生任何事情一样,酒醉方归。

唐皎深知楚庄王用心良苦,心中感激涕零,一心要报答楚庄王。几年之后,楚国出兵伐郑,唐皎请命,只带百名亲兵,连夜袭击郑军。唐皎英勇善战,把郑军杀得落荒而逃,使楚庄王的大军取得了胜利。

感悟:得饶人处且饶人,才能得人舍命相报。谅解别人,善待别人,允许人犯错误,不揭别人的短处,给别人面子,给改正错误的机会,是胸怀大度,君子所为,是大智慧。

KUANRONG 宽容

古代,有一位老禅师,一天晚上在禅院里散步,发现墙角有一张椅子。禅师心想:这一定是有人不顾寺规,越墙出去游玩了。

老禅师搬开椅子,蹲在原处观察,没多久,果然有一位小和尚翻墙而入,在黑暗中踩着老禅师的背脊跳进了院子。当他双脚落地的时候,才发觉刚才踏的不是椅子,而是自己的老师,小和尚顿时惊谎失措。但出乎意料的是,老和尚并没有厉声责备他,只是以平静的语调说:"夜深天凉,快去多穿件衣服。"小和尚感激涕零,回去后告诉其他的师兄弟。

此后,再也没有人夜里越墙出去闲逛了。

感悟:海纳百川,有容乃大。宽容是人类性情的空间,这个空间愈广大,自己的性情愈有转折的余地,就愈加不会纠缠于无谓的小事。因此,一个宽容的人,到处可以契机应缘,和谐圆满,微笑着对待人生。

SHANGUZHONGDEMIDI

山谷中的谜底

有一条南北走向的山谷。山谷没有什么特别之处，唯一能引人注意的是，它的西坡长满松、柏、女贞等树，而东坡只有雪松。这一奇异景观是个谜，许多人不知所以，一直没有令人满意的结论。揭开这个谜的，竟是一对夫妇。

那是一个冬天，这对夫妇的婚姻正濒于破裂的边沿。为了重新找回昔日的爱情，他们打算做一次浪漫之旅，如果能找回就继续生活，如果不能就友好分手。他们来到这个山谷的时候，下起了大雪，他们支起帐篷，望着漫天飞舞的大雪，发现由于特殊的风向，东坡的雪总比西坡的雪来得大，来得密。不一会儿，雪松上就落了厚厚的一层雪。不过当雪积到一定的程度，雪松那富有弹性的枝条就会向下弯曲，直到雪从松上滑落。这样反复地积，反复地弯，反复地落，雪松完好无损。可其他的树，就没有这个本领，树枝被压断了。西坡由于雪小，总有些树挺了过来，所以西坡除了雪松，还有松、柏和女贞之类。

帐篷中的妻子发现了这一景观，对丈夫说："东坡肯定也长过杂树，只是不会弯曲才被大雪摧毁了。"丈夫点头称是。少顷，两人像突然明白了什么似的，相互吻着拥抱在一起。

丈夫兴奋地说："我们揭开了一个谜——对于外界的压力要尽可能地去承受，在承受不了的时候，学会弯曲一下，像雪松一样让一步，这样就不会被压垮。"

感悟：确实，弯曲不是倒下和毁灭，它是人生的一门艺术，让一步，就不会被压垮。

ZHUDONGRANGRENSHIYIZHONGKEJINGDEPINDE

主动让人是一种可敬的品德

在安徽省桐城市的西南一隅，有一条全长约180米、宽2米的巷道，当地人称之为“六尺巷”。

据作家姚永朴《旧闻随笔》和《桐城县志略》等史料记载：清朝名臣张英便住在这里，张英历任礼部侍郎、兵部侍郎、工部尚书、翰林院掌院学士、文华殿大学士、礼部尚书等职，名声显赫。桐城人习惯将他称为“老宰相”，其子张廷玉称为“小宰相”，父子二人合称为“父子双宰相”。

当年张英家和一户姓吴的人家比邻而居，房屋之间有块空地被吴家给占用了，张家的人就送信给张英，让他出面干预。张英看罢来信，就写了首诗给家人：

“一纸书来只为墙，让他三尺又何妨，长城万里今犹在，不见当年秦始皇。”

家人见书明理，遂撤让三尺。吴家见此情景深感惭愧，亦退让三尺。这样张吴两家之间就形成了六尺宽的巷道，后人称为“六尺巷”。

感悟：退让三尺，解决了邻里的纷争，又解了无形的隐患，实在是一举两得。主动让人，首先是一种博大的胸怀，其次，它还是一种智慧，可以为你赢得广泛的尊重，使你的地位更加稳固。两人相争，有的人也能做到让步，但大多是不利形势下不得已而为之的权宜之计。而有的人处于优势地位，也能诚意让步，则显得殊为可贵。

善良友爱篇

SLYAP

NUYAOXIAOQIAOBIEREN 不要小瞧别人

有这样一个寓言故事：

狐狸看见一家人的窗户上挂着一串香肠，它馋的口水都流了下来。怎样才能吃到香肠呢？想来想去，它有了主意。它注意到院子里有一条狗，便狡猾地想："利用那条狗，只要三言两语就能让那条蠢狗把香肠送给我！"于是，狐狸走了过去和狗套近乎，最后它对狗说："兄弟，看到那串香肠了吗？你那吝啬的主人是不会给你吃的，与其那样还不如我替你望风，你把它偷出来大吃一顿多好！"狗想了想，点了点头，就让狐狸跟它进院，小声对狐狸说："你到草地那等着我，等我偷下来香肠，就跟你会合，咱们俩一起把香肠吃掉。"狐狸高兴得不得了，听从了狗的建议，往草地方向走去，刚走到草地就一声惨叫，它被一只捕鼠的夹子夹住了。这个时候，主人走了出来，一枪就把狐狸打死了。

感悟：生活中，有些人总想着占别人的便宜，似乎别人都不如自己聪明，但是他们小瞧别人、愚弄别人的代价，就是搬起石头砸了自己的脚。

XINANCAO 心安草

有个国王清早到花园散步，惊讶地发现鲜艳的花都枯萎凋谢了。探问之下才知道：鲜花自怨没有松树高大俊秀而厌世，松树恨自己不能像葡萄多结果子，也不想活了，不少的植物因为恨己不如人而全无生机。而在花园的一个不起眼的角落，却有一株小小的心安草，在暮气中开着灿烂的小花。

国王欣喜地问它为何可以如此？它说："因为我知道你种我，就是要我做心安草。所以，我虽然渺小，也快乐地做好自己。"

感悟：本来自己很有特点，却嫉妒别人而自卑，争来争去的，使自己丧失了生机，这是愚蠢而又可悲的做法。安心于自己的处境，快乐地做好自己，和别人相安无事，共建和谐，是明智的态度。

FANGKUANCHIDU

放宽尺度

有位太太的先生是位成功人士，以世俗人眼光看起来，她很享福，生活很富裕，但她仍觉得很苦。看到一个朋友时，哭得很伤心，朋友问她："你有什么不满意呢？"

她说："你不知道啊！他对他的家人比对我还好，我不满意。"

朋友劝她说："到底你要追求多少感情才满意呢？不要太强求，感情如同一个球，越是硬碰，它跳得愈高愈远。"

她问："那要如何解决呢？"

朋友回答道："放宽尺度。你爱的范围太狭窄了，你若能把爱扩大到去爱他所爱的人，他一定会感谢你，同时也更珍惜这份感情中的恩情。人的感情就像是熔炉，只要你多给他宽大的爱，满足他的感情，再冷再硬的心也会被它融化。"

这位为情所苦的太太，后来果真做到去爱先生所爱的那些人，她倒觉得自己得到的爱最多。

感悟：爱是需要交换的，需要感动的，也是需要宽松的。放宽爱的尺度，走出了爱的自我，表达了爱的真意，理所当然会得到爱的回报。放宽尺度的爱，是聪明的爱。

ZUNZHONGNENGDAILAIXIAOYI

尊重能带来效益

乔·吉拉被誉为世界上最伟大的推销员，他创下一年卖出 1425 辆汽车（平均每天约 4 辆）的纪录，这个成绩被收入《吉尼斯世界大全》。

曾经有一次一位中年妇女走进乔·吉拉的展销室，说她想在这儿打发一会儿时间。

闲谈中，她告诉乔·吉拉她想买一辆白色的福特车，就像她表姐开的那辆。但对面福特车行的推销员让她过一小时后再去，所以她就来这儿看看。她还说这是她送给自己的生日礼物："今天是我 55 岁生日。""生日快乐！夫人。"乔·吉拉一边说，一边请她进来随便看看。

接着乔·吉拉出去交代了一下，然后回来对她说："夫人，您喜欢白色车，既然您现在有时间，我给您介绍一下我们的双门式轿车，也是白色的。"他们正谈着，女秘书走了进来，递给乔·吉拉一打玫瑰花。乔·吉拉把花送给那位妇女："祝您生日快乐，尊敬的夫人。"

显然她很感动，眼眶湿了。"已经很久没有人给我送礼物了，"她说，"刚才那位福特推销员一定是看我开了部旧车，以为我买不起新车。我刚要看车，他却说要去收一笔款，于是我就上这儿来等他。其实我只是想要一辆白色车而已，只不过表姐的车是福特，所以我也想买福特，现在想想不买福特也可以。"

最后她在乔·吉拉这儿买走了一辆雪佛莱，并写了一张全额支票。其实从头到尾乔·吉拉的言语中都没有劝她放弃福特而买雪佛莱的词句，只是因为她在这里感受到了重视，所以放弃了原来的打算。

感悟：尊重带来了效益。每个人都希望别人能够重视自己，因为每个人都会觉得自己是重要的。在人际交往中，能够让别人感受到你对他的重视，也就会赢得他的欣赏，会把你当成知心好友。

YIBAYIZIDEWENHOU

一把椅子的问候

一个大雨倾盆的下午，行人纷纷逃进附近的店铺躲雨。一位浑身湿淋淋的老妇人，步履蹒跚地走进费城百货商店。看着她狼狈的姿容和简朴的衣裙，所有的售货员都对她不搭不理。

这时，一位年轻人热情地对她说："夫人，我能为您做点什么吗？"老妇莞尔一笑："不用了，我在这儿躲会儿雨，马上就走。"

正当她因不买东西却避雨不好意思时，那个小伙子又走过来说："夫人，您不必为难，我给您搬了一把椅子，放在门口，您坐着休息就是了。"雨过天晴后，老妇人向那个年轻人道了谢，并随意地向他要了张名片，就颤巍巍地走了出去。

几个月后，费城百货公司的总经理詹姆斯收到一封信，写信人要求将这位年轻人派往苏格兰收取一大笔订单，并让他负责自己家族所属的几个大公司下一季度办公用品的采购任务。詹姆斯震惊不已，匆匆一算，只这一封信带来的利益，就相当于他们公司两年的利润总和。

当他以最快速度与写信人取得联系后，才知道这封信是一位老妇人写的，而她正是美国亿万富翁"钢铁大王"卡内基的母亲。詹姆斯马上把这位叫菲利的年轻人推荐到公司董事会。毫无疑问，当菲利收拾好行李准备去苏格兰时，他已升格为这家百货公司的合伙人了。那年，菲利22岁。

随后的几年中，菲利以他一贯的踏实和诚恳，成为"钢铁大王"卡内基的左膀右臂，成为美国钢铁行业仅次于卡内基的富可敌国的灵魂人物。

感悟：生活中的奇迹，其实就发生在你不经意的言行之间，一句亲切的话语、一个友善的致意或一项小小的援助计划，都能让对方体会到你的爱心和真诚，而自己也有意外的收获，这就叫好人有好报。

DENGGUANGXIMIEZHIHOU

灯光熄灭之后

欧洲有个规矩,为了达到音乐会的最佳欣赏效果,在音乐家开始演奏的前夕,总要熄灭演奏场地的所有灯光,以便人们在一片宁静的夜色氛围中聚精会神地品味音乐。

1831年,波兰音乐家肖邦只身流亡至法国的巴黎定居,以教书为生,处境甚为落魄。

一个偶然的机会,肖邦结识了大名鼎鼎的匈牙利钢琴家李斯特。李斯特想:绝不能让肖邦这样的优秀人才被埋没,必须帮他早日重振雄风。

一天,巴黎街头广告登出了钢琴大师李斯特举行个人演奏会的消息,剧场售票处热闹非凡,门票一售而空。

紫红色的帷幕徐徐拉开,灯光下,英俊潇洒的李斯特身着燕尾服朝观众致意,台下掌声热烈。李斯特朝观众行礼后,便转身坐在钢琴前,做好演奏前的准备。

灯光熄灭了。

琴声响了,琴声激昂时,剧场内便响起掌声;琴声悲切时,剧场内又鸦雀无声。大家如痴如醉,完全被那美妙的音乐征服了。

演奏结束了,人们站起来,兴奋地齐声欢呼:"李斯特!李斯特!"

可灯光一亮,大家感到十分惊愕。观众看到舞台上的根本不是李斯特,而是一位眼中闪着泪花的陌生的年轻人。

当观众明白刚才的演奏竟出自面前这位年轻人之手后,变惊愕为惊喜。剧场内,掌声四起,鲜花一束束地朝台上飞去。

这个眼中闪着泪花的年轻人,就是肖邦。

原来,李斯特利用这个熄灭灯光的时机,让肖邦代替了自己。

世人认可了肖邦的卓越才华,与此同时,更认可了李斯特的高尚人格。

感悟:不怕别人超过自己,用自己的威望为新人铺路,这就是高尚的心灵。高尚的心灵能奏出美妙的音乐,打动世人的心。

CUOWU 错误

公司里新招了一批职员,老板抽时间与大家见个面。

“黄烨(hu á)”

全场一片静寂,没有人应答。

老板又念了一遍。

一个员工站起来,怯生生地说:“我叫黄烨(y è),不叫黄烨(hu á)。”

人群发出一阵低低的笑声。

老板的脸色有些不自然。

“报告经理,我是打字员,是我把字打错了。”一个精干的小伙子站了起来,说道。

“太马虎了,下次注意。”老板挥挥手,接着念了下去。

没多久,打字员被提升为公关部经理。

感悟:表面上看,这个领导读错了字,打字员在拍马屁。其实,每个人都有自己的知识欠缺,犯错误出洋相都难以避免。巧妙地保护别人的自尊心,帮助别人从尴尬中走出来,是一种宽容和爱心,也是一种交际技巧。

FANGCAOXIN 芳草心

女孩生长在北方小城,被时代的风撩拨着秀发和心思,有一天她去了南国新城寻梦。

求职不易。在她的信心和钱包都快干瘪时，一则极适合她的招聘启事又唤起她的希望。

去应聘的路上，女孩无意中从一家时装店玻璃上看到自己陈旧的衣衫，一瞬心乱。受老板娘的热情感染，她进店试了一套鲜亮的时装，对着镜子照前照后，心里却盘算着找个毛病赶紧脱下来。猛地，她冒出个大胆的念头，便径直走到微笑着的老板娘面前，告诉她自己没有钱，但很想借这套衣服穿穿，因为这次应聘对她太重要了。

老板娘脸上的微笑凝固了，直直地盯着她。女孩心颤颤地觉得一顿臭骂已不可避免。出乎意料的是，老板娘接过她作为借衣凭证的身份证，只淡淡说了句："别弄脏了。"

在她要跨出门时，老板娘喊：等等。女孩心头一沉，却没想到老板娘微笑地说：把鞋也换一下吧，旅游鞋不配这套衣服。

女孩是抹去眼泪走进应聘点的。面对衣装典雅、神情严肃的女经理，女孩神态自信，对答流畅，她自己都能感到从里到外洋溢的青春激情。

第二天女孩上了班，一个月后她已与公司水乳交融。有一天经理问她，为何不再穿应聘时的那套衣服，她红着脸说："还了。"

女经理没再追问。面试那天她看到女孩衣服上还系着商标，新颖的衣式却配了双中年样式的鞋子。

后来，每当那女孩回忆这段经历时，都觉得眼前有芳草白云飘过。

感悟：身处困境时有人伸出援助之手，回想起来更是心怀感动，更加激励自己。每个人都盼望能在自己困难的时候得到援助，所以我们在看到别人需要帮助的时候也一定要伸出援助之手。

YUANLAIRUCI 原来如此

有一个白人女孩在沙滩上晒太阳，由于很疲劳，她睡着了。当她醒来时，太阳下山了。

女孩觉得肚子很饿，便走进沙滩边上一家餐馆。

她推门而入，选了一张靠窗户的位置坐下。她坐了大约 15 分钟，没有侍者前来招待她。她看着那些招待员都忙着伺候比她来的还晚的顾客，对她则不屑一顾。她顿时怒气满腔，想走上前去责问那些招待们。

当她站起身来时，正想向前，眼前的一面大镜子映出了她的身影。她看到了镜中的自己，眼泪不由夺眶而出。

原来，她已经被太阳晒黑了，那些招待把她当成了黑人。

此时，她才完全体会到黑人被白人歧视的味道了！想起自己以前对黑人做过的那些过分的事情，她心里百感交集。

感悟：看人下菜碟，是一种庸俗，也是心灵的缺欠。

SHANLIANGSHICHENGGONGBIXUDEXIONGHUAI 善良，是成功必需的胸怀

美术大师要选一个年轻人做他丹青事业的关门弟子。前来参试的人很多，经过几轮严格的淘汰赛，只剩下两个年轻的画家：一个是刚刚从美院毕业的，他的作品已多次参加各种画展，并且获得了不少的奖项，实力确实不俗。另一个年轻人则是刚从乡村来的，他酷爱绘画，画出了不少上乘之作，自学成才，备受画坛称道。

大师让他们俩各自为对方画一张白描画像，两个年轻人听了，

立刻支好画板,迅速观察对方画起来。乡村来的这个年轻画家想,画人,一定要抓住一个人美的形态,把一个人的外在美和心神的美,完美地结合起来,使被画的对象更美。于是他就不停地观察对方所具有的美的特质,一笔一画地谨慎给对方画像。对方的额头较窄,他就把他画饱满些;对方的眼睛较小,他尽可能把它画大些,使它更具熠熠神采。

而刚从美院毕业的这位年轻画家就不同了。他暗暗思索:对方现在是我唯一的竞争对手,把他画得太美,无疑将对自己不利,不如略微把他画得丑一些,这样对于向来喜欢洁净、纯美的大师来说,自己就不知不觉中多了一分胜算。于是,他就着意渲染对方脸盘的粗糙,着意渲染对方脸上那个不太明显的痦子。

两个年轻人都很快画好了,应该说,这两幅作品都是他们难得的得意之作。他们把各自的作品交给大师,等待大师的评判。

大师拿起两幅画,又再三瞧了瞧这两个实力都着实不俗的年轻人,最后大师对刚刚从美院毕业的那个年轻人说:“很遗憾,我们两个没有师生的缘分。”

这个年轻的画家很不解,问大师为什么这么快就作出了选择,大师叹了一口气说:“从事美术创作需要一种天赋,那就是从平凡中发现美,渲染美。不管他是你的敌人,还是你的竞争对手,你都要观察和着意表达他的美,不能因为其他的因素而掩盖对方的美。画出你的对手美,画出你的敌人美,这才是一个人能成为杰出画家所必需的胸怀,这样的画家才会有前途,才能成为画坛大师。”

这个年轻人明白了,惭愧地背起自己的画板低着头走了。

感悟:善与恶,源自于心灵。善良必有善举,恶心必有恶行,看一看,世界上哪位有成就的人不是善良的?以善良之心对待人和事,在平凡之处看见美,是善良使眼睛更加明亮,是善良使生命拥有了博大的气度。

NUWANGQIAOMEN 女王敲门

英国维多利亚女王与丈夫吵了架，丈夫独自回到卧室，闭门不出。女王回卧室时，只好敲门。

丈夫在里边问："谁？"

维多利亚傲慢地回答："女王。"

没想到里边既不开门，又无声息。她只好再次敲门。

里边又问："谁？"

"维多利亚。"女王回答。

里边还是没有动静。女王只得再次敲门。

里边再问："谁？"

女王学乖了，柔声回答："你的妻子。"

这一次，门开了。

感悟：渴望被人尊重是每个人的基本心理需要。盛气凌人，别人不买账，尊重别人，才会得到别人的尊重，平等待人是一种美德。

RENYUAN 人缘

某公司董事长生活在一个社区。当他的公司财源茂盛时候，他的汽车压扁了别家的小鸡，他家的狼犬对着邻家的小孩露出可怕的白牙，他修房子把建材堆在邻家门口。坦白地说，他在邻居中间没什么人缘。

后来，他的公司因周转不灵而歇业，他在小区里散步时，脸上有了笑容，下巴也收起来了，他家的狼犬拴上链子，他也经常摸一摸邻家孩子的头顶。可是,坦白地说,他仍然没有什么人缘。

他偶然跟一位长者闲谈,谈到人间恩怨,长者随口说:“人在失意的时候得罪了人,可以在得意的时候弥补,在得意的时候得罪了人,却不能在失意的时候弥补。”言者无心,听者有意,他若有所悟。

他暂时停止改善公共关系,专心改善公司的业务,终于,公司又“生意兴隆通四海”,他又有汽车可坐,不过他的座车从此不再按喇叭叫门,并且在雨天减速慢行,小心防止车轮把积水溅到人身上。他的下巴仍然收起来,仍然有时伸手摸摸邻家孩子的头顶。

后来他搬家了,全体邻居依依不舍送到公路边上,用非常真诚的声音对他喊:“再见!”

感悟:这件事告诫我们,不要得意忘形,更不要得意无礼,否则就会失去人心,没有人缘。而能够及时反思自己,及时改过,就会重新获得人缘。

DUOXIELE 多谢了

一位老太太在楼上晾衣服,不小心失手把衣架掉到楼下去了,正好砸在一位过路人的头上。

过路人很生气,捂着头上被砸起的大包,拿着衣架跑上楼要与肇事者讲理。他到楼上,正好撞见这位老太太。老太太笑容可掬地说:“真是的,我自己下楼捡就是了,还劳您费心给送上来,多谢了!”

过路人愣了半天也没想出句合适的话来回答,但是他不再生气了。

感悟:每个人都有崇高的一面,当别人把你描绘成一个天使时,你还能发怒吗?尊重别人,能够赢得别人,感恩别人,能够温暖别人。所以,做人要懂得尊重和感恩。

MOSHANQQING 莫伤情

某人滴酒不沾，但是每次初识的人送他酒，他都会露出兴奋的笑容，举起瓶子，细细念上面的酒名。那些初识的人，后来成为他的好朋友，都责怪他以前“很假”，明明不喝酒，却装作兴奋的样子。

“我们常说‘礼轻情意重’，也可以讲‘礼错情意重’，重要的是你的情，不是礼。在你以为我会很高兴的期盼下，如果我说自己滴酒不沾，岂非泼你冷水？我们可能成为今天的至交吗？”某人回答。

一番话，使他们的友谊更深了。

感悟：欣赏别人，耐心倾听别人的话语，是人的修养。不给别人泼冷水，不破坏别人的心情，也是一种爱心和人际交际手段。

DAIRENSHOUGUO 代人受过

某大企业开讲座，参加人员多达100人，其中有许多女性。

讲师来到讲台上，轮值的人喊了：“起立！”“坐下！”

忽然，迸出一个放屁的声音。大伙不约而同地把视线投向发出声音的方向。原来声音来自有“蒙娜丽莎”之称的R小姐。她是全公司最漂亮的，娴雅、文静，不少男同事对她都怀有爱意。

说得严重一点，也许，由于这次意外事件，R小姐给人的印象，怕要大打折扣了。

事实上，那是R小姐的裤子绷得太紧而发生的“裂帛之声”。

就在尴尬的气氛还笼罩在整个会场的时候，坐在R小姐邻近的一位男同事，倏然起立，他向大家恭恭敬敬地行了个礼，说：“这几天肠胃消化不良,失礼之处,请多原谅。”

原是尴尬已极的气氛,由于他的挺身“认错”一下子化解了。

感悟:代人受过不失为君子风度,表明了爱心、胸怀和智慧。生活中,谁都会碰到一些尴尬的场面,需要互相理解和帮助。

JIANDANDAOLI

简单道理

从前,有两个饥饿的人得到了一位长者的恩赐:一根鱼竿和一篓鲜活的鱼。其中,一个人要了一篓鱼,另一个人要了一根鱼竿,于是他们分道扬镳了。得到鱼的人原地就用干柴搭起篝火煮起了鱼,他狼吞虎咽,还没有品出鲜鱼的肉香,转瞬间,连鱼带汤就被他吃了个精光,不久,他便饿死在空空的鱼篓旁。另一个人则提着鱼竿继续忍饥挨饿,一步步艰难地向海边走去,可当他已经看到不远处那片蔚蓝色的海洋时,他浑身的最后一点力气也使完了,他也只能眼巴巴地带着无尽的遗憾撒手人间。

又有两个饥饿的人,他们同样得到了长者恩赐的一根鱼竿和一篓鱼。只是他们并没有各奔东西,而是商定共同去找寻大海,他俩每次只煮一条鱼,经过遥远的跋涉,来到了海边,从此,两人开始了捕鱼为生的日子,几年后,他们盖起了房子,有了各自的家庭、子女,有了自己建造的渔船,过上了幸福安康的生活。

感悟:做事情不能图眼前的利益,得了小利必有远忧;做事情也不能只凭自己的力量,与人合作,长短互补,互利互惠,最终实现双赢。

DAOXIADEZHANYOU

倒下的战友

一个士兵向中尉请示是否可以允许他到战壕外的“无人区”带回自己倒下的战友。

“可以”，中尉说：“但是你要考虑好，你可能因此而送命，为了带回你那多半已经牺牲的朋友，我认为你这样做并不值得。”中尉的忠告并没有打消士兵的念头，他冲出了战壕。

这个士兵奇迹般地背着战友返回战壕。就在离战壕仅仅几米远的时候，敌人的枪声响了，但是他还是坚持着背着战友一起摔进了战壕！

中尉给这个士兵检查了伤情，摇了摇头说：“我告诉过你的，这不值得。你的朋友已经死了。”

“可这是值得的，长官！”

“什么？值得？你的朋友已经死了啊！”

士兵忍着痛楚说：“他是刚刚死的。我知道去救他是值得的！因为，我到他身边的时候，他还活着，当我抱起他时听到他说：‘伙计，我就知道你会来的！’”

感悟：很佩服这位士兵，生死关头见真情。人在平时无所谓，在生与死的关键时刻，救人于水火之中，乃大丈夫所为也。

ZHONGYANNIERYEYAOSHUO

忠言逆耳也要说

小王和小丁是同班战友，两人好得像一个人。可是有一段时间，两人有点疏远了。怎么回事呢？

原来，前些日子小丁接到家乡一位"铁哥们儿"的信，说他办了一个建材商店，经销各种钢材、木材、水泥等等，请小丁在部队驻地联系货源，事成后将有大笔回扣。小丁一看动心了，还真利用业余时间去附近企业进行联系，并拉小王和他一起干，许诺有了好处对半分。小王不仅不领情，反而指出这样做违反了部队规定，对小丁的违纪行为进行了批评和劝阻。此后，小丁虽然停止了联系货源的活动，但受到批评终归有些不高兴，和小王也不那么热乎了。

不久，有的干部战士因为参与经商，受到通报批评，个别的还受到纪律处分。这时，小丁才如梦初醒，庆幸自己没犯错误，认识到小王是真正为自己好，从此两人的关系更密切了。

感悟：好朋友好在哪里？好在困难时候的无私帮助、迷惑时候的及时提醒、危险时候的出手拯救。一味地包庇纵容，一团和气害了朋友，朋友醒过来，必会有怨恨。讲真话的诤友，友情会与日俱增。

FAXIANYOUDIAN

发现优点

小尤当副队长已经五年了，总是得不到晋升的机会。原因是，每次在选拔干部前的民主测评时，他的测评结果都是排在后面。

说实话，小尤工作很能干，自我要求也很严格，可为什么得不到战士的认可呢？就在小尤困惑不解的时候，教导员找他谈了一次心。

"小尤，你是怎么看民主测评的？"

"我认为不公平。"

"噢？怎么不公平了？"

"我平时对他们批评多，得罪了他们。"

"你喜欢过他们吗？"

"喜欢的不多。"

"在他们中，你有几个朋友？"

小尤认真地想了想，轻轻摇了摇头。

教导员语重心长地说："我们每个人周围都有很多人，必须学会和大家友好相处。他们都有自己的优点和缺点，相处的时候，既要看到缺点，更要看到优点。应该批评他们，但是更要欣赏他们。如果你欣赏他们，喜欢他们，他们就会喜欢你，就会成为你的朋友。总挑别人的毛病，总把别人批的鼻青脸肿，谁还会喜欢你?恐怕这就是你民主测评排名靠后的主要原因啊。”

教导员的一席话，对小尤触动非常大。从那以后，小尤逐步变得欣赏别人、喜欢别人了，朋友也多了起来。再组织民主测评时，小尤排在了前面。

感悟：水至清则无鱼，人至察则无友。与人相处，不能过于挑剔，过于追求完美，而要学会欣赏别人，喜欢别人，团结别人。

SHANYUJIEYONGTARENDELILIANG

善于借用他人的力量

春秋时，越国人甲父史和公石师是好朋友，他们各有所长，也各有所短。甲父史善于计谋，但处事不果断；公石师处事果断，却少有心计，常犯疏忽大意的错误。所以他们经常取长补短，合谋共事。他们虽然是两个人，但好像是一个心。这两个人无论一起去干什么，总是一帆风顺。

后来，甲父史和公石师在一些小事上发生了冲突，吵完架后就各奔东西了。当他们各自行事的时候，都在自己的政务中屡屡失败。

一个叫密须奋的人对此深感惋惜。他哭着劝诫两人说："你们听说过海里的水母没有？它没有眼睛，靠虾来带路，而虾则分享着水母的食物。这二者互相依存、缺一不可。恐怕你们还没有见过双方不能分开的另一典型例子，那就是西域的二头鸟。这种鸟有两个头共长在一个身子上，但是彼此争斗，互不相容。两个鸟头饥饿的时候互相啄咬，其中的一个睡着了，另一个就往它嘴里塞毒草。如果睡梦中的鸟头咽下了毒草，两个鸟头就会一起死去。它们谁也不能从分裂中得到好处。还有一个例子。北方有一种肩并肩长在一起的'比肩人'。他们轮流着吃喝、交替着看东西，死一个则全死，同样是二者密不可分。现在你们两人与这种'比肩人'非常相似。你们和'比肩人'的区别仅仅在于，'比肩人'是通过形体，而你们是通过事业联系在一起的。既然你们独自处事时连连失败，为什么还不言归于好呢？"

甲父史和公石师听了密须奋的话，顿然醒悟，说："要不是密须奋这番道理讲得好，我们还会单枪匹马受更多的挫折，这是何苦呢！"

于是，两人言归于好，重新在一起合作共事。

感悟：俗话说：孤掌难鸣，独木不成舟。无论是工作还是生活，都离不开人与人之间的相互帮助。因为每个人都有长短，彼此合作，取长补短，更容易生存和发展。

TIANTANGHEDIYU

天堂和地狱

有个人问上帝："天堂和地狱有什么区别？"上帝没有立即回答，而是先领着他到了地狱，看见许多人围在一口大锅前，锅里煮着美味食物，他们手里都有一只可以够到食物的勺子，但是勺子的手柄比手臂长，没法把食物送进自己的嘴里，吃不到食物，每个人都是又饥饿又着急又悲伤。

接着他们又来到天堂，看见也是许多人围坐在一个大锅前，锅里煮着同样的美味食物，每个人也拿着同样长的勺子，看样子，大家都吃得很饱，也很高兴。

这个人很奇怪，就问上帝，为什么一样的待遇和条件，地狱的人很悲伤，天堂的人很快乐？上帝微笑着说："很简单，在这儿，他们首先想到的是先喂别人。"

感悟：个顾个是悲哀的，人助人是快乐的，助人就是助己，生存就是共存。

BANGZHUBIERENYESHIBANGZHUZIJI

帮助别人也是帮助自己

雅茹生活在一个普通的县城,她很善良,很聪明,也很能干。就在50岁退休那年,她遇到了一生中最大的灾难,与她相濡以沫,老实厚道的丈夫因肝癌去世了。她撕肝裂肺,情绪低落,和儿子儿媳相依为命。

这个时候,有二个亲属的孩子在大学里遇到了难处,想要雅茹去学校陪读。丈夫刚刚去世,儿子儿媳没有工作,家里更需要她,她完全有理由拒绝。但是她想到亲属的难处和心情,二话不说,义无反顾地离开家乡,先到通化后到北京,历时二年陪同亲属的两个孩子读书,照顾他们的生活,开导他们的心理,使两个孩子很快走出了心理阴影,学习成绩直线上升,一个本科顺利毕业,找到了可心的工作,一个顺利地通过了博士答辩,送到了英国深造。亲属们高兴地报答她,给她送钱送物,她都婉言谢绝了。

雅茹的生活也不富裕,家里的那点积蓄,都给丈夫治病了,自己的退休金也不多,为了减轻亲属的负担,她在北京陪读期间,在大学里找份工作,当学生公寓管理员。由于她的责任心强,又心地善良,乐于助人,把管理员工作做得有声有色,很快得到了领导的认可和学生们的爱戴。她还利用大学的优越条件,学习电脑,学习上网,身边的朋友很快多了起来,北京的一家报纸还报道了她的事迹。

就在亲属的孩子即将毕业,她也即将离开北京返回家乡的时候,一位叫强子的退休干部,通过朋友介绍,走进了她的生活。这位强子的老伴因病去世,他素质好,为人善良,与雅茹一拍即合,组成了新的家庭。消息传到家乡,亲友们都说:“好人有好报啊!”

现在,雅茹家庭幸福和谐,又被北京一个区的电脑学校聘为管理人员,生活的很充实,很快乐。

感悟:帮助别人的时候,雅茹没有考虑到自己。不经意之中,雅茹在帮助别人之际,也给自己创造了新的机遇。善良的人会有好的回报,帮助别人的过程也在帮助自己。

诚实守信篇

QINGNUOBIERENSHANGRENSHANGJI

轻诺别人，伤人伤己

三国时代，吴国大夫鲁肃在诸葛孔明的如簧之舌煽动下，一时错乱，轻率地许诺作保把荆州借给了刘备。岂知这一许诺，使得东吴伤透了脑筋。围绕荆州，吴蜀你争我夺，东吴是“赔了夫人又折兵”，气死了周瑜，为难了鲁肃。

轻诺别人，不仅给自己带来不守信的声誉，更会招致许多麻烦，而且有时还会严重地伤害别人。

甘茂在秦国为相，秦王却偏爱公孙衍。秦王有一次曾经许诺公孙衍，将来必定有所提拔。他亲自对公孙衍说：“我准备让你做相国。”甘茂手下的官吏在路上听到这个消息，就去告诉甘茂。甘茂因此进宫拜见秦王说：“大王得了贤相，斗胆给大王贺喜。”

秦王说：“我把国家托付给你，哪里又得到贤相呢？”甘茂说：“大王将要立公孙衍为相。”

秦王问：“你从哪里听来的？”

甘茂回答说：“公孙衍告诉我的。”

秦王窘迫非常，于是就驱逐了公孙衍。

秦王轻诺公孙衍，事后又不兑现自己的诺言，结果成了失信于人之君主，同时也伤害了一直忠心耿耿的良臣甘茂。

感悟：古代的故事确实很教育人，轻诺是为官为人之害，是失信于人的主要原因。要做一个守信诚实的人，必须要有对人对己负责的态度，三思而后诺。把承诺建立在对各个方面的情况，做深入细致的了解和分析的基础之上。记住：不要轻诺于人。

DIYITONGJIN 第一桶金

这是发生在一个中国IT业老板身上的真实故事，主人公现在是北大方正总裁黄斌。

1993年,黄斌在中关村与人合租了一个小门面,那时他们的资金只有3000块,这种环境下,他也算做起了自己的IT业。第一笔生意居然是一个20万元的单子,一个东北人来北京攒机子,听到黄斌的报价,这个东北人简直不相信自己的耳朵,因为简直低得难以想象！签完单子后黄斌才发现自己把价格报错了。这就意味着,假如他继续做这笔买卖,他将赔进去1万多块钱,要知道,他的家底只有3000块。

他犹豫了,放在面前的有三条路:第一条是守信誉,做一个诚信的人,继续把生意做完,就算赔掉了脑袋也要做。第二条是和对方讲明原因,让他把差价补上。第三条是把这笔单子推出去,就说做不了。

经过几天的思考,他再三权衡,选择了第一条路。

真是塞翁失马,焉知非福。那个东北人知道后感动了好久,接着就把100万的活给了他，而此时中关村电脑配件的价格和小孩子的脸一样变得很快,已经狂降了下来。可想而知,黄斌用自己的诚信赢得了什么,岂止是几十万。以后,他用这笔资金打开了市场,终于成了IT业的精英人物。

后来有人和他开玩笑,问他第一桶金赚了多少钱？他总是说,我没有赚,而是赔了1万多块。但是,我却淘到了一桶成色十足的金子,那就是诚信。

感悟:诚信是做人的座右铭,信用是不可或缺的无形资产,是个人和社会赖以发展之本。诚信里面也蕴藏着道德,诚信的约束不仅来自外界,更来自我们的自律状态和自身的道德力量。

SHOUXINGANTIANXIA 守信感天下

东汉时，汝南郡的张劭和山阳郡的范式同在京城洛阳读书，学业结束，他们分别的时候，张劭站在路口，望着空中的大雁说："今日一别，不知道何年才能见到你。"说着流下眼泪。范式拉着他的手说："兄弟不要难过。两年后的秋天，我一定去你家拜访老人，同你聚会。"

两年后的秋天，张劭听见大雁叫声，牵动了情思，不由自主地说道："他快来了。"说完赶紧回屋对母亲说完原委，希望准备饭菜等待范式。"傻孩子，一千多里路啊！"他母亲摇摇头不相信儿子的话。张劭说："范式为人正直、诚恳，极守信用，不会不来。"他的母亲还是不相信，但怕伤害儿子的心，于是准备饭菜。

范式果然风尘仆仆地来到了，旧友重逢，亲切热闹。张劭的母亲看到范式，感叹地说："天下真有这样守信的朋友！"

范式重信守诺这段故事成为一段佳话。

感悟：讲信用、守信义，是立身处世之道，是一种高尚的品质和情操，它既体现了对人的尊重，又表现了对自己的尊重。无论对亲人还是对朋友，都必须讲信用、守信义，维护自己的尊严。

CHENGSHIZHISHENG 诚实致胜

有一个公司招人，先后来了四位应聘者。在招聘条件一栏中，有一项条件是必须具备工作经验。前三位应聘者都称自己有类似的工作经验，但面对应聘者的考问，很快显示出自己对这一行的无知。最后来了一位男青年,他坦率地对招聘者说,自己不具备这方面的工作经验,但对这项工作很感兴趣,并且有信心经过短暂的实践后,能够胜任它。

招聘者问他:“有很多求职的人在介绍自己的情况时并不诚实,而你为什么能够诚实相告呢?”他说小时候有一次他捡了钱,奶奶问他时,他撒了谎。奶奶朝他的屁股上重重地打了一下,然后告诫他:“穷不可怕,只要你诚实,你就有救!”他说他永远记得奶奶说的这句话。招聘者毫不犹豫地录用了他。

试想一个不敢正视自己的不足、只能依靠骗来取得他人信任的人,能行得远吗?

感悟:诚实是选人、用人的一个重要条件。做人要诚实,不能说瞎话,敢于正视自己,敢于看到自己的不足,只有这样做人才会长久。然而,面对一些诱惑,诚实也需要勇气。我们要相信,诚实胜过智谋。

SHUOHUASUANSHUDEXIAOZHANG

说话算数的校长

1998 年 11 月 9 日,美国犹他州土尔市的一位小学校长——42 岁的路克,在雪地里爬行 1.6 公里,历时 3 小时去上班,受到过路人和全校师生的高度尊敬。

原来,学期初,为激励全校师生的读书热情,路克曾公开打赌:如果你们在 11 月 9 日前读书 15 万页,我在 9 日那天爬行上班。

全校师生猛劲读书,连校办幼稚园大一点的孩子也参加了这一活动,终于在 11 月 9 日前读完了 15 万页书。有的学生打电话给校长:“你爬不爬?说话算不算数?”也有人劝他:“你已达到激励学生读书的目的,不要爬了。”可路克坚定地说:“一诺千金,我一定爬着上班。”

与每天一样,路克于早晨 7 点离开家门,所不同的是他没有驾车,而是四肢着地爬行上班。为了安全和不影响交通,他不在公路上爬,而在路边的草地上爬。过往汽车司机了解了情况,向他鸣笛致敬,有的学生索性和校长一起爬,新闻单位也前来采访。

经过3小时的爬行,路克磨破了5副手套,护膝也磨破了,他终于到了学校,全校师生夹道欢呼自己心爱的校长。当路克从地上站起来时,孩子们蜂拥而上,抱他,吻他……

感悟:诚信是一种美德,对于领导人来说,诚信也是树立自己威信的一个重要的因素。我们要注意体会一诺千金的分量,以诚信赢得依赖。

CHENGSHIDEWANGWEI
诚实得王位

从前,有一个贤明而受人爱戴的老国王,可是他没有孩子,王位没有继承人,他便宣告天下:

"我要亲自在国内挑选一个诚实的孩子做我的义子。"

他拿出许多花的种子,分发给每个孩子,说:"谁用这种子培育成最美丽的花朵,那孩子就是我的继承人。"

所有的孩子都在大人的帮助下,播种、浇水、施肥、松土,护理得非常精心。

其中有一个名叫雄日的男孩,整天用心培育花种。但是,十天过去了,半个月过去了,一个月过去了……花盆里的种子依然如故,不见发芽。

雄日有些纳闷,就去问母亲。母亲说:"你把花盆里的土壤换一换,看看行不行?"

雄日换了新的土壤,又播下了那些种籽,仍然不见发芽。

国王规定献花的日子到了,其他孩子都捧着盛开鲜花的花盆涌上街头,等待国王的欣赏。只有雄日手捧空空的花盆,在那流着眼泪。国王见了,便把他叫到跟前,问道:"你为什么端着空花盆呢?"

雄日如实地把他如何用心培育,而种子都不发芽的经过告诉给了国王。

国王听完,欢乐地拉着雄日的双手,大声叫道:

“这就是我忠实的儿子。因为我发给大家的花籽,都是煮熟了的。”

这样,雄日就成了国王的继承人。

感悟:老实人青春常在,诚实人自有善报,诚实永远是赢得信任的最好方法。不诚实,欺骗的是别人,最终受害的是自己。

CHENGXINSHILILIANG

诚信是力量

三国时代,诸葛亮在祁山布阵与魏军作战。长期的拉锯战,使士兵疲惫不堪,孔明为了休养兵力,安排每次把五分之一的士兵送返国内。战争越来越激烈,一些将领为兵力不足而感到不安,便向孔明进言说:“魏军的兵力远远超过我们的估计,以现在的兵力来看,恐怕难以获胜,恳请将这次返乡的士兵延缓一个月遣送,以确保兵力。”孔明说:“我率军的一个基本原则是:凡是与部下约好的事情必定要遵守。”于是,依然如期遣返。士兵们听到这个消息后,都自动返回战场,英勇作战,结果大败敌军。在这次战争中,孔明凭着信义,唤起了士兵的勇气和斗志,取得了胜利。

感悟:诚信是为人处世立身之本,是人生的命脉。有多少人信任你,你就拥有了多少次成功的机会。成功的大小是可以衡量的,而信誉则是无价的。

诺言

NUOYAN

一个商人临死前告诫自己的儿子:“你要想在生意上成功,一定要记住两点:守信和聪明。”

“那么什么叫守信呢?”焦急的儿子问道。

“如果你与别人签订了一份合同,而签字之后你才发现你将因为这份合同而倾家荡产,那么你也得照约履行。”

“那么什么叫聪明呢?”

“不要签订这份合同!”

感悟: 这位商人指明的言出必行的道理不仅仅适用于商业领域。既然你已经许下诺言,那么不管是什么样的事情,你都不能反悔。假如你已经作了承诺,你就必须履行诺言而不能失信。记住:你的许诺价值千金,遵守契约是最有远见的生存智慧。

节俭戒奢篇

FUWENGYUYIMAOQIAN
富翁与一毛钱

石油大王约翰·洛克菲勒，是美国19世纪的三大富翁之一。

洛克菲勒享有98岁高寿，他一生至少赚进了10亿美元，捐出的就有7.5亿元。

富翁平时花钱却十分节俭。有一次，他下班搭公车回家，缺一毛零钱，就向他秘书借，并说："你一定要提醒我还，免得我忘了。"

秘书说："请别介意，一毛钱算不了什么。"

洛克菲勒听了正色说："你怎能说算不了什么，把一块钱存在银行里，要整整两年才有一毛钱的利息啊！"

还有一件事。洛克菲勒习惯到一家熟识的餐厅用餐，餐后，给服务生一毛五分钱的小费。有一天，不知何故，他只给了五分。

服务生不禁埋怨说："如果我像你那么有钱的话，我决不吝惜那一毛钱。"

洛克菲勒笑了笑说："这就是你为何一辈子当服务生的缘故。"

感悟：一个世界级的富翁能做到如此的节俭真是了不起，说明富而不奢、富而节俭，既是美德又是聪明。精打细算、积少成多的道理都懂，但是坚持做到却不容易。不要忽视一毛钱——这是一个人良好品质的表现，也是成就事业的必须！提倡节俭光荣，奢侈可耻，我们的民族会更加有前途。

FUHAODEXIAOQI
富豪的"小气"

有一次，比尔·盖茨和一位朋友开车去希尔顿饭店。到了饭店前,发现停了很多车,车位很紧张,而旁边的贵宾车位却空着不少。朋友建议把车停在那儿。

"噢,这要花12美元,可不是个好价钱。"盖茨说。

"我来付。"朋友坚持道。

"那可不是个好主意,他们超值收费。"

在盖茨的坚持下,他们最终还是找了个普通车位。

盖茨最讨厌物不等值,对应花的钱,他从不小气,看看他这些年为慈善机构捐款的数字就知道了。

洛克菲勒到饭店住宿,从来只开普通房间。侍者不解,说:"您儿子每次来都要最好的房间,您为何这样?"

洛克菲勒说:"因为他有一个百万富翁的爸爸,而我却没有。"

话是这样说,洛克菲勒在捐资支持教育、卫生等方面却毫不含糊,数以亿计。

感悟:不该花的钱一分也不浪费,该花的钱多少都舍得,这是几位世界顶尖级的富翁对待金钱的一个共同准则。他们事业有成是在他们的"小气"基础上积累起来的。富豪的小气,实则是富豪的美德,不摆阔,不浪费,为我们树立正确的消费观提供了很好的借鉴。

ZUICANKUDEBANFA

最残酷的办法

有一个女人,为了报复一个曾深深伤害过她的男人,劫走了他的婴儿。她把孩子交给一个巫师,要求巫师在这个孩子身上,用最凶残的方法施行报复。

不久,巫师通知这个女人说,已经用了最残酷的方法,要她到指定地方看一看。女人不看则罢,一看大怒,那个孩子居然被当地一位富翁收养了!

她立即跑去责问巫师,巫师叫她不用急,等着瞧。

而最后的结果,连这个凶狠的女人,也觉得如此报复太过分了。

原来,孩子在骄奢富裕中成长,没有强健的体魄、坚韧的意志和吃苦耐劳的精神。在家庭突然破产和贫困的沉重打击下,软弱无能,每况愈下,卑贱污秽,生不如死,在徒然挣扎一段时间后,终于无奈自杀了。

感悟:撇开这个故事的逻辑和道德伦理观不说,单就巫师所使用的报复方法,就能给我们极大的启示:骄奢富裕的环境,会摧毁人的体魄、意志和精神,会使人变得软弱无能。艰苦的环境对人的成长是有好处的。

BAPINQIONGZUOWEICHENGZHANGDEJIAJING

把贫穷作为成长的佳境

在伊朗德黑兰东南100公里的阿拉丹村,有一个贫穷的铁匠,他有7个子女,为了能让孩子们活下去,这位父亲整天要不停地打铁。

有一个小孩子特别懂事,7岁那年,就成了父亲的帮手。每天,他都要站在火红的铁炉前给父亲当助手,铁锤的敲击声伴他度过了童年岁月。

虽然家境贫寒,但父亲不再让他打铁,毅然把他送到学校去读书。虽然吃不饱饭、没有衣服穿,但一想到艰辛打铁的父亲,他就充满了学习的热情。每天放学后,他仍像从前一样与父亲一起抡铁锤。他从不把贫穷当成可耻的事,而是作为奋斗的理由。从小学到高中,他一直力争成为所有同学中最优秀的。老师和同学们也没有因贫穷而看不起他,反而都夸他是“坚强的铁匠儿子”。

19岁时,他在全国高考中以第130名的成绩考入伊朗科技大学,攻读土木工程专业,他是这所学校里最贫穷的大学生,同时也是所有学生里最勤奋的人。天道酬勤,1997年,他获得交通运输工程博士学位。

贫穷也塑造了他为人朴实、平易近人和善良的性格。每到新年,他都会邀请邻居们一起庆祝。他生活俭朴,每天上班时自带午饭,他经常出入大街小巷,了解百姓生活,尽管自己也不富裕,却塞钱给肉铺老板,要对方打折卖肉给其他穷人。2003 年 4 月,他成为德黑兰市市长,2005 年 6 月 25 日,在伊朗总统竞选中,这个铁匠的儿子以高票当选新一届总统,他的名字叫艾哈迈迪·内贾德。

感悟:人们总是害怕贫穷,因为它是一种困境,但对那些立志成才、坚强乐观的人来说,贫穷却是成长的佳境。因为许多时候,虽然我们无法改变自己的出身,却可以改变自己。

QITEDEBEIWANGLU

奇特的“备忘录”

你知道世界科学史上有这样一条“备忘录”么,“尽可能站着,这样,裤子就能穿到明年春天”。

写这条“备忘录”的人,是杰出的美国科学家德福列斯特。相传,德福列斯特年轻时家里极贫穷,他白天四处奔波,靠做各种零活营生,但晚上一回到自己那简陋杂乱的小木板房里,便将生活中的一切艰难困苦抛到九霄云外,完全沉醉在发明创造的无穷乐趣中了。

有一年,因着迷研究无线电波和煤气灯火焰之间的相互作用,他没有时间去做零活,因此穷得身上只剩下一条旧裤子。在这非常时刻,他就写下了上述那条“备忘录”,随时提醒自己注意减少衣服的磨损,并且常常光着脚工作,以便节省鞋子。

如此节衣缩食,艰苦奋斗,德福列斯特的研究终于成功了。他设计了一种新奇的玻璃管,这就是世界上第一支三极管。三极管是 20 世纪最伟大的发明之一,也是今天高度繁荣的电子文明的起源。

感悟:这是一条浸透着为科学而艰苦奋斗、勤俭节约的可敬精神的“备忘录”,也告诉我们,一个人要想成功,就要目标明确,不畏艰难困苦,锲而不舍地奋斗。

ZUIHAODEJIAOYU
最好的教育

一个青年来到城市打工，不久因为工作勤奋，老板将一个小公司交给他打点。他将这个小公司管理得井井有条，业绩直线上升。

有一个外商听说之后，想同他洽谈一个合作项目。当谈判结束后，这个青年邀这位也是黑眼睛黄皮肤的外商共进晚餐。晚餐很简单，几个盘子都吃得干干净净，只剩下两只小笼包子。他对服务小姐说，请把这两只包子装进食品袋里，我带走。

第二天，老板设宴款待外商。席间，外商轻声问他，你受过什么教育？他说我家很穷，父母不识字，他们对我的教育是从一粒米、一根线开始的。父亲去世后，母亲辛辛苦苦地供我上学。她说俺不指望你高人一等，你能做好你自个儿的事就中……在一旁的外商眼里渗出亮亮的液体，端起酒杯激动地说："我提议敬老人家一杯，你受过人生最好的教育！"并表示明天就同他签合同。

感悟：最好的教育来自生活。在生活中养成了良好品德、良好习惯的人就能做好任何事情。没有好的品德，得到财富会被挥霍，企业会倒闭。人的优秀在于：好的品德加上好的学识。

DIYU
地狱

有一个人死后，在去阎罗殿的路上，遇见一座金碧辉煌的宫殿。宫殿的主人请求他留下来居住。

这个人说："我在人世间辛辛苦苦地忙碌了一辈子，我现在只想吃，只想睡，我讨厌工作。"

宫殿主人答道:“若是这样，那么世界上再也没有比我这里更适合你居住的了。我这里有山珍海味,你想吃什么就吃什么,不会有人来阻止你,我这里有舒服的床铺,你想睡多久就睡多久,不会有人来打扰你,而且,我保证没有任何事情需要你做。”

于是,这个人就住了下来。

开始一段日子,这个人吃了睡,睡了吃,感到非常快乐。渐渐地,他觉得有点寂寞和空虚,于是他就去见宫殿主人,抱怨道:“这种每天吃吃睡睡的日子过久了也没有意思。我现在是脑满肠肥了。对这种生活已经提不起一点兴趣了。你能否为我找一份工作?”

宫殿的主人答道:“对不起,我们这里从来就不曾有过工作。”

又过了几个月,这个人实在忍不住了,又去见宫殿的主人:“这种日子我实在受不了。如果你不给我工作,我宁愿去下地狱,也不要住在这里了。”

宫殿的主人轻蔑地笑了:“你以为这里是天堂么?这里本来就是地狱啊!”

感悟:安逸其实是个罪恶,它会腐蚀心灵,可以让你不思进取,变成一具行尸走肉,可以导致腐败无能,走向社会的反面。人生的路上,要追求奋斗,警惕安逸,追求节俭,警惕骄奢,追求踏实,警惕浮躁。

XICAIZHIDE 惜财之德

李嘉诚有一次从酒店出来,准备上车的时候,把一枚硬币掉在了地上,硬币骨碌碌地向阴沟滚去,他便欠下身去追捡。旁边一位保安见状,立即过来帮他拾起,然后交到他的手上。李嘉诚把硬币放进口袋后,再从钱夹里取出 100 元港币,递给保安作为酬谢。为了一元钱却花了 100 元,这无论从哪个角度看都是不划算的。

有人向李嘉诚问起这件事情,他解释道:“若我不去捡硬币,它就会在这个世界上消失,而我给保安 100 元,他便可以用之消费。

我觉得钱可以拿去使用,但不能浪费。”

感悟:无论你是穷是富,都要珍惜财富,哪怕是一分钱也不能浪费,这是一种品质,也是一种修养。小时候父辈们曾教育我们说:惜衣有衣穿,惜钱有钱用,所以节约是美德,大概也是这个道理吧。

勤学博采篇

QXBCP

CONGXIAOXUEQI 从小学起

1978年,75位诺贝尔奖获得者在巴黎聚会。有人问其中一位获奖者:“你在哪所大学、哪所实验室里学到了你认为最重要的东西呢?”

出人意料,这位白发苍苍的学者回答说:“是在幼儿园。”

这个回答让提问的人很意外,于是他又问道:“在幼儿园里学到了什么呢?”

这个学者回答说:“把自己的东西分一半给小伙伴们;不是自己的东西不要拿;东西要放整齐,饭前要洗手,午饭后要休息;做了错事要表示歉意;学习要多思考,要仔细观察大自然。从根本上说,我学到的全部东西就是这些。”

这位学者的回答,代表了与会科学家的普遍看法。把科学家们的普遍看法概括起来,就是他们认为终生所学到的最主要的东西,是幼儿园老师给他们培养的良好习惯。

感悟:有一位哲学家曾说过这样的话:播下一个行为,你将收获一个习惯;播下一个习惯,你将收获一种性格;播下一种性格,你将收获一种命运。习惯成就人生。因此,应该注重养成自己良好的习惯,从小做起,从小事做起。

XUEHUIZUORENZUIZHONGYAO 学会做人最重要

泰国总理川立派86岁的老母亲川梅,是一个摆食品摊的小贩。她闲不住,虽然高龄了,还在曼谷的一家市场内摆摊,卖虾仁豆腐、豆饼、面饼。她说:“儿子当了总理,那是儿子有出息,与我摆摊并没有什么矛盾。我不觉得有什么丢人的,我很喜欢摆摊,在这儿,能见到很多的老朋友。”

川梅最高兴的事,就是看到儿子下班回家后狼吞虎咽吃她亲手做的豆腐。

泰国的媒体称赞说:“一个来自平民阶层的平凡母亲,教育出一名以其诚实正直而受人尊敬的总理。”而川梅在面对记者时却谦逊地表示:“我其实没有做什么,我只不过在他小时候教导他做人必须诚实、勤劳和谦虚,我从不打骂他,但我也记不得他有哪件事让我失望。”

感悟:母亲是人生中的第一位老师,泰国总理川立派的母亲川梅从小就教会了他诚实、勤劳和谦虚,而这正是他取得成功的重要的品质。这说明学会做人,是学习的重中之重。

LINGYANGYUSHIZI

羚羊与狮子

在非洲的大草原上,一天早晨,曙光刚刚划破夜空,一只羚羊从睡梦中猛然惊醒。

“赶快跑!”它想到,“如果慢了,就可能被狮子吃掉!

于是,起身就跑,向着太阳飞奔而去。

就在羚羊醒来的同时,一只狮子也惊醒了。

“赶快跑”,狮子想到,“如果慢了,就可能会被饿死!”

于是,起身就跑,也向着太阳奔去。

一个是自然界兽中之王,一个是食草的羚羊,等级差异,实力悬殊,但生存却面临同一个问题:谁快谁就赢,谁快谁生存。

感悟:人类生活虽然不像羚羊与狮子那样弱肉强食,但竞争也是激烈的,若消极懈怠、不思上进,必被淘汰出局。因此,无论你是羚羊还是狮子,每当太阳从东方升起的时候,就应该毫不犹豫地向前奔跑。

JIAOGUANSHENGMING

浇灌生命

生在犹太家庭的孩子，在他们刚刚懂事的时候，母亲就会将蜂蜜抹在书本上，让孩子去舔书本上的蜜。之所以要这样做，目的只有一个，那就是她们要让孩子从小就树立这样一种观念：书本是甜的。

孩子再长大一点，几乎每个犹太母亲都会拿同样一个问题向孩子们提问：假如有一天你不幸遭遇火灾，你的房子被大火包围，在你逃命的时候，最最不能忘记携带的是什么？孩子们回答要携带的东西不外乎是一些珠宝钻石之类可以维持生命的财产。但是，他们的这些答案会一再被母亲们否定。母亲告诉他们：应该携带的不是金银财宝，而是一种无色无味的无价之宝，它的名字叫——“智慧”。

感悟：一个人要想生存，要想在社会上立足，要想永远处于不败之地，就必须使自己充满智慧。生命宛如一棵树，要想茁壮你的根、繁茂你的枝、葱绿你的叶，你就必须用智慧的甘泉不断浇灌自己的生命。

BAOCHOU

报仇

有一个人很不满意自己的工作，他愤愤地对朋友说：“我的长官一点也不把我放在眼里，改天我要对他拍桌子，然后辞职不干。”

“你对于那家贸易公司完全弄清楚了吗？对于他们做国际贸易的窍门完全搞通了吗？”他的朋友反问。

“没有。”

"君子报仇三年不晚,我建议你好好地把他们的一切贸易技巧、商业文书和公司组织完全搞通,甚至连怎么修理影印机的小故障都学会,然后辞职不干。"他的朋友建议,"你用他们的公司,做免费学习的地方,什么东西都通了之后,再一走了之,不是既出了气,又有许多收获吗?"

那人听从了朋友的建议,从此便默记偷学,甚至下班之后,还留在办公室研究写商业文书的方法。

一年之后,那位朋友偶然遇到他。

"你现在大概多半都学会了,可以准备拍桌子不干了吧!"

"可是我发现近半年来,老板对我刮目相看,最近更总是委以重任,又升官、又加薪,我已经成为公司的红人了!"

"这是我早就料到的!"他的朋友笑着说:"当初你的老板不重用你,是因为你的能力不足,却又不努力学习;而后你痛下苦功,担当重任,当然会令他对你刮目相看。只知抱怨长官的态度,却不反省自己的能力,这是人们常犯的毛病啊!"

感悟:青年人在单位里,不被领导重用,往往容易归罪于领导。其实,更应该要反省自己。你没有用,怎么会重用你。关键的是你有本领,本领是学习奋斗得来的。本领是青年人的"芭蕉扇",连孙悟空也奈何不得。

HOUJIBEFA

厚积薄发

在北京大学的一次讲座上,一位同学向讲演的著名律师请教问题,问他怎样才能成为一个优秀的律师。

那位律师回答道:咱们先别着急讨论这个问题,让我先给你讲一个故事。

我上大学时有两个很好的朋友,一个毕业以后就去了律师事务所工作,而另外一个则选择继续学习深造。他们毕业的时候,才23岁。转眼10年过去了,那个参加工作的同学已经成了鼎鼎有名的大律师，而继续深造的另一个同学也结束了学习生涯，跨入了律师的行业。到他们都是35岁的时候，这位33岁才成为律师的同学已经和做了12年律师的另一位同学做的一样好，一样有名。可是到了43岁，也就是他们毕业后的20年，后者由于10年深造积累的知识不断地派上用场，生意越做越大；而前者却受自己的知识所限，驻足不前，跟不上时代的潮流而日渐沉寂下来。现在不用我说，你们大家都知道如何做一个优秀的律师了吧？”

感悟：磨刀不误砍柴工。厚积薄发，适合于任何事业，积累越厚，日后成绩越大。厚积是辛勤的播种和耕耘，“薄发”实际上“厚发制胜”。

ZHOUCHUSHAMO

走出沙漠

1926年，英国皇家学院院士肯·莱文在沙漠中发现一个叫比塞尔的小村庄，从这里走出沙漠只需要3天，可这里却从来没有人走出去过。

调查之后，肯·莱文发现，那里的人之所以走不出沙漠，是因为他们不认识北斗七星，不能在茫茫的大漠中辨认方向。他们所走的路线实际上不是直线，而是一条弧线，因而无论向哪个方向走，最后都会回到原地。

肯·莱文教会了一个叫阿古塔儿的当地人，让他在沙漠中根据北斗七星的位置辨认方向，阿古塔儿就成了那里第一个走出沙漠的人。

感悟：在生命旅途中也有这样的沙漠，很多人走不出去，并不是因为沙漠太大，而是因为没有知识，不会选定方向，找不到解决问题的办法。知识可以帮助人们增加智慧，找到出路，实现自己的奋斗目标。

XIANGYOUTAIRENXUESHENMO

向犹太人学什么

犹太人在历史上可谓多灾多难。历史上,犹太人曾在巴勒斯坦南部建立了以色列——犹太人王国。约公元前935年,王国分裂,北部为以色列王国,南部为犹太王国,都城建在耶路撒冷。公元前586年,新巴比伦国王毁耶路撒冷,灭犹太王国,国已不国。当时,被掳往巴比伦的犹太人达几万人。他们被迫在两河流域居留服役近50年。"巴比伦囚虏"一词,就是特指这一犹太人受难时代的难民。到公元前538年,波斯国王居鲁士攻陷巴比伦,释放犹太囚徒返巴勒斯坦。到公元前63年,这个国家被并入罗马版图。后来,犹太人发动了两次起义,都被残酷镇压,被屠杀和贩卖了10多万人。19世纪末,犹太人掀起"复国主义运动",大批人移居巴勒斯坦。可到第二次世界大战时,他们被德国法西斯屠杀了600多万人,大批人再次逃亡。直到1948年,才恢复了以色列国。

当年,他们被罗马人赶出耶路撒冷时,他们曾向罗马人苦苦哀求,其他什么条件都可以答应,就是请求保留在耶路撒冷的一个小小的学校。因为他们明白,只要有了学校这个知识的园地,以色列国就有望复兴。对于这个小小的请求,统治者居然答应了,于是,绝大多数犹太人泪别耶路撒冷。

犹太人对学习的情有独钟,在犹太教里得到充分体现。犹太教开宗明义显示:你要生存吗?学习吧;你要发展吗?学习吧。他们规定,每个犹太教徒,每年必须读50本书。按50年读书历程计,一个教徒一辈子得读2500本书。

感悟:不学习的民族是没有希望的民族,没有知识的人是没有前途的人。学习能够立国,学习能够复兴,学习能够进步,学习能够改变一生,学习能够改变命运,学习能够立于不败之地。所以,我们应该不断地学习,"活到老,学到老。"

TIANDAOCHOUQIN 天道酬勤

张鹏和李钢是一起参军入伍的老乡。巧的是，他们俩又同时被分配到同一个连队。

张鹏脑袋灵活，军事技术总能很快地掌握，周围的战友都称赞他是机灵鬼。李钢则恰恰相反，脑袋转得慢，一个训练动作，常常需要三五遍才行。张鹏常常笑话他这个老乡，说他是龟兔赛跑里的那只乌龟。李钢听了并不生气，反而更加刻苦，在别人休息，打篮球，假日里逛街的时候，他一个人躲在屋里反复地练习琢磨。

转眼两年过去了，团里有一个士兵直接提干的名额，张鹏和李钢都在推荐的名单里面，团里决定举行军事技术考核，结果，无论是理论笔试，还是实际操作，最后夺冠的竟然是李钢。

感悟：虚心使人进步，骄傲使人落后。只有把聪明和勤奋结合起来，才能够取得优秀的成绩，一分耕耘一分收获，“功夫不负有心人”，我们还是相信老百姓的“谚语”吧。

QIUZHIRUQIUSHENG 求知如求生

有一个年轻人想学习本事，他听说有位学者学识渊博，就千里迢迢前去拜访。见面后，年轻人真诚地请求学者传授给他增长知识的秘诀。

学者听后微笑不语，随后说，“你想成为一个有知识的人就跟我来吧”。

学者把他领到海边，面对波涛汹涌的大海，学者没有停步，带着年轻人径直往海水里走去。海水淹到两人的胸口时，学者停下来，转身把年轻人的头按进水里，无论年轻人怎么挣扎，他都不松手。年轻人费了很大劲才挣脱学者把头露出水面。

学者对年轻人说："你不是想学本事吗？我现在就把秘诀告诉你。如果你学习知识时能像刚才想呼吸到空气那样迫切，就一定能获得成功。"

感悟：这个故事告诉我们，要想学得好，必须有一种如饥似渴的精神。学习是终身的事情，不要指望读完了大学就万事大吉。心存学习的渴求，不断的坚持，就能跟上社会发展的脚步，有了知识，成功就向你招手了。

ZUOGEXUEXIQINFENDEREN

做个学习勤奋的人

从舰艇指挥学院毕业之后，洪波就被分配到艇上担任副航海长，负责出海海图的制作和航海导航任务。制作海图需要耐心和细心，同时对周围航线上的地理、建筑等要了如指掌。洪波说："当初在军校学习的时候，自己非常认真，记了厚厚的笔记，积累了大量的资料，觉得到工作岗位上不会有什么问题。可是到任之后才知道，需要掌握的知识太多了，必须在岗位上再学习。"

从此，他给自己规定了学习任务。舰艇工作任务重，没有大块时间，他就早上背一点，中午看一点，晚上记一点，日积月累，提高很快。

一次，接到紧急任务，舰艇驶入公海，时间紧，任务重，导航要求高。但是，由于洪波平时学习扎实用心，掌握了大量的实地情况资料，对于沿途的建筑、山脉地形都心中有数，所以他从容不迫、圆满地完成了导航任务，受到了领导和专家的高度赞扬。

感悟：知识是无穷无尽的，需要不断更新，学习需要连续不断。一个勤奋好学、对知识不懈追求的人，也在不断提升着自己的价值和工作质量,到时候拿得出,用的上。

XUEXIYUNIANLINGWUGUAN

学习与年龄无关

日语学习班开学报名时，来了一位老者。在众多的年轻人中间,这位老者显得有些扎眼。

“给孩子报名？”登记的小姐问。“不,给自己。”老人很平静地回答。

听了老者的话,登记小姐有些愕然。屋里的那些年轻的报名者也愕然,有的偷偷地笑。

这时,老人解释说:“我儿子在日本找了一个媳妇,他们每次回来,说话叽里咕噜,听也听不懂,我想听懂他们的话。所以报名来学习。”

“那您今年高寿？”登记小姐又很好奇地问。

“六十八。”

“您想听懂他们的话,最少得学习两年。可两年后您都七十岁了！”

老人听了登记小姐“好心”的话,笑吟吟地反问道:“姑娘,你以为我如果不学习的话,两年后我就是六十六了？”

感悟:学习没有先后,没有早晚,尽管学习的先后和早晚会影响到学习的程度。老人的精神是值得我们学习的,因为他懂得,要适应新事物、新环境,必须学习,年龄不能成为不学习的理由和障碍。人生就是在浩瀚的知识海洋里游泳,不学习,就会有随时被淘汰的危险。

ZHISHISHIZUIHAODEBAOZHANG 知识是最好的宝藏

古时候，有一个财主非常有钱，他很喜欢求解一些数学题。有一道题他想了很久，一直解不出来。后来他得了绝症，就快要死了。可是那道题还是没有解出来。

他死不瞑目，就命令下人贴了一张公告，说如果有人能够解出那道难题，他就将个人的一半财产送给那人。村子里很快传开了这件事，可是大多数人都是看热闹的，他们根本就不知道该怎样解那道题。

三天过去了，聚集的人越来越多，但是还是没有一个人能够解开。就在财主快要闭上眼睛的时候，一个衣衫褴褛的年轻人挤了进来说："我知道那道题的答案！"仆人将他带到财主的房间。人群中传出声音说："看他那个寒酸样，还能知道答案！"

过了一会儿，那个衣衫褴褛的人出来了，脸上挂着笑容，他解出了那道题，也因此得到了一笔巨额财产。

事后才知道，那个年轻人读过书，因为祖上破落，靠乞讨为生。

感悟：年轻人虽然衣衫褴褛，但是他有知识。知识就是智慧，知识就是财富，知识是取之不尽的宝藏。知识可以改变人生，改变命运。

JINDIANZIZAAIPILE 金点子咋挨批了

某连开展"我为连队建设献一计活动"。一个战士献计："连队经费有限，用于奖励的费用更少，很难调动官兵的训练热情，建议把假期作为奖励，这样既可以达到奖励的目的，又能够弥补经费不足。”连队领导看到此计，眼前一亮，真是一个“金点子”！于是简单商议了一下，决定马上实施。

不久，上级机关工作组下来检查指导工作，连队领导在汇报工作的时候，还特别提到了这一“创新”之举。可没有想到，首长听了以后问道：你们学习条令了吗？

“学了，但是没有细看。”

首长不但没有表扬，反而狠狠地批评了他们：“胡闹！这种做法明显违反了条令，你们还把它当成了‘金点子’！你们学习条令不认真，不细致，马上好好学习一下条令！”

感悟：这个连队的领导学习条令不认真不细致，把违背条令的做法当做了“金点子”，受到批评。可见，不学习就会出笑话，不学习就要犯错误，不学习就要落后。学习不认真，等于白学。

YANJIAODEBAODA

严教的报答

有位著名的经济学教授，凡是被他教过的学生，少有顺利拿到学分的。因为这位教授平时不苟言笑，教学古板，分派作业既多且难，结果学生们不是选择逃学，就是浑水摸鱼，宁可被罚，也不愿多听“老夫子”讲一句。但这位教授是国内首屈一指的经济学专家，叫得出名字的几位财经人才，都是他的得意门生。谁若是想在经济学这个领域内闯出一点儿名堂，首先得过了他这一关才行。

一天，教授身边紧跟着一名学生，二人有说有笑。后来，就有人问那名学生说：“你干吗对那种八股教授跟前跟后地巴结呀？你有点儿骨气好不好！”

那名学生回答：“你们听说过穆罕默德唤山吗？穆罕默德向群众宣称，他可以叫山移至他的面前来，等呼唤了三次之后，山仍然屹立不动，丝毫没有向他靠近半寸；然后，穆罕默德又说，山既然不过来，那我们过去吧！教授就好比是那座山，而我就好比是穆罕默德，既然教授不能顺从我想要的学习方式,只好我去适应教授的授课理念。反正,我的目的是学好经济学,既是要入宝山取宝,宝山不过来,我当然是自己过去喽!”

这名学生,果然出类拔萃,毕业后没几年,就成为金融界响当当的人物,而他那些骄傲的同学,都还停留在原地“唤山”呢!

感悟:做学问严谨,对学生严格,是为师的美德。作为学习者,要不怕严厉,喜欢认真,采取主动,才能学到更多更真实的知识。

LINGRENNANWANGDEJIUZHIYANSHUO 令人难忘的就职演说

电影《索伦河谷的枪声》里,冼文弓到连队当指导员,他的“就职演说”令人难忘。

一开始,他就说:“谁说咱们连老落后?我看在玩扑克上就能争个全团第一。大家都爱打扑克,有谁能说说扑克牌的知识?”战士们面面相觑。

指导员接着讲:“扑克是历法的缩影。五十四张牌中,有五十二张是正牌,表示一年有五十二个星期;两张是副牌,大王代表太阳,小王代表月亮;一年四季春夏秋冬,用桃、心、梅、方来表示,其中红心、方块代表白昼,黑桃、梅花代表黑夜。每一季是十三个星期,扑克牌中每一花色正好是十三张牌;每一季是九十一天,十三张牌的点数加起来正好是九十一。四种花色的点数加起来,加上小王的一点,是三百六十五;如果再加上大王的一点,那是闰年的天数。扑克中的J、Q、K共十二张牌,既表示一年有十二个月,又表示太阳在一年中经过的十二个星座。扑克牌中的不同花色,有不同的寓意:黑桃象征橄榄叶,表示和平;红桃是心形,表示智慧;梅花是黑色三叶,源于三叶草;方块表示钻石,意味着财富。这四种花色,是对人们在一年中的美好祝愿。我也用这四种花色向大家表示美好祝愿!”

冼文弓精彩的一席话让战士们惊呆了,继而爆发出长时间的热烈掌声。

感悟:战士们为什么惊呆?又为什么热烈鼓掌?指导员讲得精彩,精彩在什么地方?精彩在知识上。知识是传播真理的媒介,是触发灵感的火石,也是启迪智慧,驱逐蒙昧,开阔视野的火种。思想工作的杠杆在知识,魅力在知识,神奇的效果也在知识,即便是逸闻趣事,街头笑话,一旦融入思想政治工作,就会增加亮色和魅力。

XUEXIYONGYUANBUHUIWAN

学习永远不会晚

加图是一位著名的政治家，他生活在公元前234年至公元前149年的古罗马。后人又称他为检察官加图,他是罗马共和国的政治家和道德家。

加图在第二次布匿战争中参过军,并在公元前204年成为共和国的财务官,公元前199年成为营造官,公元前198年成为裁判官,公元前195年成为执政官,公元前184年成为检察官。加图以他献身于古罗马的生活理念、俭朴、诚实、好学而著名。

加图不仅在政治上颇有造诣,而且他还是一位知名的演说家和拉丁散文的奠基人。加图晚年的演说词很多,据不完全统计大约有150多篇,完整保存至今的起码也有80个片断。在加图的一生中,他总共写成了7部作品,内容大体涉及到历史、军事、法律、医学、农业等诸多方面。为了督促和教育自己的儿子,加图还编撰了一套百科全书,内容包罗万象:农业、医学、修辞、军事、法学等等。

加图是一位十分善于学习的人。有一次,朋友们看见80岁的加图正在学习希腊文,他们很吃惊地说:“希腊文非常难学,不花费很长的时间是很难学得会的。您应该年轻的时候学它。再说,都到如今这个年纪了,您也没有必要再学这些了!”对此,加图却相当不认同。他说:“学习不分早晚,什么时候都是可以学习的。而且,只要真正地去学,任何一门学问都是有用处的!”

感悟:加图的成就是他孜孜不倦学习的结果,80 高龄了还在认真学习。而我们有些人,虽然认识到了学习的重要性,可是,一想到自己年龄,心里就不免犹豫:我已经错过了学习的最佳时机,现在再学习,还来得及吗?还有必要吗?俗话说:“活到老,学到老”,只要想学习,什么时候都不晚。

XUEXIMEIYOUJIEJING

学习没有捷径

有一个小伙子总感觉到自己学习很不得法,记住的知识非常的少,他就想能否找到一条捷径,以便让自己很快地领略到知识的奥妙。于是,他就到一座深山老林里去拜访一位智者。

小伙子很虔诚地向智者问道:“大师,请问我要怎样做,才能够很轻易地就学会您所有的智慧呢?”

智者笑了笑,反问他说:“你认为应该怎么样做,才能够学会我所有的智慧呢?”

小伙子想了想,说:“我认为,最好大师能够一次教会我所有智慧的精华,让我能够完全了解大师您所了解的事情。”

智者又笑了笑,但是他并没有向小伙子说什么,只是静静地从桌子上拿起了一个苹果,然后放到嘴边,咬了一口。

智者望着小伙子,口中不断咀嚼着苹果,仍然是一言不发。过了很长一段时间,智者才慢慢地又张开嘴把口中已经嚼烂的苹果,吐在了他的手掌当中。

这时,智者伸出手,把自己已经嚼烂的苹果拿到小伙子的面前,然后对着他说:“来,把这些吃下去!”小伙子相当惊讶,他不知所措地说:“大师,这……这怎么能吃呢?”

智者又呵呵地笑了笑说:“我咀嚼过的苹果,你当然不愿意吃,然而,你为什么想要轻而易举地就汲取我智慧的精华呢?你难道真的不懂得所有的学习,都必须经过你本身亲自去咀嚼的吗?”

小伙子点点头。

感悟:要想获得苹果新鲜而甜美的滋味,需要自己亲自去咀嚼与体会。想要获得知识,也不能去祈求什么捷径。其实,学习上根本不存在什么捷径,必须靠自己扎扎实实地付出,没有任何人可以代劳。

ZEIRENDEFENNU 贼人的愤怒

曾国藩小时候天赋不高。有一天在家里背书,重复了多少遍,就是背不下来。这时候,他家里已经来了一个贼,潜伏在屋梁上,盼望着读书人赶紧睡觉他好下手,可是等啊等,曾国藩就是不睡,左一遍右一遍地背,还是背不下来。贼人大怒,跳出来说:这么笨还读什么书?然后,他把那篇文章背诵一遍,扬长而去。曾国藩大吃一惊。

感悟:这个贼很聪明,但是他的聪明没有用到正地方。他只能是个贼。牛顿有名言:天才就是勤奋、勤奋、再勤奋。著名的科学家富兰克林说:勤勉是好运之母,上帝把一切事物都赐予勤勉。可以说,天道酬勤,勤能补拙,勤奋出金。

SANWANYEDU 三湾夜读

“红旗飘飘进三湾,九陇山沟闹革命”。1927年9月29日,毛泽东同志率领秋收起义部队来到永新县境内三湾村,在这里进行了著名的“三湾改编”。

那天深夜,毛泽东来到借住的三湾村“协盛和”杂货店,他将床铺搭在简陋的柜台上,正准备躺下睡觉时,顺着微弱的灯光,偶然瞥见货架柜顶上放着一摞落满灰尘的书。喜爱看书的嗜好,促使他把书取了下来。原来这是一套线装本的《三国演义》。顿时,毛泽东眼睛一亮,睡意全无。在这样一个穷乡僻壤、文化落后的山村,当时能看到这样一部名著是多么不容易。他如获至宝,忘记了一天行军的疲劳,当晚便在昏暗的光线下读了起来。

毛泽东白天要找当地群众和部队指战员谈心,晚上还要开会讨论工农革命军的改编等一系列重大问题。但他仍然抓紧睡觉之前的空余时间来读书。就这样,这套《三国演义》伴随着他度过了在三湾的4个昼夜。

感悟:毛主席之所以能够成为伟大的智者,是他的博学,掌握了政治、文学、历史、军事、自然科学多方面的知识,才能够在革命战争中运筹帷幄,游刃有余,无往不胜。学习就要勤奋。

心态调整篇

FANGZIYUXIANBING 房子与馅饼

在一次重要的比赛上，一位跳高运动员面临着冲击金牌的最后一跳。教练对她说："跳过这两厘米，你的房子就到手了。"结果她就是没跳过这两厘米。

在洛杉矶奥运会上，当受了伤的跳水王子洛加尼斯同样面临着冲击金牌的最后一跳时，教练对他说的是："跳完这轮，你就可以回家吃你妈妈做的小馅饼了。"洛加尼斯用他的毅力和精神风貌征服了裁判。

同样是激励性诱导，一所房子与妈妈的小馅饼，在运动员的心理上引起的反应为什么差别有那么大呢？

感悟：不可忽视心理的作用。尤其在人生的一些重要场合或关键时刻，如果增大期望值，会加重其心理负担，造成运动员的紧张，但如果将重要的目标简单化，轻松化，反而会放松运动员的心理，有助于其正常甚至超常发挥。

DENGDAISANTIAN 等待三天

访美的一位中国女作家在纽约街头遇着一位卖花的老太太。这位老太太穿着破旧，身体看上去也很虚弱，但脸上却是祥和高兴的神情。

女作家挑了一朵花说："你看起来很高兴。"

"为什么不呢？一切都这么美好。"

"对烦恼，你倒真能看得开。"女作家随口说了一句。

老太太的回答令女作家大吃一惊："耶稣在星期五被钉上十字架时，是全世界最糟糕的一天，可三天后就是复活节。所以，当我遇到不幸时，就会等待三天，一切就恢复正常了。"

感悟："等待三天"，多么轻松而又充满哲理的一种人生态度呀！它告诉我们，痛苦与快乐是会随着时间而改变的，更为重要的，选择权掌握在你自己的心里，悲伤的时候选择美好的东西来平复自己的不快乐，这样的人生境界是高尚的，让我们的心灵收获更多的快乐吧。

BUBAOYUANSHENGHUO

不抱怨生活

夏天，连长罗良带着他的战士照例进行了野外生存训练，乘船来到了无人居住的荒岛。战士们自己动手搭帐篷，捡树枝升火做饭。七天过去了，正当大家准备返航的时候，突然乌云密布，一连三天，下起了大雨，并且伴有大风浪。船不能航行，粮食也没有了，又捡不到干柴，战士们又饿又冷，有些人出现了抱怨，埋怨鬼天气，埋怨上级没把天气预报搞准，埋怨不该出来训练……

连长罗良集合了队伍，对大家说："埋怨，老天就能放晴吗？就能填饱肚子吗？天气恶劣，也正是锻炼我们野外生存能力的好机会。现在要做的事情，就是想想怎样才能坚持到安全返回。"顿时，抱怨的情绪得到了制止，战士们分头去做战胜困难的准备。又过了两天，天气好转，他们得以安全返航。

感悟：现实当中，没有一帆风顺的事情，抱怨不能解决困难，只能放大困难，消磨斗志，使事情变得更加糟糕。少一些抱怨，多一些行动，期待幸福，期待成功，才是应有的积极心态。

KUAILEYUKUNAO 快乐与苦恼

老太太有两个女儿,大女儿嫁给一个卖伞的,二女儿嫁给卖草帽的。

一到晴天,老太太就唉声叹气:“雨伞不好卖,大女儿的日子不好过了。”一到雨天,又想起了二女儿:“草帽不好卖了。”总之,无论晴天还是雨天,老太太总是不开心。

一位好心的邻居对老太太说:“下雨天你就想大女儿的伞好卖了,晴天你就想二女儿的草帽生意不错,这样想,你不就天天高兴了吗?”

老太太照邻居的话去做了,脸上天天有了笑容。

感悟:好事包含着不好的因素,坏事包含着好的因素。换一个角度,苦恼就变成了快乐。事情本来就有多个角度,当我们遇到一些烦恼时,不妨换个角度去思考,而不必总是找对自己不利的角度,那是跟自己过不去。

KAICUOCHUANG 开错窗

美籍华人、著名心理学家李恕信在《潇洒的母亲》一书中讲了这样一个故事。

一个小女孩趴在窗台上,看窗外的人正埋葬她心爱的小狗,不禁泪流满面,悲痛不已。她的外祖父见状,连忙引她到另一个窗口,让她欣赏玫瑰花园。

果然小女孩的愁云为之一扫,心情顿时明朗。老人托起外孙女的下巴说:“孩子,你开错了窗户。”

感悟:在人生之旅中,有不同的风景,也有不同的“窗户”,开错了“窗”,就会给自己带来不必要的烦恼。因此,打开“窗户”时,要注意选择,及时调整,因为选择开窗看风景时,也是在选择自己的心情。

LIANGZHIQINGWA 两只青蛙

在美国西部地区的乡下,住着一个农夫,他的家紧挨着一个大池塘,每天晚上,池塘里的蛙鸣声扰得农夫彻夜难眠。

终于有一天,他忍无可忍了。农夫来到城里一家餐馆,向老板打听是否需要青蛙,并说他那儿有将近100万只。餐馆老板听后吓了一跳,问农夫从哪儿找到那么多青蛙,农夫回答说:“我家附近有个池塘,里面有上百万只青蛙。一到晚上它们就开始叫,我都快被它们逼疯了!”

于是农夫和餐馆签订了一项协议,在接下来的几个星期里向餐馆供应青蛙,每次500只。

很快第一次交货的时间就到了,农夫又来到了餐馆,可是他的手里只拎着两只青蛙。老板很奇怪,问道:“这是怎么回事?其他的青蛙在哪里呢?”

农夫气急败坏地说:“是我搞错了,池塘里只有这两只青蛙,那么多的噪声都是它们俩发出的。”

感悟:农夫的判断是一种错觉,他对青蛙叫声的厌恶导致了放大心理。有时我们连续遇到一些困难,就会在心理上觉得问题糟糕极了,无法解决了。可是,一旦走过这段心理黑暗,回首来时路,就会觉得问题没有那么严重。人生旅途中,要注意控制自己的心态,避免心理错觉,才能准确判断和解决遇到的困难。

LIANGZHILAOHU
两只老虎

有两只老虎,一只在笼子里,一只在野地里。

在笼子里的老虎三餐无忧,在外面的老虎自由自在。两只老虎经常进行亲切的交谈。

笼子里的老虎总是羡慕外面老虎的自由,外面的老虎却羡慕笼子里的老虎安逸。一日,一只老虎对另一只老虎说:"咱们换一换。"另一只老虎同意了。

于是,笼子里的老虎走进了大自然,野地里的老虎走进了笼子里。从笼子里走出来的老虎高高兴兴,在旷野里拼命地奔跑;走进笼子里的老虎也十分快乐,它再不用为食物而发愁。

但不久,两只老虎都死了。

一只是饥饿而死,一只是忧郁而死。从笼子中走出的老虎获得了自由,却没有同时获得捕食的本领;走进笼子的老虎获得了安逸,却没有获得自由的快乐。

感悟:不要总觉得别人比自己活得好,殊不知,各有各的幸福,各有各的烦恼,也各有各的适应环境。不和他人攀比,走好自己的路,活出自己的滋味和风采。

RUGUOKEYICHONGHUOYICI
如果可以重活一次

一位得知自己不久于人世的老先生,在日记本上记下了这段文字:"如果我可以从头活一次,我会尝试更多的错误,我不会再事事追求完美。"

“我情愿多休息，随遇而安，处世糊涂一点，不对将要发生的事处心积虑计算着。其实人世间有什么事情需要斤斤计较呢？”

“可以的话，我会多去旅行，跋山涉水，更危险的地方也不妨去一去。以前我不敢吃冰激凌，不敢吃豆，是怕健康有问题，此刻我是多么的后悔。过去的日子，我实在活得太小心，每一分每一秒都不容有失。太过清醒明白，太过清醒合理。”

“如果一切可以重新开始，我会什么也不准备就上街，甚至连纸巾也不带一块，我会放纵地享受每一分、每一秒。如果可以重来，我会赤足走在户外，甚至整夜不眠，用这个身体好好地感受世界的美丽与和谐。还有，我会去游乐园多玩几圈木马，多看几次日出，和公园里的小朋友玩耍。”

“只要人生可以从头开始，但我知道，不可能了。”

感悟：有人说，如果人可以从80岁活到1岁，那么世界上80%的人都会成为伟人。但这是不可能的，人生也不可能再来一次。所以，不要苛求生活、苛求自己，一切顺其自然，随遇而安。

XINHESHIJIEDEDUIYING

心和世界的对应

苏东坡与佛印和尚友情甚笃，但二人喜欢言语相讥，各不相让，经常是苏东坡占下风。

有一次，苏东坡问佛印说：

“你看我像什么？”

“我看你像尊佛。”佛印说。

苏东坡暗喜，随即就问佛印：

“那你可知道我看你像什么呢？”

“像什么？”

“像一堆屎！”

佛印语塞。苏东坡哈哈大笑。

回家后，苏东坡面带笑容哼哼叽叽。苏小妹见状问道：

"哥哥,什么事这么高兴呀? "

"哼,佛印这次算栽在我手里了! "苏东坡得意地说。

问明原委,苏小妹大叫道:"哥哥,这次你输得更惨了! "

"为什么? "苏东坡急忙问。

苏小妹说:"因为内心中有什么,外在才看到什么。心中有佛,看别人才是佛;心中有屎,看别人就是屎! "

感悟:客观现实对任何人本来都是一样的,但一经个人"心态"诠释后,便代表了不同的意义。心态改变,则"事实"就会改变,心恶,世界就恶。心中美,则世界就美。

LINGYAN
灵验

从前有两个人是同窗好友，苦读了十年，相约同行到京城赶考。

有一天早晨,他们走到一个小镇上,迎面碰上了出殡的队伍,他们急忙闪在一旁,看着出殡的队伍吹吹打打走过去了。

其中一个人觉得很倒霉,他懊丧地想:偏偏遇见了办丧事的,这是不是预示我走背运呢?看来我一定是考不中了。于是他的心里十分沉重和灰暗,走进考场,他还是一直被这件事所困惑,他的情绪严重影响了他的水平发挥,结果名落孙山。

另一个人却觉得很高兴:棺材棺材,有官有财,看来这是一个好兆头,预示我一定能够高中。于是他的心情非常好,考场上水平得到了超常发挥,果然一举高中。

两个人回到家以后，都跟别人说:"我那天看到事情真的非常灵验。"

感悟:不是看到的事情灵验,而是自己的心情灵验。人们受到影响的,不是事物本身,而是由事物引发的心态和情绪。条件相同,积极与消极的心态会产生不同的结果。

YUFU 渔夫

一个衣衫破烂的渔夫正躺在船里打盹儿，一位穿着入时的旅游者在拍照时吵醒了他。旅游者说：

“天气这样好，您今天一定打到很多的鱼。”渔夫摇摇头。

“您觉得不舒服？”

“我的身体棒极了。”渔夫舒展着四肢。

游客显出困惑的表情：“那您怎么不去打鱼？”

“我已经打过了。我的筐里有四只龙虾，还捕到了二十几条青花，我甚至连明后天的鱼都打够了。”

游客激动起来：“但是请你想一想，要是您每天出海两次、三次，甚至四次……您就能捕到更多的鱼，那么不出一年您就可买辆摩托，两年就可再买一条船，三四年说不定就有了渔轮，有朝一日您还可以建一座冷库，盖一座熏鱼厂……您可以坐着直升机飞来飞去找鱼群，用无线电指挥你的渔轮作业。您可以取得捕大马哈鱼的权利，开一家活鱼饭店，无须通过中间商就直接把龙虾运往巴黎，然后……”游客憧憬着，兴奋得说不出话来。

渔夫拍拍他的背，像是拍着一个吃呛了的孩子：“然后怎么样？”

“然后您就可以逍遥自在地坐在这里的港口，在太阳下打盹儿，还可以眺望大海。”

“我现在已经这样做了。”渔夫说，“我正悠然自得地坐在港口打盹儿，只是您照相机的‘咔嚓’声把我打搅了。”

感悟：生活的方式有许多，最简单、最朴实的恰恰是最真实、最幸福的。忙忙碌碌之后才发觉自己所追求的竟是最平常的享受。放低生活标准，放松心情，未尝不是一种聪明。

YINYING 阴影

有一个少妇，不能看月亮，原因是夺走她心上人的那个女子叫明月。一个夜晚，她亲耳听到心上人对明月说："你是天上的月亮，只要月亮挂在天上，我对你的爱就不会改变。"心上人真的娶了明月。

后来，少妇也嫁了人。只是她一看见天上的月亮，就想起那个让她痛苦的夜晚，所以，少妇夜晚极少出门，出门也从不抬头。

感悟：应该懂得，时间会平息痛苦，时间是磨平创伤的良药，但如果死死抓住那些令人伤痛的记忆不放，我们就永远不会走出阴影，那是自找的心灵包袱。

FANGXIA 放下

有一天，一个人一手拿着一个花瓶来拜访三祖寺的宏行法师。

法师对他说："放下！"

那个人于是把左手的花瓶放下了。

法师又说："放下！"

那个人于是把右手的花瓶也放下了。

法师还是对他说："放下！"

那个人说："我已经两只花瓶都放下了，我现在两手空空，我还放下什麼呢？"

法师说："我让你放下的，你一样也没有放下；我没有要你放下的，你全都放下了。花瓶是否放下了并不重要，我要你放下的是心中的杂念。你的心已经被这些东西填满了,只有放下这些,你才能从心灵的枷锁中解放出来,才能懂得生活。”

那个人终于明白了,点了点头。

宏行法师最后说:“放下这两个字听起来容易,做起来却是很难。有的人追求功名,他放不下功名;追求金钱,就放不下金钱;追求爱情,就放不下爱情……世上有几人能真正做到‘放下’呢?”

感悟:人的一生,要放下的东西很多。几十年的人生旅途,会有各种诱惑,坎坷,负担,责任,有所得必然有所失,只有放下,才能拥有一份快乐,才会活得更加充实、坦然和轻松。

BUGUOYIWANFAN

“不过一碗饭”

两个不如意的年轻人,一起去拜望师父。

“师父,老板经常给我们气受,求您开示,我们是不是应该辞掉工作。”两个人一起问。

师父闭上眼睛,隔半天,吐出五个字:“不过一碗饭。”挥挥手,示意年轻人退下。

回到公司,一个人就递上辞呈,回家种田;另一个没动。

日子真快,转眼十年。

回家种田的,以现代的方法经营,加上品种改良,居然成了农业专家。

另一个留在公司里,也不差。他忍气,努力学习,渐渐受到重视,成为经理。有一天两人遇到了。

“奇怪!师父给我们‘不过一碗饭’这五个字,我一听就懂,不过一碗饭嘛,有什么难过!何必硬巴结着公司?所以辞职。你当时为何没听师父的话呢?”农业专家问另外那人。

“我听了啊!”那经理笑道,“师父说‘不过一碗饭’,受气挨累,不过是为了混碗饭吃,老板说什么就是什么,不去计较,就成了!师父不是这个意思吗?”

两个人又去拜访师父。师父已经很老了,仍闭着眼睛,隔半天,答了五个字:“不过一念间!”然后,挥挥手……

感悟:两个徒弟的做法不同,理解却相同,说明了一个深刻的道理:把问题看淡了,不计较,痛苦和磨难自然就消失了。

ZHIYAOSASHUO 只要撒手

非洲土人抓狒狒有一绝招:故意让躲在远处的狒狒看见,将其爱吃的食物放进一个口小里大的洞中。等人走远,狒狒就欢蹦乱跳地来了,它将爪子伸进洞里,紧紧抓住食物,但由于洞口很小,它的爪子握成拳后就无法从洞中抽出来了,这时人只管不慌不忙地来收获猎物,根本不用担心它会跑掉,因为狒狒舍不得那些可口的食物,越是惊慌和急躁,就越是将食物抓得越紧,爪子就越无法从洞中抽出。

狒狒死不撒手,是见利而不见害啊!

感悟:有句老话:退一步,海阔天空。失恋者只要肯对抛弃自己的恋人撒手,何至于把自己弄得失魂落魄、心灰意冷?失业者只要肯对头脑中僵化的择业观撒手,何至于整天委靡不振、怨天尤人?赌徒只要肯对侥幸心理撒手,何至于血本无归、倾家荡产?瘾君子只要肯对海洛因撒手,何至于如行尸走肉、浑噩一生?贪赃枉法者只要肯对一个“钱”字撒手,又何至于锒铛入狱甚至搭上卿卿性命?……只要撒手。

ZIZHUJUEZHEMINGYUN
自主抉择命运

《庄子》中有一则发人深省的故事：古代有一个名叫子舆的人，上天似乎对子舆很不公平，赋予了子舆很多缺陷：驼背、隆肩、脖颈朝天。在一个人身上有这样多的缺陷，他会怎样看待呢？

一天，有朋友问子舆："你是不是很讨厌自己的样子呢？"

谁知道子舆回答说："不！我为什么要讨厌上天的给予呢？上天对我很好啊。假如上天让我的左臂变成一只鸡，我就用它在凌晨来报晓；假如上天让我的右臂变成弹弓，我便用它去打斑鸠烤了吃；假如上天使我的尾椎骨变成车轮，腿变成了马，我便乘着它遨游世界。上天赋予我的一切，都可以充分使用，为什么要讨厌它呢？得，是时机；失，是顺应。安于时机而顺应变化，所以哀怨不会入侵到我心中。"

感悟：人生的旅途上，安于时机而顺应变化，是一种明智的态度。改变能够改变的，接受不能改变的，把现有条件发挥到最大程度，体现自己的价值，这才是智者的选择。

SHOUDEBEIMIANYOUYANGGUANG
手的背面有阳光

一个小女孩，三岁的时候脸部被开水烫伤，脸部 30 % 留下终身疤痕。当她长大懂事后，非常自卑，甚至不愿意上学或走在大街上，因为怕别人异样的目光和无情的嘲笑。她开始对生活绝望。一天，女孩竟然服安眠药自杀。庆幸的是父亲发现得早，她被及时送往医院得救了。

阳光明媚的早晨，守在病床前的父亲望着情绪极端低落的女儿，顺着阳光的方向缓缓举起左手说：“孩子，爸爸问你，我的手心里有什么？”

“有一片冷冷的阴影。”女孩低声道。

“那手的背面有什么？”父亲接着追问。

“背面，背面……”

“是阳光，孩子，手的背面有温暖的阳光啊。”父亲抢着告诉女儿。

听了父亲激动的回答，女儿凝望父亲的手掌。穿过指间的缝隙，她看到了手背面的阳光，阳光明亮温暖，给人以勇气、激励和希望。

此刻，女孩的心中涌起一股莫名的力量。她暗自下决心，一定要勇敢地面对生活，走属于自己的道路。

从此，她发愤读书，最后考上一所师范大学，毕业后做了一名语文教师。她每带一期学生，讲的第一堂课便是关于自己的故事，题目就叫“手的背面有阳光”。

感悟：生活中谁都会遇到苦难和不幸，但绝不能深陷其中而不能自拔。命运在带给我们不幸的同时，也将幸福悄悄地隐藏在它背后。只要用微笑的眼睛去看待困难、挫折和打击，便会发现黑暗尽头是光明，失望之中有希望。

SIYUZIJIDEJIANXIA

死于自己的箭下

春秋战国时代，一位父亲和他的儿子出征作战。父亲已做了将军，儿子还只是马前卒。又一阵号角吹响，战鼓雷鸣，父亲托起一个箭囊，其中插着一只箭，郑重地对儿子说：“这是家传宝箭，带在身边，力量无穷，但千万不可抽出来。”

那是一个极其精美的箭囊，厚牛皮打制，镶着幽幽泛光的铜边儿，再看露出的箭尾。一眼便能认定用上等的孔雀羽毛制作。儿子喜上眉梢，推想箭杆、箭头的模样，耳旁仿佛嗖嗖地箭声掠过，敌方主帅应声落马而毙。

果然，配带宝箭的儿子英勇非凡，所向披靡。当鸣金收兵的号角吹响时，儿子再也禁不住好奇的心理，忘记了父亲的叮嘱，呼一声就拔出宝箭，试图看个究竟。骤然间，他惊呆了：一只断箭！箭囊里装着的是一只折断的箭。

“我一直挎着只断箭打仗呢！”，儿子吓出了一身冷汗，仿佛顷刻间失去支柱的房子，轰然坍塌了。

再次出战，儿子惨死于乱军之中。

感悟：儿子死了，死于自己的箭下，这支箭就是信心和意志。

SIRENGUOQIAO

四人过桥

看到这样一个故事：山洪暴发，洪水紧贴着独木桥流过，不时有浪花溅到桥面上。有好心人在两岸连起一条绳索，横空挂在独木桥上方。

四个人来到岸边：一个盲人、一个聋哑人和两个健康人。他们都急着到对岸去。聋哑人不言不语，迈步上桥，摇摇晃晃到了对岸。一个健康人引导着盲人，小心翼翼地安全过了桥。剩下一个健康人松了一口气，面对狂涌的河水，踏上了独木桥，却不幸中途滑落水中。人们感到奇怪：为什么盲人和聋哑人都能顺利过桥，而那个耳聪目明的健康人却落水了呢？

聋哑人比画着表达自己的意思：“我听不见河水汹涌的涛声，心中少了许多顾虑，只要看准落脚点就行了。”

盲人说：“我根本就不知道河水有多大。在这位好心大哥的指引下，一步也没有走错。”

活着的健康人说：“我走在盲人的前面，既要看好脚下的路，又要不时提醒身后的盲人，全身十二分的精神都在独木桥和绳索上，哪里还有精力去考虑浪高涛急？”

感悟：人生之路，坎坷莫测，有些事情的成败并不在于身处环境的复杂与否，而只是自己内心的魔障在作怪。

XUNDUANJIANDESHAOFU
寻短见的少妇

夏天的傍晚，一个美丽的少妇投河自尽，被正在河中划船的白胡子艄公救起。

“你年纪轻轻的，为何寻短见？”艄公问。

“我结婚两年，丈夫就遗弃了我，接着孩子又病死。您说，我活着还有什么乐趣？”少妇哭诉道。

“两年前你是怎么过的？”艄公又问。

少妇的眼睛亮了：“那时我自由自在，无忧无虑……”

“那时你有丈夫和孩子吗？”

“当然没有。”

“那么你不过是被命运之船送回了两年前，现在你又自由自在、无忧无虑了。请上岸吧。”

少妇回到岸上，艄公摇船远走。少妇揉揉眼睛，恍如做了一个梦。她想了想，离岸走了。自此，她再也没有寻过短见。

感悟：人的一生都有倒霉、失意和忧虑的时候，面对得失要全面辩证地考虑，想开了就轻松了，把得失看成一种人生体验，自然会有柳暗花明的结果。

XUANZEKUAILE
选择快乐

有一位年轻漂亮的女子，在新婚的时候，随参军的丈夫一道住进了兵营。蜜月还没有度完,丈夫就接到命令,到沙漠腹地去参加军事演习,把她一个人孤单单地留在了像集装箱一样的小铁屋里,忧伤而寂寞。

她写信向父母抱怨,说想离开这鬼地方。父亲的回信只有简单的几句话:"你咒骂,你伤心,日子一天天过去,你快活,你欢乐,日子也一天天过去。你选择哪一种活法?"看了父亲的来信后,她感到很惭愧,决定改变自己。

从此,她像换了一个人似的,一改往日的消沉,与当地人交朋友,与他们一起劳动,学习他们的语言,了解他们的风俗,熟悉他们的生活,把自己彻底地融入到当地人的生活之中去。她的真心相待也换来了当地人对她的回报。她非常喜爱当地人的陶器与纺织品,于是人们便将舍不得卖给观光客的陶器、纺织品送给她做礼物。她投入到让人痴迷的仙人掌和许多沙漠植物的生长情况的研究中,掌握了土拨鼠的生活习性,观赏沙漠的日出日落,并饶有兴致地寻找海螺壳……后来,她拿起了笔,一本名为《快乐的沙漠》的书两年后出版了……

感悟:沙漠没有变,当地的居民没有变,年轻漂亮女子不再忧伤寂寞,是因为她的心态变了,是她自己选择了快乐。正如一首诗中所写:"你知道,你爱惜,花儿努力地开;你不知,你厌恶,花儿也努力地开。"是的,花儿总在开,日子总是一天天地流逝,你是快乐地还是痛苦地度过每一天,这全在于你自己心灵的选择。

MINGSANGYUTAN
命丧于贪

有个农夫,每天早出晚归地耕种一小片贫瘠的土地,但收成很少。一位天使可怜农夫的境遇,就对农夫说:"只要你不停,你跑过的地方不管多大,那些土地都归你所有。"

于是,农夫兴奋地向前跑,一直跑、一直不停地跑!跑累了,想停下来休息,然而,一想到家里的妻子、儿女,都需要更多的土地来耕作、来赚钱,他又拼命地再往前跑。真的太累了,农夫上气不接下气,实在跑不动了,可是,农夫又想到将来年纪大,可能乏人照顾、需要钱,就再鼓起劲,不顾气喘不已的身子,再奋力向前跑!

最后,他体力不支,"咚"地倒躺在地上,死了!

感悟: 贪得无厌,会带来无尽的压力,甚至毁灭。晋代陆机《猛虎行》有云:"渴不饮盗泉水,热不息恶木荫。"讲的就是在诱惑面前保持一种清醒和放弃。

YIGEZHERENDEGUSHI

一个哲人的故事

在一间很破的屋子里,有一个穷人,他穷得连床也没有,只好躺在一张长凳上。穷人自言自语地说:"我真想发财呀,如果我发了财,决不做吝啬鬼……"

这时候,上帝在穷人的身旁出现了,说道:"好吧,我就让你发财吧,我会给你一个有魔力的钱袋。"

上帝又说:"这钱袋里永远有一块金币, 是拿不完的。但是,你要注意,在你觉得够了时,要把钱袋扔掉才可以开始花钱。"

说完,上帝就不见了。在穷人的身边,真的有了一个钱袋,里面装着一块金币。穷人把那块金币拿出来,里面又有了一块。于是,穷人不断地往外拿金币。穷人一直拿了整整一个晚上,金币已有一大堆了。他想:啊,这些钱已经够我用一辈子了。

到了第二天,他很饿,很想去买面包吃。但是,在他花钱以前,必须扔掉那个钱袋。于是,他拎着钱袋向河边走去。

他又开始从钱袋里往外拿钱。每次当他想把钱袋扔掉时,总觉得钱还不够多。

日子一天天过去了,穷人完全可以去买吃的、买房子、买最豪华的车子。可是,他对自己说:"还是等钱再多一些吧。"

他不吃不喝地拿,金币已经快堆满一屋子了。同时,他也变得又瘦又弱,头发也全白了,脸色蜡黄。

他虚弱地说:“我不能把钱袋扔掉，金币还在源源不断地出来啊！”终于,他倒了下去,死在了他的长凳上。

感悟:朱熹说:“适可而止,无贪心也。”告诉人们事情做到适当的程度就停止,恰到好处。无穷的贪欲,必定会陷入不可自拔的深渊,该收手时就收手。

YONGYUANZOUBUWANDEXIAYIBU 永远走不完的下一步

古时有一个年轻人赴京赶考,希望老和尚替他念经祝他早日成功。哪知老和尚只在一旁静听却一言不发,年轻人心急,就问他有何意见,老和尚只说了三个字:

“以后呢？”

“赶考成功就可以做官啦！”

“以后呢？”

“做了官就可以发财啦！”

“以后呢？”

“发了财就可建屋购地一生无忧啦！”

“以后呢？”

年轻人早已不耐烦了，颇不礼貌地向老和尚道:“什么以后呢、以后呢,升官发财、有屋有地不就够了吗？”

但老和尚仍不慌不忙说了句:“你死了以后呢……”

感悟:从事物的终极状态去判断问题、考虑问题,往往会更清醒,更理智。人的生命短暂,人的一生的“下一步”很有限,贪心永远没有满足的时候。其实贪婪正是压力与紧张的最大祸首。奋力追求本身没有什么不好,问题出在“过分”上,过分了容易心理失去平衡,因此而增添许多不必要的压力。

KUAILEZAIZIJIDEXINZHONG
快乐在自己的心中

富有的国王有一个不快乐的王子,不快乐的王子要去找快乐。

有一天，他遇到一位快乐的樵夫。王子问:“为什么你什么都没有,还会这么快乐?”樵夫说:“谁说我什么都没有。春天的百花是我的,秋天的明月是我的,夏天的凉风是我的,冬天的白雪也是我的。我比谁都富有,怎么会不快乐?”

感悟:快乐是什么?快乐是一种心理感受。要不要快乐由你自己决定。人处世间,理应追求快乐。懂得快乐、善于快乐实在是一种智慧,一种气度,一种气魄。只要我们拥有一颗快乐的心,什么事情都是值得快乐的。

WOWUFAHEWOYIDINGYAO
“我无法”和“我一定要”

某企业为新接纳的员工设计了一个岗前培训:主讲师给每位员工发一张白纸、一支圆珠笔,然后自己在书写板上画了一个大大的心形图案,在图中写上“我无法……”这样一个句型,要求大家造出一个句子,然后大声读出来。一个员工写的是:“我无法孝敬年迈的父母。”另一个员工写的是:“我无法实现梦寐以求的人生理想。”第三位员工接着写出:“我无法兑现所有的美好愿望。”结果越读越感到压抑和情绪低落。

接着主讲师将“我无法”改成“我一定要”,要求大家重新写出三句话，并反复朗读。第一位员工改写成:“我一定要孝敬年迈的父母。”还有的员工写道:“我一定要实现梦寐以求的人生理想。”第三位员工接着写出:“我一定要兑现所有的美好愿望。”结果越读越振奋,越读越有信心,越读越有紧迫感。

感悟:这件事情说明一个道理:你的心中如果装的是“我无法”,你就会真的无法做到你本来有可能做到的事情;如果你心中装的是“我一定要”,那么你就很有可能做到你想做到的事情,并实现自己的人生理想。所谓“心态决定人生”,道理就在这里。所以我们要经常自己鼓励自己,给自己颁奖,擦掉生活中的“不”字。

XINLISHIYAN 心理实验

一个心理学家做过这样一个实验,他在一个黑咕隆咚的屋子里面,铺了一条独木桥,领着10个人摸着黑走过去,十个人如履平地都过去了。然后,这位教授开了一盏灯,这些人定睛一看,全吓傻了,原来他们刚才走过的独木桥下面,是一个巨大的水池,水池里面有十几只鳄鱼正在来回游着。

这时教授说:“来,谁愿意跟我再从这座桥上走回去。”10个人全都趴在那儿不动了,说绝对过不去了。最后好歹站出了三个人,有一个人走到一半儿就哆嗦了,最后蹲着蹭着过去了;还有一个人,刚走几步就趴下了,最后爬着过去了;只有一个人,哆哆嗦嗦地还算是走着过去了。再动员别人,剩下的那七个人说什么不动了。

这时候教授把屋子里的5盏灯全部开亮,大家这才发现,在桥与鳄鱼之间,还有一层防护网。

教授说:“现在还有几个愿意跟着我走这个桥呢?”这个时候又有五个人站出来,因为有安全网心里有底了。教授问最后两个人:“你俩为什么还不愿意跟着我走回去呢?”那两个人哆哆嗦嗦地说:“我们怀疑这个网子真的安全吗?”

感悟:这个实验如同我们所面对的生活,有时在你看不清的时候,反而闯过去了;在你仅仅看到一些表象的时候,你就被彻底吓晕了;而你真正看清楚生活中的安与危之间制衡的时候,虽然心怀恐惧,只要我们鼓起勇气,战胜自我,还能走过去。其实这个时候,行走作为一种技巧并不重要了,我们内心的安稳才是最重要的。所以人生历程中,技巧与心态相比,心态永远是最重要的。把握好自己的心态,就会拥有不凡的人生。

YIDUOTOUHUA 一朵头花

在一个小镇上有一个非常穷困的女孩子,她没有父亲,跟自己的妈妈相依为命,做手工品,长到了18岁。18年来她过着太贫寒的生活,从来没有自己漂亮的衣服和首饰,因此她也很自卑,这就是她生命里的缺憾。

在她18岁那年的圣诞节,妈妈破天荒给了她20美元,跟她说:"你给自己买个圣诞礼品吧。"她简直是大喜过望,但是她还没有勇气从这个小镇上堂而皇之地走过,她捏着这个钱绕开人群,贴着墙角,走在路边上,一路上她看着所有人,都认为这些人的生活比她美好。她心中不无遗憾地想,我是这个小镇上最抬不起头来的一个寒碜的女孩子。路上她看到了自己特别心仪的小伙子,她就酸溜溜地想:今天晚上有个盛大的舞会,不知道谁是他舞会上的舞伴,谁能够有这个荣耀呢?

她就这样一路躲着人群,来到了那个商店。一进门她就觉得自己的视线被刺痛了,她看到那个柜台上摆着一批特别漂亮的缎子头花、发饰,她看呆了。这时候售货员叫她:"小姑娘,你过来,你的亚麻色的头发那么漂亮,我挑一个淡绿色的头花给你戴上。"她一眼看到价签上写着16美元,她想说我买不起,我不试了,这个时候那个售货员已经把头花给她戴上了,拿起镜子跟她说:"你看一眼。"

就在她看一眼的时候,她突然惊呆了,她觉得这一朵头花改变了她整个人的容颜,突然之间,她变得像一个天使一样容光焕发,她从来没看到过自己这个美丽的样子。她惊讶地想,有如此神奇的力量,那我买了吧,于是她就掏出钱来买了。

她兴奋极了，在找给她四美元以后，像飘着一样转身就往外飞跑，突然"咣"的一下，撞在一个刚刚推门进来的老绅士身上，她隐隐约约听到那个老人叫她，她顾不得回头飘飘忽忽地跑了。

她不知不觉地跑到了小镇最中间的大路上，她看见所有人迎向她，都是惊讶的目光，她听到人们在议论说："这个镇子上还有这么漂亮的女孩子！她是谁家的女孩子，我们怎么从来不认识她？"这时，她又一次碰到了她暗暗喜欢的那个男孩，那个男孩也很惊讶，叫住她说，我有没有荣幸请你做我今天晚上圣诞舞会的舞伴？女孩子简直心花怒放，她想，我索性就奢侈一回，用手里的四块钱再回去给自己买点东西。于是她又一路飘飘然地回到了小店。

她一进门，就看到那个老绅士微笑着站在那，老人跟她说："孩子，我就知道你会回来的，你刚才撞到我的时候这个头花就掉下来了，我一直在等着你回来取回它。"

感悟：这个故事意味深长，女孩生命中的遗憾真的是被一朵头花改变的吗？其实是被自己的自信心驱除的。积极健康的心态是可以化解生命中很多遗憾的，相反，消极灰暗的心态可以放大心中的阴影，就像泰戈尔说过的"乌云自己遮住了太阳，但是它却怨天气不明朗"。

CHASHIYURIBENLANGREN

茶师与日本浪人

日本江户时期有这样一个故事：一个著名的茶师跟随着主人去京城里办事。那个时候是浪人、武士很乱的年代，所以这个茶师很害怕，他说我又没有武艺，咱们路上遇到点事可怎么办？主人说没关系，你打扮成武士的样子，挎一把剑不就完了吗？那茶师就哆哆嗦嗦地换上了武士的衣服跟着主人走了。

到了京城，主人去办事了，茶师自己到外面溜达，在池塘边碰上了一个浪人。浪人挑衅说："你是武士，咱俩比比剑吧。"这茶师只好老老实实地说："我是个茶师，不懂武功。"浪人气愤地说："你不是武士,却穿着武士的衣服,有辱尊严,那我就更应该跟你比,你更应该死在我的剑下!”茶师见无法推脱,就跟浪人说:“主人交我的事还没办完,你容我几小时,今天下午我和你还在这个池塘边见。”那个浪人答应了。

茶师转身直奔京城里面最著名的大武馆,去了一看,学剑的人在门前排着长队。他来不及等,分开人群就冲进去,直接到大武师的面前跟他说:“求你教给我一种作为武士最体面的死法。”大武师很惊诧:“来我这儿所有的人都是为了求生,你是第一个求死的,为什么?”他说:“我是个茶师,我就只会泡茶,但是我今天遇到了这么个情形,我不能不跟人家决斗了,我想死得有尊严一点。”武师说:“既然你是著名的茶师,那好吧,你为我泡一遍茶。”

茶师很伤感,心想这可能是我在世界上泡的最后一遍茶了。所以他做得很用心,很从容地看着山泉水在小炉上烧开,很从容地把茶叶放在里面,洗茶、滤茶、然后一点一点地把茶倒出来,捧给这个大武师。大武师就这么一直看着他这个过程,看完了以后他喝了一口茶,说:“这是我一生中喝到的最好的茶,我可以告诉你,你已经不必死了。”茶师说:“哦?你要教给我什么吗?”武师说:“我不教你,你只要记住,你用泡茶的心去面对那个浪人。”

茶师就回去了。他看见那个浪人已经在那等他了,浪人很嚣张,当时就拔出剑来,说:“你回来了,那我们来开始比武吧!”

茶师老在想着那句话,以泡茶的心去面对浪人。所以他就不着急,他对浪人笑了笑,然后从容地把自己头上的帽子取下来,端端正正放在旁边,解开身上宽松的外衣,一点一点叠好,压在帽子下,拿出绑带把自己里面的衣服袖口扎紧,再拿出绑带把裤腿也扎紧,他从头到脚,一点一点地在装束自己,一直气定神闲。

对面这个浪人越看越惶恐,越看心越发毛,因为不知道他武功有多深,就被他的眼神和笑容给吓得内心心虚起来。

等到这个茶师全都装束停当,最后一个动作就是拔出他的剑来,唰,挥向了半空,然后棒喝一声,停在了那里。因为他也不知道再往下该怎么用了。而这时,那个浪人“扑通”一声给他跪下了,说:“我求你饶命,你是我这一辈子见过最有武功的人。”

感悟:这个故事告诉我们,心灵的力量是无穷的,面对复杂多变的社会环境,面对各种各样不同的人,我们往往感到无力应付,其实只要我们自己有一颗从容镇静的内心，有一种心灵的勇敢，我们就可以变得坚强，就可以表现出勇敢，所以，内敛的勇敢永远比外表的张扬更有力量。

KONGCHUAN 空船

《庄子》里有一则故事：一个大雾迷漫的早晨，一人划船逆流而上，突见一只小船顺流直冲向他，他大声呼喊，对方不理不睬，眼看要撞沉他，他暴跳如雷，破口大骂，但仔细一看，发现原来是条空船，怒气立即消了。以后他很少再发脾气，因为他把每个人都看成是“无人的空船”。

感悟：假如我们的心态修养能达到把对方当做一只“空船”的境界，自然会获得一种“不去计较”的洒脱，决不会因一些鸡毛蒜皮的利害冲突而冒无名火。凡事常思己过，你的心胸会“尽虚空”般的宽广。

YIQIEDOUHUIGUOQU 一切都会过去

一个国王曾经梦中得到一句可以行之终身的箴言，有人告诉他：在世界上你只要记住这句话，你一生都将忘怀得失，能够安然度过任何的大宠大辱，大起大落。但国王醒来却把这句话忘了。一言可以行之终身，这句话到底是什么呢？他打造一只大钻戒：“谁找回这句话就给谁。”

一天，一个聪明的老臣说：“你把钻戒先给我吧？”不久，老臣把一句话刻在钻戒上还给国王。国王一看，恍然记起梦中这句话，一句淡淡的话:“一切都会过去。”

这个故事流传很广,影响也很广。1954 年,在足球世界杯半决赛中,夺标呼声最高的巴西队被法国淘汰,队员带着屈辱和媒体的嘲笑回国,下飞机时,看到总统带着两万群众来迎接,机场有条醒目的标语,“一切都会过去”。

到 1958 年世界杯,巴西终于如愿夺冠,回国时有 16 架喷气式飞机护航,机场同样是总统带领两万人来欢迎,同样有那条标语:“一切都会过去”。

感悟:世界上没有什么可以永久存在的东西,都是会流逝的。对一个人而言,你所拥有的,你所遭遇的,不管是顺境还是逆境,不管是成功还是失败,不管是欢乐还是痛苦,不管是荣耀还是耻辱,不管是富有还是贫穷,“一切都会过去”。这是自然规律。人,得学会放下。

BIEBEIZIJIXIASHI

别被自己吓死

有一天,舒克感觉身体很不舒服,他认为自己肯定是生病了。因为他的祖父正是在医院中去世的,这让他从小就对医院充满了恐惧。他总感觉,进了医院,就再也出不来了。

由于不愿意去看医生,他就自己跑到学校里的图书馆借了本医学手册来翻看。当他读到介绍霍乱的内容时,发现那些典型的症状与自己现在的症状简直是一模一样。难道自己患霍乱已经几个月了?他被吓坏了。

接着,他很想知道自己还患有其他什么病,于是依次读完了整本医学手册。这下他可明白了,除了风湿以外,他几乎什么病都有!胃病、咽炎、颈椎病等等,他感觉浑身无力,似乎不久就要死了。

他迫不及待地想弄清楚自己到底还能活多久,就搞了一次自我诊断:先动手找脉搏,可脉搏也没有了!后来才突然发现,一分钟跳 140 次。接着,他又去找自己的心脏,好不容易才找到了,却发现跳动得非常微弱。他经不起这种突如其来的打击,就告诉了最好的朋友罗林。罗林强烈建议他去看看医生。

到了医院，医生为他作了常规的检查后，发现他各方面并没有什么异常，就给他开了一张处方：“煎牛排一份，啤酒一瓶，6小时一次。10英里路程，每天早上一次。不要用你不懂的事情塞满自己的脑袋。”

原来他是因为不注意饮食和休息，有些营养不良，精神压力也比较大，除此之外并无大碍，放松一下心情就好了。

感悟：心灵是自我做主的地方，千万不要疑神疑鬼。遇事要往好的方面去想，“想当然”非但于事无补，反而容易坏事。如果我们能够每天保持愉快的心情，疾病就不容易找上门来。

XINGWEIGENZHEXINTAIZHOU 行为跟着心态走

唐代著名诗人李白有两首写乘船路过三峡的诗，一首是《上三峡》，另一首就是人们耳熟能详的《朝发白帝城》。《上三峡》这样写道：

巫山夹青天，巴水流若兹。
巴水忽可尽，青天无到时。
三朝上黄牛，三暮行太迟。
三朝又三暮，不觉鬓成丝。

在李白的眼里，巫山险峻夹着青天；旅途十分艰难，水路总也走不完，青天总也看不全；这船的速度太慢了，似乎根本就没有行走，自己的两鬓都快变白了。李白为什么会有这种感觉和认识呢？就是因为此时他正被流放到夜郎，处在悲观、凄凉、忧郁、不得志的心情之中。而另一首《朝发白帝城》却是这样写的：

朝辞白帝彩云间，千里江陵一日还。
两岸猿声啼不住，轻舟已过万重山。

这时，李白从白帝城出发，顺江而下，路过三峡。他认为他是从彩云环绕的白帝城出来的，一千里的路程只需一天就能到达，巫山两岸的猿声还在耳边回响,轻舟就已经越过了万座山。李白之所以有这种感觉和认识,也是受其心态的影响。李白此时的心态是乐观的,他处在欣喜和欢乐的心情之中,因为赦令传来,他不被流放了。

感悟:同样是乘船路过三峡,时间相隔不长,三峡的风景也没有变化,为什么李白对三峡的印象和认识却迥然不同呢?这一切都是由李白的心态决定的。有一句话说得十分深刻:“人们看到的永远是自己希望看见的东西。”李白心态乐观时,看见了乐观的景色;心态悲观时,就看见了悲观的景色。这就是心态对人的认识的影响。

YINIANZHICHADIUDIAOXINGMING

一念之差,丢掉性命

《三国演义》里有这样一个故事:曹爽夺了司马懿的兵权之后,常常与天子一道带领御林军出城打猎。一天,曹爽和往常一样与天子一起在城外打猎,司马懿就乘机发动了政变,控制了都城。形势发生了变化,这时应该怎样来审时度势呢?曹爽征求弟弟的建议,弟弟说:“司马懿狡诈无比,连孔明都斗不过他,我们兄弟更不是他的对手了,不如自己绑着自己前去请罪,这样就可以免于一死。”这时,有人从城里逃了出来。曹爽问城里的情况,从城里逃出的人告诉他:城里被控制得似铁桶一般,司马懿带兵把守着浮桥,恐怕是回不去城了,应该早定大计。恰在此时,曹爽的得力谋士管桓范骑马急急赶到,他对曹爽建议道:“司马懿已经发动了政变,将军为什么不请天子去许都,调外兵来讨伐司马懿呢?”

如果曹爽冷静地分析一下客观形势,不难看出此时司马懿发动政变主要是针对自己来的,目的是要夺回兵权;司马懿这个人狡诈无比,心狠手辣,他一定会斩草除根,置自己于死地,应该发现管桓范所提出的建议是十分正确的。但遗憾的是曹爽不能够把自己的心态调整到一个和谐的状态,他心里牵挂着自己的妻儿老小,沮丧惊慌。管桓范进一步建议道:“这里离许都不过半天的路程,许都城里的粮草足足可以坚守数年。现在将军的其他军队就驻扎在附近,呼之即来,大司马的将印我也从城里带来了。您应该马上采取行动应对变化,否则就晚了。”这时曹爽的认识和判断仍被自己沮丧慌乱的心态所左右,他说:“大家不要催逼我,让我细细思考一番。”

曹爽思考了一整夜,作出了这样一个选择:“我不愿意起兵与司马懿对抗。我愿意弃官,只做一个富家翁就足够了。”他作出了错误的判断和决定,结果曹爽一族皆被司马懿所杀。

感悟:曹爽为什么会是这种命运呢?有人说这是因为曹爽性格优柔寡断所致。其实,曹爽并没有优柔寡断,他一夜之间就作出了一个决定,而且是一个重大的决定,他一点都不优柔。所不同的是,他这个决定不是建立在审时度势的基础上,而是建立在自己的主观愿望之上的。原因就是他存在着以弃官来保全富贵的侥幸心理,这种心态左右着他、支配着他,使他不能够客观认识到自己的真实处境,不能够采纳管桓范的正确建议。由此可见,心态对一个人认识水平和判断能力的重要。

思想方法篇

YOUBEIWUHUAN
有备无患

有一则寓言:沙漠中有父子俩,牵着骆驼,在经历了长途的跋涉之后,都已经疲惫不堪,干渴使他们每迈出一步都异常艰难,而沙漠依旧一望无际。

这时,父亲看到黄沙中有一块马蹄铁在阳光的照耀下闪烁,那是沙漠里的先行者的遗留品。父亲对儿子说,捡起它来吧,会有用的。儿子心想,在这漫无边际的黄沙堆中,一块马蹄铁会有什么用呢?儿子摇了摇头,没有弯腰。于是,父亲俯身拾起那块马蹄铁放入行李袋,什么也没说,仍继续前行。

终于,他们走到了一座城堡,父亲用马蹄铁换来了1000枚酸葡萄。当他们再次走入沙漠时,干渴再次向父子俩袭来。父亲此刻掏出酸葡萄来,边走边吃并不时抛下一枚,每抛下一颗,儿子便俯身捡起吃掉,为了这几百枚酸葡萄,儿子竟弯了几百次腰。

感悟:人无远虑,必有近忧。未雨绸缪,有备无患,多预想困难,提前想好办法,做好准备,成功的把握就大。所以,无论做什么事情都要考虑仔细,想得周到,一时贪懒,吃亏遭罪在后头。

LIANGGEHUAJIANG
两个花匠

初春,新婚的女主人随丈夫搬到一个小镇定居。新家各方面都不错,唯独荒废多年的花园让女主人不甚满意。重新打理可不是件容易的事,她决定请一位花匠,于是就在报纸上登出了招聘广告。第二天,来了一高一矮两个应聘者。两人都彬彬有礼,说起话来也都很在行。正犹豫着，女主人突然看到邻居太太在自家前廊冲她打手势，示意她雇矮个子花匠。女主人心想，邻居太太在这里住了很久，一定知道哪个花匠好，于是就照她的意思办了。矮花匠果然能干，没几天，七零八落的小花园，就变得很有几分景色。几场春雨过后，花园就生机勃勃了。

高个子花匠后来给新搬来的另一户人家干活，女主人发现他打理的花园花木稀疏，草坪也修得不太齐整，远没自家的花园像样。

不久，女主人到邻居家做客，和那位太太谈起请花匠的事。“您推荐的人果然不错！”女主人感激地说，“我差点就雇那个高个子花匠了，因为我当时看高个子长得更像吃苦耐劳的人。大概您以前雇过他。”

“长相哪里靠得住！”邻居太太摇摇头，“雇花匠要看他的裤子，不是他的脸。他们都是外地人，我以前也没见过他们。但我发现矮个子花匠裤子的膝盖位置有许多层补丁。高个子的裤子很旧了，膝盖却完好无损，倒是屁股那儿缝了不少补丁。我立刻就知道谁整天跪在地上干活了。”

感悟：这个小故事告诉我们，善于进行敏锐的观察、逻辑的推理和准确的判断，才能透过现象看清本质，才能少犯错误，不犯错误。同时也告诉我们，一个人的美德和恶习，总会反映出来的，总会被人们认识的。

SHUNJIZIRAN
顺其自然

三伏天，禅院的草地枯黄了一大片。“快点撒些草种子吧！好难看啊！”小和尚说。

师父挥挥手：“随时！”

中秋，师父买了一包草籽，叫小和尚去播种。

秋风起，草种子边撒、边飘。“不好了！好多种子都被风吹走了。”小和尚喊。

“没关系,吹走的多半是空的,撒下去也发不了芽。”师父说:“随性!”

撒完种子,跟着就飞来几只小鸟啄食。“要了命了!种子都被鸟吃了!”小和尚急得直跺脚。

“没关系!种子多,吃不完!”师父说:“随遇!”

半夜一阵骤雨,小和尚一早冲进禅房:“师父!这下真完了!好多草种子被雨水冲走了!”

“冲到哪儿,就在哪儿发芽!”师父说:“随缘!”

一个星期过去了。原本光秃秃的地面,居然长出许多青翠的草苗。一些原来没播种的角落,又泛出了绿意。小和尚高兴得直拍手。

师父点头:“随喜!”

感悟:世界上一切事物的发展都有自己的规律,顺其自然,允其自由,皆大欢喜,如果强行左右,会徒劳无益。

MAOMAOCHONGSHIYAN

毛毛虫试验

法国科学家约翰·法伯曾做过一个著名的“毛毛虫实验”。这种毛毛虫有一种“跟随者”的习性,总是盲目地跟前面的毛毛虫走。法伯把若干个毛毛虫放在一只花盆的边缘上,首尾相接,围成一圈;花盆周围不到六英寸的地方,撒了一些毛毛虫喜欢吃的松针。毛毛虫开始一个跟一个,绕着花盆,一圈又一圈地走。一个小时过去了,一天过去了,毛毛虫们还不停地坚韧地团团转。一连走了七天七夜,终因饥饿和精疲力尽而死去。

这其中,只要任何一只毛毛虫稍稍与众不同,便立时会过上更好的生活。

感悟:人又何尝不是如此,随大流,绕圈子,瞎忙空耗,终其一生。一幕幕“悲剧”的根源,皆因缺乏探索,缺乏另辟天地的勇气。没有自己的追求和风格,就像一具傀儡,生活在别人塑好的模子里,没有自己的灵魂。

ZUIJIADEMUBIAO 最佳的目标

有一次,法国一家报纸进行了一次有奖智力竞赛,其中有这样一个题目:

如果法国最大的博物馆卢浮宫失火了,情况只允许抢救出一幅画,你会抢哪一幅?

结果在该报收到的成千上万回答中,贝尔纳以最佳答案获得该题的奖金。他的回答是:

"我抢离出口最近的那幅画。"

感悟:人生道路上,奋斗的目标可能同时有许多个,但要记住一点:最佳目标不是最有价值的那个,而是最有可能实现的那个。

QIUJIERCHAOGU 丘吉尔炒股

1929年的一天,丘吉尔的老朋友、美国证券巨头伯纳德·巴鲁克陪他参观华尔街股票交易所。那里紧张热烈的气氛深深地感染了丘吉尔。当时他已年过五旬,但狂傲之心丝毫未减。在他看来,炒股赚钱实在是小菜一碟。他让巴鲁克给他开了一个户头——"老狐狸"丘吉尔要玩股票了。

丘吉尔的头一笔交易很快就被套住了,这叫他很丢面子。他又瞄准了另一只很有希望的英国股票,心想这家伙的老底我都清楚,准能大胜。但股价偏偏不听他的指挥,一路下跌。他又被套住了。

丘吉尔做了一笔又一笔交易，陷入了一个又一个泥潭。下午收市钟响，丘吉尔惊呆了，他已经资不抵债要破产了。正在他绝望之时，巴鲁克递给他一本账簿，上面记录着另一个温斯顿·丘吉尔的“辉煌战绩”。原来，巴鲁克早就料到像丘吉尔这样的大人物，其聪明睿智在股市之中未必有用武之地，加之初涉股市，很可能会赔了夫人又折兵。因此，他提前为丘吉尔准备好了一根救命稻草。他吩咐手下用丘吉尔的名字开了另一个账户，丘吉尔买什么，另一个“丘吉尔”就卖什么；丘吉尔卖什么，另一个“丘吉尔”就买什么。

感悟：每个人都有自己的强项和弱项，一个领域中的成功并不意味着处处能行，对于一个新的行业，都免不了要交学费的。成功，先从自己最熟悉、最有把握的干起。

XIANDINGYIBAYIZI

选定一把椅子

意大利著名男高音歌唱家卢西亚诺·帕瓦罗蒂回顾自己走过的成功之路时，他说：“当我还是个孩子时，我的父亲，一个面包师，就开始教我学习歌唱。他鼓励我刻苦练习，培养嗓子的功底。后来，在我的家乡意大利的蒙得纳市，一位名叫阿利戈·波拉的专业歌手收我做他的学生，那时，我还在一所师范学院上学。在毕业时，我问父亲：‘我应该怎么办？是当教师还是成为一个歌唱家？’

我父亲这样回答我：‘卢西亚诺，如果你想同时坐两把椅子，你只会掉到两个椅子之间的地上。在生活中，你应该选定一把椅子。’

我选择了。我忍住失败的痛苦，经过7年的学习，终于第一次正式登台演出。此后我又用了7年的时间，才得以进入大都会歌剧院，现在我的看法是：不论是砌砖工人，还是作家，不管我们选择何种职业，都应有一种献身精神。坚持不懈是关键。选定一把椅子吧。”

感悟：同时做两件事，很可能两件事都做不成。在人生的十字路口上，果断地作出选择，一旦选择了，就要全身心投入，坚持到底。

CANGYINGDEFANGFA 苍蝇的方法

美国康奈尔大学的威克教授做过一个实验,把几只蜜蜂放进一个平放的瓶中,瓶底向光;蜜蜂们向着光亮不断碰壁,最后停在光亮的一面,奄奄一息;然后在瓶子里换上几只苍蝇,不到几分钟,所有的苍蝇都飞出去了。原因是它们多方尝试,向上、向下、向光、背光,一方不通立即改变方向,虽然免不了多次碰壁,但最终总会飞向瓶颈,脱口而出。

威克教授由此总结说:“横冲直撞总比坐以待毙高明得多。”

感悟:多么深刻的启示,不断地尝试,不断地改变着方式,不考虑失败,直到成功。

BUWEIJINQIANSUOLEI 不为金钱所累

有一次,美国商人巴布森乘专机到以色列参加一项商务会谈,到达的那一天正好是星期六。巴布森在美国备受交通堵塞之苦,因而对街上稀稀疏疏的汽车,交通畅通无阻感到很奇怪。他问:“你们首都的汽车都是这样少吗?”

“你们有所不知,”有人解释道,“我们从每周五的晚上,一直到星期六的傍晚为止,是禁烟、禁酒、禁欲的时间,一切杂念都被摒除到九霄云外,一心一意的休息和向神祈祷,人们大多都待在家里,所以街上来往的汽车比平时起码减少一半。从星期六晚上起,才是我们的周末时间,便是我们尽情享受的时候。”

“你们真懂得休息和享受。”巴布森羡慕地说。

"因为我们知道只有健康的身体,才能享受快乐的人生。"这人不无得意地说,"健康是商人最大的本钱。要想有健康的身体必须吃好、睡好、玩好。"

感悟:生存之道,一松一驰,不管怎么忙,都要拿出时间来休息,既要像老虎和豹子那样生龙活虎,也要像鳄鱼和考拉那样不紧不慢,还要像黑熊那样"冬眠"。

XUANZE

选择

几个学生向苏格拉底请教人生的真谛。苏格拉底把他们带到果林边。

"你们各顺着一行果树,从林子这头走到那头,每人摘一枚自己认为最大最好的果子。不许走回头路,不许作第二次选择。"苏格拉底吩咐说。

学生们出发了,他们都十分认真地进行着选择。

等他们到达果林的另一端时,老师已在那里等候着他们。

"你们是否都选择到自己满意的果子了?"苏格拉底问。

"老师,让我再选择一次吧!"一个学生请求说. "我走进果林时,就发现了一个很大很好的果子,但是我还想找一个更大更好的。当我走到林子的尽头后,才发现第一次看见那枚果子就是最大最好的。"其他学生也请求再选择一次。

苏格拉底坚定地摇了摇头:"孩子们,没有第二次选择,人生就是如此。"

感悟:人生只有一次,没有第二次选择,这是大自然的规定。抓住当下,不要彷徨,不要瞻前顾后,把春天希望的种子种下,秋天的收获就会到来。

一捧沙
YIPENGSHA

一个即将出嫁的女孩，问母亲这样一个问题："妈妈，婚后我该怎样把握爱情呢？"

母亲听了女儿的问话，温情地笑了笑，然后从地上捧起一捧沙。

女孩发现那捧沙子在母亲的手里，圆圆满满的，没有一点流失，没有一点撒落。接着母亲用力将双手握紧，沙子立刻从母亲的指缝间泻落下来。待母亲再把手张开时，原来那捧沙子已所剩无几，其团团圆圆的形状也早已被压得扁扁的，毫无美感可言。女孩望着母亲手中的沙子，领悟地点点头。

那位母亲是要告诉女儿：爱情无需刻意去把握，越是想抓牢，越是容易失去。

感悟：这就是生活中的辩证法：紧就是松，松就是紧，有就是无，无就是有，快就是慢，慢就是快，越想抓牢越容易失去。而顺其自然，留有空间，事情往往会更加圆满。

地图的另一面
DITUDELINGYIMIAN

一天早上，一位牧师为了转移哭闹不止的儿子约翰的注意力，将一幅色彩缤纷的世界地图，撕成许多细小的碎片，丢在地上，许诺道："小约翰，你如果能拼起这些碎片，我就给你2角5分钱。"

牧师以为这件事会使约翰花费上午的大部分时间，但没有十分钟，小约翰便拼好了。

牧师："孩子，你怎么拼得这么快？"

小约翰很轻松的答道:“在地图的另一面是一个人的照片,我把这个人的照片拼到一块,然后把它翻过来。我想如果这个‘人’是正确的,那么这个‘世界’也就是正确的。”

牧师微笑着给了儿子2角5分钱。

感悟:许多事情从这个角度看很难,但从另一个角度看却是如此容易。学会换个角度看待问题,眼界就会变得开阔,办事情的效果就会好。

TONGYANGZHENGUI 同样珍贵

有位男士在香港买了一件陶器, 百货公司里有专门给陶瓷玻璃包装的房间,负责包装的是一位中年妇人。她找来一个体积大约有陶器四倍的纸箱。接着她熟练地把破报纸和碎纸屑垫在箱底,陶器放在中间,四周都塞满碎纸,最后把几张报纸揉成团状塞好,满意地说:

“好了,没问题了,就是从三楼丢下来也不会破了。”

陶器本来有两尺大、一尺高、半尺宽,现在成为一个庞大的箱子了,好不容易提回旅馆,男士立刻觉得烦恼,这样大的箱子如何提上飞机呢? 它的体积早就超过手提物品的规定了,如果用空运,破损率太大,还是不要冒险才好。后来,男士决定舍弃纸箱、碎纸和破报纸,找来一个手提袋提着陶器,从旅馆到飞机场一路无事。但是上飞机走没几步,一个踉跄,手提袋撞到身旁的椅子上,只听到“咣当”清脆的一声,把陶器拿出来一看,果然犀牛的右前脚断裂,头上的角则完全断了。

男士后悔把纸箱丢开,损坏了陶器。

感悟:在移动中,纸箱对保护陶器来说是很重要的。不能只想保护珍贵的陶器而忽视那些看来无用、却能保护陶器的东西。生命的历程也是如此,在珍贵的事物周围总是包着很多看似没有意义、随手可以舍弃的东西，但是如果我们忽略了他们，珍贵的事物就容易受到伤害。

SIWEILIANXIANGDEZHONGYAOXING 思维联想的重要性

有两个很要好的朋友张生和李生去京城游玩。到了京城后，张生在客店看书，李生便到熙熙攘攘的大街上闲逛，忽然他看到路边有老妇人在卖一只玩具猫。他好奇地走上去，那老妇人说，这只玩具猫是她们家的祖传宝物。因为家里儿子病重，无钱医治，才不得已要将此猫卖掉。李生拿起猫，发现猫身很重，似乎是用黑铁铸就的。然而，聪明的李生一眼便发现，那一对猫眼是用珍珠做成的，他为自己的发现狂喜不已，他问老妇人："这只猫要卖多少钱。"

老妇人说："因为要为儿子医病，所以三两银子便卖。"李生说："那么我就出一两银子买你的两只猫眼吧。"老妇人在心里合计了一下，认为也比较合适，就答应了。

李生欣喜若狂地跑回旅店。笑着对正在埋头看书的张生说："我只花了一两银子竟然买下了两颗大珍珠，真是不可思议。"

张生发现这两个猫眼的的确确是罕见的大珍珠，便问李生是怎么回事。李生便把他买猫眼的事情讲给他听，听了李生的话，张生眼睛一亮，急切地问那位老妇人，现在何处。然后，张生放下手中的书，跑到街上，按照李生所讲的地址，找到了那位卖猫的老妇人。他说："我要买你这只猫。"老妇人说："猫眼已经被别人买去了，如果你要买，就出二两银子吧。"

张生付了银子，把猫买了回来。李生见后，嘲笑他道："兄弟呀，你怎么能花二两银子去买这个没眼珠的猫呢？"张生坐下来把这只铁猫翻过来翻过去地看，最后，他向店家借了一把小刀，用小刀刮铁猫的一个脚，当黑色脱落后，露出的是黄灿灿的黄金，他高兴地大叫道："李生兄你看，果不出我所料，这猫是纯金的啊！"

见此情景，李生后悔不迭。张生笑道："你应该好好想一想，猫眼既然是珍珠做成的，那么猫的全身会是不值钱的黑铁所铸吗？"

感悟:张生发财得益于他的联想和推断。正确的判断来源于正确的联想,生活的经验和见识是正确联想和判断的基础。所以,遇事要善于观察,善于动脑,善于联想和推断。

KAITUOXIANGXIANGDEKONGJIAN 开拓想象的空间

一个建筑公司的经理忽然收到一份购买两只小白鼠的账单,不由好生奇怪,一问才知道,原来这两只老鼠是他的一个部下买的。

他把那部下叫来,问他为什么买两只小白鼠。

部下答道:"上星期我们公司去修的那所房子,要安装新电线。我们要把电线穿过一个 10 米长,但直径只有 2.5 厘米的管道,而且管道是砌在砖石里,并且弯了 4 个弯。我们当中谁也想不出怎么让电线穿过去的办法,最后我想了一个主意。

"我到商店买来两只小白鼠,一公一母,然后我把一根线绑在公鼠身上并把它放到管子的一端,另一名工作人员则把那只母鼠放到管子的另一端,逗它'吱吱'叫,公鼠听到母鼠的叫声,便沿着管子跑去救它,公鼠沿着管子跑,身后的那根线也被拖着跑,我把电线拴在线上,小公鼠就拉着线和电线跑过了整个管道。"

经理当即表扬了聪明的部下。

感悟:部下的聪明在于他善于想象,善于借用力量,善于换一种方式解决问题。

一条裙子触发灵感

YITIAOQUNZICHUFALINGGAN

罗特是美国一家制瓶厂的工人,他有一位女友,身材健美且爱好打扮。有一天,女友穿了一套膝盖上面部分较窄,腰部显得很有魅力的裙子,在路上,人们频频回头欣赏着这条裙子。罗特也注意起这条裙子来了,他越看越觉得线条优美,他马上联想到,要是制成这条裙子形状的瓶子也许销路不错,想到这里,他马上转身跑了回去,连声"再见"也没说。

罗特回到住处就在图纸上画了起来。经过试验,这种瓶子不仅美观,而且里面的液体看起来比实际分量多。不久,美国可口可乐公司看中了这种瓶子,高价收买了这项专利权。

感悟:生活中处处有窍门和商机,就看我们是不是动脑,是不是由此及彼的联想,是不是打破思维的界线,让别人意想不到。

新思路源于打破常规

XINSILUYUANYUDAPOCHANGGUI

国王为了挑选继承人, 给两个儿子出了个难题:"给你们两匹马,白马给老大,黄马给老二,你们骑马到清泉边去饮水,谁的马走得慢,谁就是赢家。"

老大想用"拖"的办法取胜,而老二则抢过老大的白马飞驰而去。结果,弟弟胜了,因为他骑的是老大的马,自己的马自然就落到了后面。

哥哥失利了之后,心中不服说:"弟弟取巧就算了,还使用蛮力,属于犯规。"国王说:"我没有设立什么规矩啊。"

哥哥还是不服说："如能再比一次，不准抢，弟弟还能赢就甘愿认输。"

国王看看弟弟，弟弟表示可以再比一次。

于是哥哥和弟弟又准备赛马了，还是谁的马走得慢谁赢。国王让哥俩到马棚里自己挑马。结果哥哥率先跑进马棚，挑了一只病歪歪的蹩脚马，弟弟却不紧不慢随便找了一只马。

哥哥心里暗暗冷笑，看你这回怎么赢我。

比赛开始了，一声号令，只见一匹马好似离弦之箭，瞬间到达河边，大伙定睛一看，原来是老大骑着蹩脚马，而老二在后面晃晃悠悠，原来号令一响，老二在老大的马屁股上戳了一剑，结果还是弟弟赢。

感悟：善赢者总能找到智慧的方法，其诀窍就是打破常规，创新制胜。人类社会和世界发展的路程，就是不断打破常规的路程，就是不断变化的路程，人成熟了以后往往"经验主义""程式化"，不敢越雷池一步，还以自己的经验自居。遇到事情，换一种思维的方式，寻求新的解决途径，就是创造。历史的发展是创造出来的，我们不能老用"青铜器"煮饭。

FENXILAJI 分析垃圾

美国雪佛隆公司是家专门生产饮料的企业。在产品打入亚利桑那州土珊市之前，该公司先委托亚利桑那大学人类学教授威廉·雷兹对该市的饮料市场进行研究。

一年之后，威廉·雷兹教授指着一大堆垃圾，按照垃圾原产品的分类、名称、重量、数量、包装，对雪佛隆公司的老板说："垃圾袋绝不会说谎和弄虚作假，什么样的人丢什么样的垃圾，查看人们所丢弃的垃圾，是一种最有效的营销研究方法。"他通过对土珊市的垃圾进行研究，获得了有关当地食品消费情况的信息，为雪佛隆公司作了这样的分析：

一、劳动者阶层所喝的进口啤酒比收入高的阶层多；

二、中等阶层人士比其他阶层消费的食物更多，因为双职工都要上班，而且太匆忙了，以致没有时间处理剩余的食物。依照垃圾的分类重量计算，所消费的食物中，有15%是还可以吃的好食品；

三、通过对垃圾内容的分析，了解到人们消费各种食物的情况，得知减肥清凉饮料与压榨的橘子汁属高层收入人士的良好消费品。

雷佛隆公司老板把这份报告当做教科书，并且依据威廉·雷兹教授的调查结果制定饮料的产销战略。最后的结果是威廉·雷兹教授成为雪佛隆公司的英雄，雪佛隆公司成了利润的英雄。

感悟：事物都是普遍联系的，对事物的终端加以认真的调查研究，找出正确的解决方法，是一种可靠的方法。要想成功，就要做实事求是的有心人。

NIXIANGDAOJIBU

你想到几步

小张和小李同时受雇于一家超级市场，开始时大家都一样，从最底层干起。可不久，小张受到总经理的青睐，一再被提升，从领班到部门经理。小李却像被遗忘了一般，还在最底层混。终于有一天小李忍无可忍，向总经理提出辞呈，并痛斥总经理狗眼看人，辛勤工作的人不提拔，倒提那些吹牛拍马的人。

总经理耐心地听着，他了解这个小伙子，工作肯吃苦，但似乎缺了点什么，缺什么呢？三言两语说不清楚，说清楚了他也不服，看来……他忽然有了个主意。

"小李啊"，总经理说："你马上到集市上去，看看今天有什么卖的。"

小李很快从集市上回来说，集市上只有一个农民拉了一车土豆在卖。

"一车大约有多少袋，多少斤？"总经理问。

小李又跑去,回来后说有 40 袋。

"价格是多少?"小李再次跑到集上。

总经理望着跑得气喘吁吁的他说:"你先休息一会儿吧。"说完叫来小张,对他说:"你马上到集市上去,看看今天有什么卖的。"

小张很快从集市上回来了,汇报说:"到现在为止只有一个农民在卖土豆,有 40 袋,价格适中,质量很好,我带回几个样品让总经理看。这个农民一会儿还将有 10 箱西红柿上市,价格也公道,我猜想这种价格的西红柿总经理可能会要,所以我把那个农民也带来了,他现在正在外面等着回话呢。"

总经理看了一眼红了脸的小李说:"请那位农民进来吧。"

感悟:做事如下棋,需要走一步看几步,方能取胜。做事之前,需要考虑周密,多几个问号,把事情想周全了,才能做周全。

ZAIBIANHUAZHONGHUAJIEWENTI

在变化中化解问题

在一次培训课上,企业界的精英们正襟危坐,等着听管理教授关于企业运营的讲座。门开了,教授走进来,左手提着个大提包,右手擎着个圆鼓鼓的气球。然后从包里拿出一只开口很小的瓶子放在桌子上,指着气球对大家说:"谁能告诉我怎样把这只气球装到瓶子里去?当然,你不能这样,嘭!"教授滑稽地做了个气球爆炸的姿势。

众人面面相觑,都不知教授葫芦里卖的什么药。终于,一位精明的女士说:"我想,也许可以改变它的形状……"

"改变它的形状?嗯,很好,你可以为我们演示一下吗?"

"当然。"女士走到台上,拿起气球小心翼翼地捏弄。她想利用其柔软可塑的特点,把气球一点点塞到瓶子里。但这远远不像她想的那么简单,于是她放下手里的气球,说道:"很遗憾,我承认我的想法行不通。"

"还有人要试试吗?"无人响应。

“那么好，我来试一下。”教授说道。他拿起气球，三下两下便解开气球嘴上的绳子。“嗤”的一声，气球变成了一个软瘪瘪的小袋子。教授把这个小袋子塞到瓶子里，只留下吹气的口儿在外面，然后用力吹气。很快，气球鼓起来，胀满在瓶子里，教授再用绳子把气球的嘴儿给扎紧。

“瞧，我改变了一下方法，问题迎刃而解了。”教授露出了满意的笑容。

教授转过身，拿起笔在写字板上写了个大大的“变”字，说道：“当你遇到一个难题，解决它很困难时，那么你可以改变一下你的方法。”

他指着自己的脑袋：“思想的改变，现在你们知道它有多么重要了。这就是我今天要说的。”

感悟：我们生活在一个瞬息万变的世界里，应当学会适应变化。在竞争日益激烈的今天，要培养以变化应万变的理念，勇于面对变化带来的困难，才能做到卓越和高效。

BUJIANDANDEWENTI

不简单的问题

古希腊哲学家苏格拉底相貌丑陋，不修边幅，整日在市场上闲逛。一天，苏格拉底在市场上遇到一个正在宣讲“美德”的年轻人。

苏格拉底装做无知的模样，向年轻人请教说：“请问，什么是美德呢？”

那位年轻人不屑地答道：“这么简单的问题你都不懂？告诉你吧，不偷盗、不欺骗之类的品行都是美德。”

苏格拉底仍然装做不解地问：“不偷盗就是美德吗？”

年轻人肯定地答道：“那当然啦，偷盗肯定是一种恶行。”

苏格拉底不紧不慢地说：“我记得在军队当兵的时候，有一次接到指挥官的命令，我深夜潜入敌人的营地，把他们的兵力部署图偷出来了。请问，我这种行为是美德呢，还是恶行呢？”

年轻人犹豫了一下，辩解道："偷盗敌人的东西当然是美德。我刚才说不偷盗，是指不偷盗朋友的东西，偷盗朋友的东西肯定是恶行。"

苏格拉底依然不紧不慢地说："还有一次，我的一位好朋友遭到天灾人祸的双重打击，他对生活绝望了，于是买来一把尖刀藏在枕头底下，准备在夜深人静的时候结束自己的生命。我得知了这个消息，便在傍晚时分偷偷溜进了他的卧室，把那尖刀偷了出来，使他得免一死。请问我这种行为究竟是美德呢，还是恶行？"

那个年轻人终于惶惶然，承认自己无知，拱手向苏格拉底请教"什么是美德"。

苏格拉底把自己的这种思维分析训练法称为"头脑助产法"。意思是说，正确的观念本来就在你自己的头脑中，但是你在挖掘的时候不得要领。苏格拉底不过采用了一些正确方法，使它们得以顺利地分娩。

感悟：对事物的理解不能简单化。要追根溯源，抓住要领，求证本质。

ZHENGTUOSHUFUXINLINGDEJIASUO

挣脱束缚心灵的枷锁

一个小孩在看完马戏团精彩表演后，随着父亲到帐篷外拿干草喂养表演完的动物。

小孩注意到一旁的大象群，问父亲："爸，大象那么有力气，为什么它们的脚上只系着一条小小的铁链，难道它们无法挣开那条铁链逃脱吗？"

父亲笑了笑，耐心为孩子解释："没错，大象是挣不开那条细细的铁链的。在大象还小的时候，驯兽师就是用同样的铁链来系住小象，那时候的小象，力气还不够大，小象起初也想挣开铁链的束缚，可是试过几次之后，知道自己的力气不足以挣开铁链，也就放弃了挣脱的念头。等小象长成大象后，它就甘心受那条铁链的限制，不再想逃脱了。”

正当父亲解说之际，马戏团里失火了，大火随着草料、帐篷等物，燃烧得十分迅速，蔓延到了动物的休息区。动物们受火势所逼，十分焦躁不安，而大象更是频频跺脚，仍是挣不开脚上的铁链。

炙热的火势终于逼近大象，只见一只大象已被火烧着，灼痛之余，它猛然一抬脚，竟轻易将脚上的铁链挣断，迅速奔逃至安全的地带。有一两只大象见同伴挣断铁链逃脱，立刻也模仿它的动作，用力挣断铁链。但其他的大象却不肯去尝试，只顾不断地焦急地转圈跺脚，最后遭大火席卷，无一幸存。

感悟：有力的大象是被心理上的铁链系住了，最后招致灭亡。在我们成长的环境中，是否也有许多肉眼看不见的链条在系住我们，而我们也自然将这些铁链当成习惯，视为理所当然。继而，独特的个性被自己抹杀，开始向环境低头，甚至于开始认命。人最悲哀的事情，莫过于被看不见的枷锁锁住了心灵，成功人士发展的过程，就是不断挣脱枷锁的过程。思想解放了，行动才有创意。

ZAIHUANGTANGZHONGZHAODAOFANGFA

在荒唐中找到方法

美丽的荷花下面是莲藕，它长在池底的淤泥之中，挖藕时，人们必须用一个大耙子，弯腰撅臀，挖起来非常吃力。许多人曾冥思苦想发明机械挖藕，但都没有成功。

日本某乡村，一群人正弯腰在池塘里挖藕。突然不知谁放了一个响屁，周围的人哄堂大笑，在这活跃的氛围中，有个人打趣地说："好响啊！真够分量！要是能把藕给崩出来就好了，我们就省劲多了。"听他这么一说，众人笑得更厉害了，连腰都直不起来了。

这话本来是开心取乐的，但是有人听后真动了心思，他想：要是用气筒把压缩空气喷进塘子里，靠压缩空气的强大力量，不就可以把藕冲出来吗？

于是，这位有心人开始了气压挖藕的试验。刚开始，他用普通的鼓风机连接管道通向池底，发现光冒气泡，什么也没有出来。面对失败，他并没有气馁，在分析失败的原因后，他把压缩空气改为高压水枪，结果发现效果甚佳，这种“高压水枪采藕法”不仅速度快，挖出的藕白嫩干净，而且也不会把藕损伤。从此，水压采藕技术在日本得到推广应用。

感悟：认真琢磨那些荒唐可笑的东西，也能诱发我们的创造。大胆的设想，认真的实验，是取得成功的阶梯。看似不可能的事情，看似荒唐的事情，经过努力实现了，这就是联想和启发的结果。

XIANREN 选人

年轻的战友们，请从以下三个候选人中选择一位来造福全世界的人：

候选人 A：

笃信巫医和占卜家

有两个情妇

有多年的吸烟史，而且嗜好马提尼酒

候选人 B：

曾经两次被赶出办公室

每天要到中午才肯起床

读大学时曾经吸食鸦片

每晚都要喝一夸脱(大约一公升)的白兰地

候选人 C：

曾是国家的战斗英雄

保持着素食习惯

从不吸烟，只偶尔来点啤酒

年轻时没有做过什么违法的事

你是否觉得这些信息已经足够帮助你决定最佳人选了？千万不要以为这是个容易的抉择，现在让我们来揭晓答案，看看你选了谁……

候选人 A 是富兰克林·D·罗斯福，候选人 B 是温斯顿·丘吉尔，候选人 C 是阿道夫·希特勒。

感悟：在评价一个人时，往往容易因为他的一个优点或缺点而全盘肯定或否定这个人，这是不对的。因为好人身上有缺点，坏人身上也有优点。好人坏人的标准比较难区分，但有一点要记住：千万不要简单化和公式化。

DUOKANLEYIYAN 多看了一眼

一位老人讲了一个他自己的故事：

我年轻时自以为了不起，那时我打算写本书，为了在书中加进点“地方色彩”，就利用假期出去寻找，我要在那些穷困潦倒、懒懒散散混日子的人们中找一个主人公，我相信在那儿可以找到这种人。

一点不差，有一天我找到了这么个地方，那儿是一个荒凉破落的庄园，最令人激动的是，我想象中的那种懒散混日子的人找到了——一个满脸胡须的老人，穿着一件褐色的工作服，坐在一把椅子上为一块马铃薯地锄草，在他的身后是一间没有油漆的小木棚。

我转身回家，恨不得立刻就坐在打字机前。而当我绕过木棚在泥泞的路上拐弯时，又从另一个角度朝老人望了一眼，这时我下意识地突然停住了脚步。原来，从这一边看过去，我发现老人椅边靠着一副残疾人的拐杖，有一条裤腿空荡荡地直垂到地面上，顿时，那位刚才我还认为是好吃懒做混日子的人物，一下子成了一个百折不挠的英雄形象了。

从那以后，我再也不敢对一个只见过一面或聊上几句的人，轻易下判断和作结论了。

感悟：就因为多看一眼，其实就是换了一个角度，从而改变了对一个人的看法。我们在评价一个人或一件事时，一定要从不同的角度去看，才能看得更客观、全面，才能更加接近事物的本来面目，才能得到正确的结论。

DUOZEHUOSHAOZEMING 多则惑，少则明

吴副教导员这两天很兴奋，因为教导员被上级安排去院校培训半年，自己被上级委以重任，代理教导员工作。

“这次组织上让你代理教导员工作，不仅是工作需要，也是对你的一次考验。你刚从院校分配到部队时间不长，实际工作经验可能还不够丰富，但你们营长可是老同志了，遇事要多与他商量。要记住，想把工作搞好，还需要充分发扬民主，集中大家的智慧。”想着政委的要求，吴副教导员暗下决心：一定在这段时间内，干几件漂亮的事情，让上级和全营官兵刮目相看。

就这样，吴副教导员像吃了兴奋剂的运动员，全速冲刺起来。他先是为全营制定了一系列目标，然后又设计了一系列活动，接着就开始事无巨细、不分昼夜地忙碌开来。

俗话说，贪多嚼不烂啊！眼看半年快过去了，吴副教导制定的目标多数都没有完成，忙得焦头烂额、心力交瘁的他，急火攻心，病倒了。

感悟：有一位哲人说过，与其花许多时间和精力去凿许多口浅井，不如花同样的时间和精力凿一口深井。制定工作目标，必须从实际出发，充分考虑到自己的承受能力，留有余地。急功近利，急于求成是不行的。少而清，多则惑。少而精，多则乱。不能实现的目标和理想要勇于放弃。聪明的放弃，其实就是经营人生的一种策略，也是人生的一种智慧。

FANSHIDOUYOUDU

凡事都有度

再有半个月，齐主任的培训生活就要结束了。半年来，齐主任对自己的要求还是比较严的，从不参加吃请，但眼看就要回单位了，自己也觉得该放松一下了，特别是这么多的同学和朋友，临别总要聚一聚吧，否则今后自己哪儿还有朋友？

于是，连续几天酒席不断。这一天周末，齐主任与同宿舍的几个同学借机表示了一下，虽然没有醉，也着实喝了不少。可是，这一顿刚结束，又有几个远道的朋友专程为他送行来了，于是乎，齐主任摇摇晃晃地和他的朋友们转换酒场，继续表示去了。大约半夜时分，齐主任被朋友们扶回宿舍。

早晨起床的时候，同宿舍的同学发现齐主任脸色苍白，喊他的时候也没有了反应，于是立即叫了急救车送往医院。但不幸的是，医院尽了最大努力，也没有抢救过来。

就这样，齐主任撇下年轻的妻子和一个 10 岁的孩子，与这个世界告别了。

感悟：哲学告诉我们，任何事物都是质和量的统一体，只有在一定的范围内，事物才能保持它自身的存在，超过了特定范围，就会向对立面转化。这就要求我们，做任何事情都要坚持适度的原则，工作如此，生活亦如此。该节制时要节制，该“刹闸”时要“刹闸”，不“刹闸”，要命啊！

HUANGEFANGFA
换个方法

美国哲学家、诗人爱默生和儿子想把一头在牧场上撒欢奔跑的小牛犊赶回牛栏。父子俩好不容易把小牛犊驱赶到牛栏旁边，爱默生在后面使劲推，他的儿子在前面用力拉，但是小牛犊就是不愿跨进牛栏，它倔犟地低着头，死死地抵住地面，不按父子俩的意愿行动。小牛犊没有穿鼻绳，父子俩奈何它不得。

他们家的女佣正好看到这个情景，只见她微笑着走近小牛犊。她刚刚在厨房干过活，手上沾有盐味。她把手靠近小牛犊的嘴。小牛犊立即一边吮她的手，一边甩着尾巴跟着她走进了牛栏。

感悟：在这件小事上，常做杂事的女佣就比聪明的诗人多了一点睿智。她了解牲畜的习性，手上的一点咸味，就胜过爱默生父子俩的强力驱赶。女佣的智慧，可以用汽车大王福特说过的一句著名的话来注解："假如有什么成功秘诀的话，那就是：设身处地替别人想想，了解别人的态度和观点，不然就会做出事与愿违的蠢事来。"这也同时验证了作家枫树在《商场上用兵如神》中的一句话："在许多场合、时候，问题之所以无法解决，是因为我们的思路不对。所以，换位思考，是解决此类问题的良方，是创造机遇的有效方式。"

WANMEI
完美

有位男士到婚姻介绍所要找一个可心的对象。他打开婚姻介绍所的大门，看见两扇小门，一扇上写着："漂亮的"，另一扇上写着"不太漂亮的"，男士想当然要找漂亮的了，于是他推开了"漂亮的"

门,又出现两扇小门,上面写着“年轻的”“不太年轻的”,他理所当然地推开了“年轻的门”,就这样他依次又推开了“有住房的”、“学历高的”、“贤惠的”、“身体好的”、“能干的”等七个小门后,见到了一道大门,上面写着“您想找的已经没有了,请到大道上去吧!”推开大门一看,原来这是婚姻介绍所的后门。

感悟:世界上没有完美的事物,总是或多或少、不同程度地存在缺欠。要客观实际地确定自己追求的标准,否则就会竹篮子打水一场空。

BAOFU 包袱

三个旅行者同时住进了一家旅店。早上出门的时候,一个旅行者带了一把伞,另一个旅行者拿了一根拐杖,第三个旅行者什么也没有拿。晚上归来的时候,拿伞的旅行者淋得浑身是水,拿拐杖的旅行者跌得满身是伤,而第三个旅行者却安然无恙。于是前两个旅行者很纳闷,问第三个旅行者:“你怎么会没事呢?”

第三个旅行者没有回答,而是问拿伞的旅行者:“你为什么会淋湿而没有摔伤呢?”

拿伞的旅行者说:“当大雨来临的时候,我因为有了伞就大胆地在雨中走,却不知怎么淋湿了。当我走在泥泞坎坷的路上时,我因为没有拐杖,所以走得非常仔细,专拣平稳的地方走,所以没摔伤。”

拿拐杖的说:“当大雨来临的时候,我因为没有带雨伞,便拣能躲雨的地方走,所以没有淋湿。当我走在泥泞坎坷的路上时,我便用拐杖拄着走,却不知为什么跌伤了。”

第三个旅行者听后笑笑,说:“这就是我安然无恙的原因。当大雨来时我躲着走,当路不好时我小心地走,所以我没有淋湿也没有摔伤。你们的失误就在于你们有可凭借的优势,认为有了优势便少了忧患,不懂得去小心。”

感悟：许多时候，我们不是跌倒在自己的缺陷上，而是跌倒在自己的优势上，因为缺陷常能给我们以提醒，而优势却常常使我们忘了忧患，疏忽大意，成为前行的隐患。

YINXIAOSHIDA 因小失大

《百喻经》里有一个故事：从前有一只猕猴，手里抓了一把豆子，高高兴兴地在路上一蹦一跳地走着。一不留神，手中的豆子滚落了一颗在地上，为了这颗掉落的豆子，猕猴马上将手中其余的豆子全部放置在路旁，趴在地上，转来转去，东寻西找，却始终不见那一颗豆子的踪影。

最后猕猴只好用手拍拍身上的灰土，回头准备取原先放置在一旁的豆子，怎知原先的那一把豆子，却全都被路旁的鸡鸭吃得一颗也不剩了。

感悟：对于某些事物的追求，如果缺乏智能判断，而只是一味地投入，不也像故事中的猕猴只是顾及掉落的一颗豆子吗？等到后来，终将发现所损失的，竟是所有的豆子！想想，我们是否也曾放弃了手中的一切，仅追求掉落的一颗！

SIXIANGJUEDINGYIQIE 思想决定一切

有一天老师问学生："有一种东西跑得比光速还快，瞬间能穿越银河系，到达遥远的地方，这是什么？"

学生争着回答："我知道，我知道，是思想。"

老师满意地点点头："那么，有另外一种东西跑得比乌龟还慢，当春花怒放时它还停留在冬天，当头发雪白时，它仍然是个小孩子的模样，那又是什么？”

学生一脸困惑，猜不出来。

“还有，不前进也不后退、没出生也没死亡，始终漂浮在一个定点。谁能告诉我，这又是什么？”

学生们傻了眼，面面相觑。

“答案都是思想，它们是思想的三种表现，换个角度来看，也可比喻成三种人生。”

老师望着聚精会神的学生，继续解释道：“第一种是积极奋斗的人生。不断力争上游，对明天永远充满希望信心。这种人的心灵不受时空限制，他就好比一只射出的箭矢，总有一天会超越光速，驾驭万物之上。”

“第二种是懒惰的人生。他永远落在别人的屁股后面，捡拾他人丢弃的东西，这种人注定被遗忘。”

“第三种是醉生梦死的人生。当一个人放弃努力、苟且偷安时，他的命运是冰冻的，没有任何机会来敲门，不快乐，也无所谓痛苦，这是一个注定悲哀的人生，像水母的空壳漂浮于海底，不存在现实世界、也不在梦境里……”

感悟：思想决定行为，行为决定命运。要改变命运，就要先改变行为；而要改变行为，先要改变思想。同样的道理，认识一个人也要从认识他的思想开始。一个人脑中想些什么，手上就会做些什么。思想高尚的人，不会做些鸡鸣狗盗、偷鸡摸狗的猥琐之事；而思想龌龊的人，也不可能成就什么惊天动地的大事业。改变你的思维方式，你就改变了你的生活。

BAOYUAN
抱怨

有个老太太多年来不断抱怨对面邻居的太太懒惰：“那个女人的衣服，永远洗不干净，看，她晾在院子里的衣服，总是有斑点，我真的不知道,她怎么会把衣服洗成那个样子!”

有一天,有个明察秋毫的朋友到她家做客,她又抱怨对面邻居的太太,细心的朋友才发现不是对面的太太衣服洗不干净,他拿了一块抹布,把这个老太太家窗户上的污渍抹掉,说:“看,这不就干净了吗?”

原来,是自己家里的窗户脏。

感悟:有些人就是这样,喜欢盯着别人,不仔细检讨自己,甚至明明是自己有问题,偏要指责别人。习惯把错误归咎给别人,就会看别人不顺眼,这是自我的悲哀。

XIANGQIANKAN

向前看

古时候,一个少年背负着一个砂锅前行,不小心绳子断了,砂锅也掉到地上碎了,可是少年却头也不回地继续前行。路人喊住少年问:“你不知道你的砂锅碎了吗?”少年回答:“知道。”路人又问:“那为什么不回头看看?”少年说:“已经碎了,回头何益!”说罢继续赶路。

感悟:这个少年是对的,既然砂锅已经碎了,回头看又有什么用呢?这正如人生中的许多失败一样,已经无法挽回,再去惋惜悔恨也于事无补。与其在痛苦中挣扎浪费时间,还不如重新找到一个目标,再一次奋发努力,那才是一种真正的超越自我、战胜自我的强者姿态。

QIAOWENGDEGANKAI

樵翁的感慨

樵翁快60岁了,矮矮的个子,穿的很朴实,满脸的知足感。

樵翁初中毕业时,是"文化大革命"后期。因父亲历史问题被审查,他只有一条路可走,那就是去农村集体户劳动。班里40多人,30多个上学的,在班里学习成绩数一数二的樵翁自己背着行李去了农场,当时同学们都觉得可惜,樵翁也悲观失望。

后来,因为父亲的历史问题有了结论,也因为樵翁做事认真,能写会画,相继被调到公社和县政府机关工作。

由于樵翁性格内向,不注重交际,反对抽烟酗酒,他一直做机关办事员,几乎所有的文字材料都是他的手笔。一些当了厂长、科长的老同学,劝他跟上潮流,他却一笑了之,依然保持着自己的风格和习惯。

时隔30年,事情发生了变化,樵翁虽然没有当上大官,也没有发财,但是享受公务员待遇,生活无忧无虑,身体健康,家庭其乐融融。而一些当厂长、科长的同学,有的企业停产下岗了;有的因为贪污被撤职查办了;有的因为大吃大喝没有节制,偏瘫了;还有的着急上火,心肌梗塞发作丢了性命。

回忆自己的一生,他深有感慨地说:"下乡的经历让我学会了低调生活,良好的生活习惯保护了我的身体,生活的低标准让我容易满足,不攀不比不计较让我内心安静。"

现在,樵翁仍然每天骑着自行车上班,仍然反对抽烟酗酒,仍然忙着写各种材料,仍然每天饭后散步,挥笔作画。

感悟:樵翁的感慨很实在,很辩证,也很管用。事物的发展都存在着前因后果,人生的种种结果都是逻辑的必然,有什么思想,就有什么行为,有什么行为,就有什么结果。

XIAOZHEN
小镇

有两个不同的人迁移到同一小镇。第一个人开车到了市郊一个加油站停下来问一位职员:“这个镇里的人怎么样?”加油站职员反问:“你从前住的那个镇的人怎么样?”这人回答:“他们真是糟透了,很不友好。”于是加油站职员说:“我们这个镇的人也一样。”

过了些时候,第二个驾车人驶进同一加油站,问职员同一个问题:“这个镇的人怎么样?”那个职员同样反问:“你从前住的那镇上的怎么样?”此人回答:“他们好极了,真的十分友好。”加油站职员于是说:“你会发现我们这个镇的人完全一样。”

这个职员为什么这么回答问题呢?他是那种见风使舵、看人下菜碟的两面派吗?

感悟:这个职员的回答非常精彩。因为他懂得,你对别人的态度跟别人对你的态度是一样的。你怎样对别人,别人就怎样对你,其实这正是生活中最简单的常识,可是它往往被我们忽视和忘记了。

XIFUHENUER
媳妇和女儿

有两个妇人在聊天。

其中一个问道:“你儿子还好吧?”

“别提了,真是不幸哦!”这个妇人叹息道:“他实在够可怜,娶个媳妇懒得要命,不烧饭、不扫地、不洗衣服、不带孩子,整天就是睡觉,我儿子还要端早餐到她的床上呢!”

“那女儿呢?”

“那她可就好命了。”妇人满脸笑容:“他嫁了一个不错的丈夫,不让他做家事,全部都是丈夫一手包办,煮饭、洗衣、扫地、带孩子,而且每天早上还端早点到床上给她吃呢!”

感悟:同样的状况,但是当我们从不同的角度去看时,就会产生不同的心态。站在别人的立场看一看,或换个角度想一想,很多事就不一样了,你可以有更大的包容,也会有更多的爱。看待事物,处理问题不能有双重标准。

BEIYIWEIPINGDIDEXIAOZHEN

被夷为平地的小镇

在一个偏远、封闭的小镇只能听到两个电台:第一电台专门广播名人消息、callin 节目,或是热门歌曲排行榜,它的收听率相当高;第二电台则是气象专业电台,它的听众只有一小群人。一天晚上,气象电台发出紧急警告:一个威力惊人的“龙卷风”将在午夜来袭本镇,电台呼吁镇民立即疏散他处。这一小群听众立刻组织起来,有的去找镇长,有的到街上敲锣打鼓,有的打电话给第一电台,请求播出龙卷风消息,好保存身家性命。镇长说:“本镇从未有过龙卷风,龙卷风的消息是气象电台误报或捏造,为的是提高收听率。”敲锣打鼓的人则被视为疯子。而第一电台则以现场正在访问名人为由,不肯插播这一条“生死存亡”的消息。龙卷风真的来了,小镇被夷为平地,后来者没有人知道这个地方曾经是一个小镇。

感悟:每一个日子都可能是最后的日子,我们要以敏锐的心过好每一天,更要用心看看这个世界,用心看看自己,相信科学,不要想当然办事,因为所有的事情都会改变,且看你如何去衡量它了。

GAIBIANYEXUZHIXUJIFENZHONG

改变也许只需几分钟

从前,一个农夫的庭院里有一块大石头,来他家的人,不小心就会踢到,不是跌倒就是擦伤。

一天,儿子问农夫:“爸爸,那块讨厌的石头,为什么不把它挖走?”

农夫回答道:“你说那块石头?从你爷爷时起,就一直放到那儿了,它的体积那么大,不知道要挖到什么时候。与其没事找事挖石头,还不如走路小心一点,训练你的反应能力呢。”

过了十几年,儿子长大了,娶了牧师的女儿为妻。不久,儿子也当了爸爸。有一天,妻子生气地说:“老公啊,庭院里那块大石头,我越看越不顺眼,改天请人搬走好了。”当了爸爸的儿子和他爸爸一样地回答说:“算了吧!那块大石头很重的,可以搬走的话在我小时候就搬走了,哪会让它留到现在啊?”妻子心里非常不是滋味,因为那块大石头不知道让她跌倒多少次了。

第二天早上,妻子带着锄头,挑了一桶水,就来到大石头面前,她将整桶水倒在大石头的四周。十几分钟后,她用锄头把大石头四周的泥土搅松了。妻子早有心理准备,可能要挖一天吧,但谁都没想到几分钟就把石头挖起来了,仔细一看,这颗石头并没有想象的那么大,都是被它的外表蒙骗了。

感悟:障碍不在石头,而在人心里。在我们每个人的心里都有这样或那样的大石块,它很顽固地摆放在那里很久很久,以至于我们从来都不去思考,不去质疑,不试图去改变。人不能生活在想象里,搬走自己心里的石头,通路就在眼前。

CHENGYEJINGYANBAIYEJINGYAN

成也经验，败也经验

从前，有一个木匠、一个读书人和一个商人。他们从小一同长大，在一个靠近大海的地方生活了30年，日子久了，就渐渐有了厌烦的情绪。他们听说，大海那边是一个好地方，那里物产丰富，人口又多，气候适宜，非常容易发财。于是，三个人仔细商量后，决定克服一切困难，到大海那边去试试运气。

正当他们各自买好了船，仔细做着渡海的各项准备工作时，一位学识渊博、经验丰富的老人，特意赶来为他们送行，告诉他们，那个地方很远很远，要在大海上漂流很多天，海里气象多变，风浪很大，渡海的时候除了带足食物与淡水等物品外，还一定要带上指南针，免得迷失方向。临走前，老人还教给他们许多应付风浪的经验和措施。

对于老人的嘱咐，木匠和读书人是相信的，所以每个人在置办了必要的生活用品和航海用具外，都买了一只性能优良的指南针。商人却不相信老人的话，认为自己走南闯北这么多年，有着丰富的航行经验，没有指南针，不照样闯过了许多大江大河吗？于是，他只将一些食物和淡水装在船上。

在一个风平浪静的日子，三个人的航船渐渐离开了海岸，向大海那边出发了。

走到半路，海面上突然起了大雾。木匠与读书人依靠指南针的导引，航船没有偏离航向，仍然顺利地向目的地驶去。商人没有指南针，他感觉四处都是朦朦胧胧的，无论自己如何调用过去的经验，仍然无法辨明方向。不久，他就与自己的伙伴失去了联系。结果不幸闯进了急流，落了个船翻人亡的悲惨结局。

木匠和读书人的船闯过了大雾，心里十分高兴。两人正在吃干粮，补充能量。忽然，在船的正前方，出现了一片礁林。

木匠很有经验，一看到礁林，立即放下食物，站起来大声对读书人喊："快绕开，不然船会被撞翻的。"

读书人却摇摇头说:“不行,不行！指南针指的这个方向一丝一毫也不能改!”

他不听劝阻,眼睛死盯住指南针,径直将船驶进了礁林。结果触礁翻船,遭到了同商人一样的结局。

只有那个木匠,始终依据海里的情况变化不断操纵着航船。他灵活地绕过了一片片的礁林,闯过了重重风浪,终于到达了大海的那边,发现了财富,过上了幸福的生活。

感悟:在这个故事中,商人犯了经验主义的错误,结果迷失方向,闯进了急流;读书人则把经验当做永恒的法宝,不知依据实际情况灵活变通,犯了教条主义的错误,结果触礁而亡;而那位聪明的木匠,却把经验与实际相结合,终于到达了胜利的彼岸。类似商人和读书人的错误,其实我们每个人几乎都犯过。前人的经验固然是失败无数次之后的总结,但是毕竟也有一定的局限性,我们必须学会灵活变通,与时俱进,具体情况具体分析,不要认死理。

CHIKUIYESHIYIZHONGTOUZI

吃亏也是一种投资

著名汽车制造商杜兰特手下的总裁叫道尼斯, 他曾是杜兰特手下的小职员,道尼斯刚工作的时候就注意到,每天下班后,所有的人都回家了,但是老板仍留在办公室里,一直待到很晚。于是他觉得应当留下来,为老板提供一些工作上必要的协助,结果,老板随时都可以看到他,最后养成了召唤他的习惯。道尼斯付出了额外的时间和精力,但是,这种吃亏却使他获得了总裁的位置。

美国船王达拉有一位得力助手是位女士,最早她只是一名速记员,她的工作只是听取老板的口述,记录内容,替老板拆阅、分类及回复信件。薪水同公司其他普通的职员没什么两样。但是,这个员工每次用完晚餐后,总是回到办公室来,积极地做那些本来不是她分内的、也没有报酬的工作。她的能力增长很快,有时候,替老板写的信,就同老板自己写的一样。当老板的秘书因故辞职时,老板自然而然地想到了她，因为她早已做着这样的工作，并且早已有了这样的能力。她已经使自己成为对老板极有价值的帮手。

感悟：晋商有密不示人的祖训："学会吃亏"。在他们看来把吃亏处理好了是机会，用好的态度来对待吃亏，以免进入恩怨报复的恶性循环。主动吃亏可以带来更大更好的商机。吃亏是福。

CHUQIBUYI 出其不意

第二次世界大战中，苏联一艘潜艇发现德军在新罗西斯克港有个特殊的布防。在高厚的防波堤后面，修筑了迫击炮和大口径机枪阵地。苏军如果在这个港口登陆，一定会遭到迫击炮和大口径机枪的猛烈反击。舰上的炮火打不到它，如果用飞机去轰炸，但敌人防空力量又很强，因此，很难一举摧毁迫击炮阵地。

苏军得到这个情报，多次召开作战会议，重点研究如何打掉这个迫击炮阵地。有位舰长提出：借用鱼雷对付迫击炮。人们一听都哈哈大笑，太荒唐了，根本不可能。

这位舰长坚持了自己的意见，并说了一件亲眼见到的事：在一次演习中，他的一枚鱼雷从海面冲到沙滩上，并向前滑行了 20 多米，说明鱼雷能"登陆作战"。这引起指挥员们的浓厚兴趣，下令成立专门小组研究"鱼雷登陆作战"的难题。当时最大的难题是如何防止鱼雷碰撞防波堤后爆炸，并使它越过防波堤在着陆后最远点上爆炸，不然很难消灭防波堤后的迫击炮阵地。为此，他们制造了一种合适的惯性引信，使鱼雷飞过防波堤高度之后爆炸。改装之后，经过实弹射击，鱼雷登陆成功。

攻击新罗西斯克港的战斗打响后，苏军一个中队的鱼雷艇，朝港内防波堤发射 10 枚鱼雷。这些鱼雷冲出水面越过防波堤之后爆炸，把德军迫击炮阵地、大口径机关枪阵地炸得稀巴烂，使其瞬间失去战斗力，苏军发起登陆，很快占领港口。

事后，几个被俘的德国炮兵，纳闷地问苏军士兵："那些从水里上来会翻腾的炸弹，到底是什么武器？”

当苏军士兵告诉他们是鱼雷时，这几个德军士兵不断地摇头：“没听说过还有会登陆的鱼雷！”

感悟：这个故事可以说是超级思维的典型样板，它不仅不是荒唐之事，而且应该说是匠心独运的高深智慧。在实际生活中，有许多事情看来是荒唐透顶，极不实际，非常可笑的，似乎没有任何价值。其实不然，许多看起来荒唐可笑的事情，里面却含着深刻的哲理，蕴藏丰富的发明宝藏，如果我们对这些荒唐的事情进行仔细研究，很可能得到意外的启发。大胆的设想，大胆的实验，会收到意想不到的成功。出奇制胜，在于我们的奇思妙想。

GANYUZHOUCHUBIERENDEJIAOYIN

敢于走出别人的脚印

18 世纪末，欧洲政坛上出现了这样一位最没规矩的人物：拿破仑。

他从政没有规矩：一个没有贵族血统，没有门第背景的人，却靠娶了一位有钱的寡妇，挤进了法国的政坛。

他打仗没有规矩：别人都是列着队敲着鼓走到跟前才放枪，可他打仗是先用大炮轰，然后让骑兵冲上去一顿乱砍。拿破仑曾下过一条著名的指令：“让驴子和学者走在队伍中间。”在拿破仑的远征军中，除了 2000 门大炮外，还带了 175 名各行各业的学者以及成百箱的书籍和研究设备。

他用人没有规矩：除了法国，当时没有一个国家的元首的前身是鞋匠、木工和小摊贩。在他的 26 位元帅中，有 24 位出身此类贫民。

他甚至连加冕都没有规矩：别的皇帝都是跪下让教皇把王冠给他戴上，他竟然是站起来抓过王冠，自己给自己戴上！

当时欧洲的贵族们说他是世界上最没规矩的人！但是这样的一个人却带领军队踏破欧洲……

感悟：敢于走出猿类的脚步，猿变成了人；当年，毛泽东采取了不同于李德的路线，红军从此走向了胜利的道路。人类的历史就是不断创造、不断发展的历史，如果循规蹈矩，社会和科学就会止步不前。

NAPOLUNKAIQIANGDAJIUNISHUIREN

拿破仑开枪搭救溺水人

一次，拿破仑骑马穿越一片森林，忽然听到了一阵急促的呼救声。他扬鞭策马，朝着发出叫喊声的湖边跑去。只见一个不会游泳的士兵落到水里，正往深水当中漂移，距离岸边大约已有 30 米。岸上几个士兵慌做一团，无可奈何地呼喊着，他们当中谁也不会游泳。

拿破仑赶来问道："他会水吗？"

一个士兵回答说："他只能划几下，现在不行了，漂到深水里，刚才喊救命哩。"

拿破仑"哼"了一声，随即从侍卫手里取过一支手枪，并大声朝落水的人喊着："你还往当中爬什么，赶快游回来！再往前去，我就开枪啦，把你毙啦！"

说完，果然朝那人的前方开了两枪。

落水的人，也许是听到了岸上的威胁话语，也许是听到了前方子弹入水的响声，猛然地回转身来，拼力扑通扑通地胡乱划着，居然很快就向岸边靠拢了。

落水的士兵得救了，同伴们都很高兴。这时才发现，站在他们身边的竟是拿破仑皇帝。被救的小伙子惊魂初定，连忙拜谢皇帝，并不解地问："陛下，我快要淹死了，你还要枪毙我，您的子弹差一点就打中了我，真把我吓死啦！"

拿破仑笑着说："傻瓜！不吓这一下，你才真的要淹死哩！你再往前漂去，越漂越远，你就再也回不来了。"

经他这么一说，士兵们恍然大悟地笑了。

感悟：旁观者清，当事者迷。旁观者一定要有高见和胆识，处事果断，当事者也必须在山穷水尽之时，被“逼上梁山”，发挥自己最大的潜力，方能出现转机。旁观者和当事者的有机结合，才会化险为夷。

FAMINGFENGRENJI

发明缝纫机

19 世纪，美国著名发明家赫威发明缝纫机，但多次试验均未能成功。一天夜里，他梦见国王向他发布一道命令，如果 24 小时之内不能造出缝纫机，就用长矛刺死。梦里他看见向他刺来的长矛尖上有小洞，矛尖慢慢升起，慢慢降下，慢慢升起，慢慢降下。一阵激动将他惊醒，当即设计了针眼缝纫机。

感悟：“日有所思，夜有所梦”。人们在浅睡眠状态时，大脑皮层仍然在活动，一般都要做梦；梦，其实是存在大脑中的各种信息在浅睡眠状态时，进行的一种无序组合，所以，大部分的梦是混乱和虚幻的。但是，从事创造发明的人在白天，连续进行高度紧张的创造性思维，在浅睡眠状态时所做的梦，往往会形成创造性的信息组合，给人们以创造性的启示，或得出创造性的结果。

XIXINSIKAO

细心思考

300 多年前，法国医生、物理学家丹尼斯·巴本因为改革而遭到追捕，他背着土豆翻山越岭，饿了就煮土豆吃，在高山顶上总是煮不熟，于是提出疑问：“水的沸点是否与气压有关呢？”巴本做了一个密封的容器，再用它来煮土豆，由于压力越来越大，水超过 100 度才开，居然把土豆煮成了烂泥状。1681 年，巴本发明了世界上第一个压力锅。

感悟：苏联著名的心理学家捷普洛夫说："思维永远是由问题引起的。"爱因斯坦说："提出问题往往比解决问题更重要，解决问题也许是一个数学上或试验上的技能而已，而提出新的问题、新的可能性、从新的角度去看问题，都需要有创造性的想象力。"善于创造是善于思考、善于提出问题的结果。

QIAOJIMUJIUTONG 敲击木酒桶

300 多年前，一位奥地利医生给一个胸腔有疾的人看病，由于当时还没有发明出听诊器和 X 射线光透视技术，医生无法发现病在哪里，病人不治而亡。后来经尸体解剖，才知道死者的胸腔已经发炎化脓，而且胸腔内积了不少水。结果这位医生非常自责，决心要研究判断胸腔积水的方法，但久思不得其解。恰巧，这位医生的父亲是个精明的卖酒商，父亲不仅能识别酒的好坏，而且不用开桶，只要用手指敲敲酒桶，就能估量出酒的数量。

医生在他父亲敲酒桶举动的启发下想到，人的胸腔不是和酒桶有相似之处吗?父亲既然通过敲酒桶发出的声响可以判断桶里有多少酒，那么，如果人的胸腔内积了水，敲起来的声音也一定和正常人不一样。此后，这个医生再给病人检查胸部时，就用手敲敲听听。他通过对许多病人和正常人的胸部的敲击比较，终于能从几个部位的敲击声中，诊断出胸腔是否有病?这种诊断方法就是现在医学上所称的"叩诊法"。

后来，这种"叩诊"法得到了进一步的发展。1861 年的某一天，法国男医生雷克给一位心脏有病的贵妇人看病时，为难了。正在为难之际，他忽然想起了自己在参与孩子游戏活动中的一件事情，孩子们在一棵圆木的一头用针乱划，另一头用耳朵贴近圆木能听到搔刮声，而且还很清晰。在此事的启发下，他请人拿来一张纸，把纸紧紧卷成一个圆筒，一端放在那妇人的心脏部位，另一端贴在自己的耳朵上，果然听到病人的心率声，甚至于比直接用耳朵贴着病人胸部听的效果更好。后来他就根据这一原理，把卷纸改成现在的橡皮管，另一头改进为贴在病患者胸部能产生共鸣的小盒，就成了现在的听诊器。

感悟：从一定意义上说，发明家就是联想家。互相联系的客观事物之间，均是存在着一定的相互影响的共同因素，发现和迁移，给以新的存在形式，就是创造。成功就在发现和联系之中。

MAFENDEZHUANHUAN
马粪的转换

从前，澳大利亚的一个名字叫约翰·马登的大学毕业生，刚毕业的时候就在悉尼市郊区的一个养马厂打工。他每每看到一车车的马粪被运往附近农村贱价卖掉时，就想：如果能以马粪为原料，制成一种高效而无污染的、还便于运输的肥料，一定会受到农民们的欢迎，而且市场前景十分广阔。于是，他潜心学习和肥料有关的化学知识及农业知识。他用马粪做实验，从中提取便于农作物吸收的各种化合物。经过两年艰辛钻研，马登果然发明了一种方法，能将马粪提炼加工成一种高效的、无臭味的颗粒肥料。并把这种肥料用塑料袋包装起来，注明农作物所需要的化合物成分，在悉尼市场上以每包2澳元的价格出售。

发明新型肥料的消息不胫而走，这种肥料很快被悉尼的农场所接受，随后在澳大利亚推广，成了供不应求的畅销货。在一年的营销过程中，用马粪制成的肥料竟带来近亿美元的收入，其中光向国家缴纳的马粪税就达到600万美元。29岁的马登，也因此成了悉尼的传奇式人物。

感悟：成功的奥秘在于，避其短扬其长，开发出优点更多的产品。成功的原因在于,透过现象,抓住本质,尊重规律,深入研究。成功在于用心。

YONGYURENCUO 勇于认错

一天午饭过后，某海军修船厂中修的一艘护卫舰突然着火了。正在舰上助修的副舰长第一个发现火情，马上集合助修的战士,迅速组织灭火,同时,向上级领导报告了情况。舰长、政委以及工厂的厂长及时赶到了现场,经过一个多小时的奋力扑救,大火被扑灭了,舰艇的实际损失不大。经上级工作组查证,起火原因是一名工人违章作业造成的。

尽管主要责任在工厂一方,但是在舰艇助修的安全员、巡视员都没有及时发现火情,说明舰艇的安全管理是有问题的。对此,该舰单政委没有推诿,主动承担了全部领导责任,向上级党委写了书面检查和引咎辞职报告。

单政委勇于承认错误、敢于承担责任的举动,赢得了上级工作组、工厂领导和全舰官兵的肯定和尊重,虽然上级党委还是严厉地处罚了他和相关责任人,但是他敢做敢为的良好形象却让他在后来的晋升中屡次脱颖而出。

感悟:勇于承认错误也是一种诚实,这种诚实更需要勇气,需要胸怀和境界。勇敢地承认错误,主动地承担责任,尽力进行补救,不但于事业有利,更有利于赢得人们的尊重和信任,有利于彰显自己的形象。

SHIQINGDOUYOULIANGFANGMIAN

事情都有两方面

许教导员到一连蹲点，了解到连长与战士的关系不是很融洽，战士觉得连长严格要求有余，缺少人情味。

这一天，许教导员接到一个电话，是战士小张从老家打来的，要求续几天假，到地方大医院看病。许教导员感到很奇怪，续假的电话怎么打到他这里来了？按照规定，小张应该向连队领导请假。小张解释说他已经给连长打过电话了，但是连长不同意。许教导员告诉他："你先等等，我了解一下情况，再打电话给你。"

连长告诉许教导员，小张以前有过借口生病而欺骗领导的事情，所以这次和指导员商量，不同意给他续假。

许教导员想了想说："还是给小张续几天假吧。"

"可是，他可能又是在欺骗我们！"连长反对说。

"他以前欺骗过我们，并不代表这次也会欺骗我们。如果这次他真的病了，由于我们的决定而耽误了病情，这责任谁来承担？如果他真的欺骗我们，回来再处理也不迟。"

停了一下，许教导员又耐心地说："严格要求战士没有错，但是也不能带着有色眼镜看待战士。事情都有两方面，对战士既要严格要求，又要关心爱护。"

之后，战士小张到地方医院检查了身体，结果初步诊断是"肾上腺皮质癌"。得到诊断结果后，许教导员向上级作了汇报，并把小张协调到海军医院做了手术。

这件事情，对连长震动很大。在小张手术后最危险的时候，他衣不解带亲自陪护了7天7夜，用实际行动感动了小张和他的亲人，同时也感动了全连官兵。

感悟：许教导员对战士问题的处理很圆满，通情达理，不失原则，是因为他能够辩证地看问题，实事求是地想问题。

ZHENZHENGDEYONGQI

真正的勇气

三名海军上将谈论起什么是真正的勇气。

德国将军说:“我告诉你们什么是勇气。”说完他召来一名水手。“你看见那根100米高的旗杆子吗？我希望你爬到顶端,举手敬礼,然后跳下来！”

德国水手立即跑到旗杆前,迅速爬到顶上,漂亮地敬了个礼,然后跳下来。

“呵,真出色!”美国将军称赞说。他对一名美国水兵命令道:“看见那根200米高的旗杆了吗？我要你爬到顶,敬礼两次,然后跳下来。”

美国水兵非常出色地执行了命令。

“啊,先生们,这真是一次令人难忘的表演。”英国将军说:“但我现在要告诉你们,我们皇家海军对勇气的理解。”

他命令一名水手:“我要你攀上那根高300米的旗杆顶端,敬礼三次,然后跳下来。”

“什么？要我去干这种事？先生你一定神经错乱了！”英国水手瞪大眼睛叫了起来。

“瞧,先生们,”英国将军得意地说,“这才是真正的勇气。”

感悟: 蛮干不是勇气,因为它缺乏理智和科学。做成事情要求有勇有谋,有勇无谋、有谋无勇,都是缺欠。

智慧谋略篇

ZHMLP

JINGMINGDEBUSHIZIDEJIANGJUN

精明的不识字的将军

民国初年,有位穷苦出身的军长,虽然作战勇敢,又会用计谋,可是却一字不识,连自己的名字也不会写。军部来往公文,他就让秘书念给他听。文件上需要他签字,他就用一支毛笔在公文上点上一个黑点了事。

时间一长,秘书感到有机可乘,点个黑点谁不会?于是,秘书就伪造了一张领条,领条上也用毛笔点了一个黑点,于是,领来的军饷全部装入了秘书自己的腰包。

后来,军需处发现秘书领的这笔军响没有发给士兵,就追查起来。这一查就查到了秘书身上。

"这笔军晌是经过军长签字的。"秘书理直气壮地说。

军需处去问军长,军长说:"把我签字的条子拿来看!"

军需处将条子拿来交给军长,军长拿过条子对着亮光一瞧,斩钉截铁地说:

"这张条子不是我签的字!"

秘书辩解道:"军座!这条子上的黑点不是你点的吗?"

军长一声冷笑:"把我的笔拿来!"

笔拿来后,军长接过笔在纸上点了一下,说道:

"你们将两个黑点到亮处去比比看。"

众人将两个黑点到亮光处一比,这才发现军长刚才点的那个黑点中间有个小洞。众人感到奇怪,将军将毛笔头弄开一看,里面安了一根针。秘书吓得扑通一声跪在军长面前,哭着求饶。众人不由暗中叹服:别看军长目不识丁,可他真是粗中有细啊!

感悟:示之以"笨"而藏之以巧,这一招有效地遏制了下属"混水摸鱼"的行为。对那些投机取巧的人就是需要这种智慧,这也是这位军长高人一筹之处。

NINGMENGSHUIHEXIANGWEISHE

柠檬水和响尾蛇

美国芝加哥大学的罗吉斯特在谈到如何获得快乐的时候曾经如此说过:“我一直尝试着遵照一个小小的忠告去做我的事情,这是已故的西尔斯公司董事长裘利亚斯·罗山告诉我的。他说,如果有个柠檬的话,就想一想如何做柠檬水。”

住在美国佛吉尼亚州的一个农夫,他出巨资买下了一片农场之后,突然发现自己上当了,因为这块地既不能种水果,也不能养猪,这里能够生长的只有白杨树和响尾蛇。在一番痛苦和后悔之后,他想到了一个很好的主意,要把这块坡地的价值利用起来,那些响尾蛇是关键。他的做法令每个人都很吃惊,因为他开始做响尾蛇罐头。几年后,他的生意已经做得非常大了,每年到他农场来参观的人高达几万人次。他从响尾蛇口中取出毒汁,运送到各大药厂去做蛇毒的血清,把响尾蛇的皮以很高的价钱卖给厂商去做鞋子和皮包,把响尾蛇的肉做成蛇肉罐头进行销售。由于他独到的眼光和天才般的贡献,他所在的村子现在已经改名为响尾蛇村。

感悟:生活中,都有可能被命运给予自己一些本来不希望拥有的东西,但是不希望拥有的东西,可能蕴藏着巨大的价值。要积极面对,善于发现,善于改变不如意,而不是轻易抛弃。

LENGJINGCAIHUIXIANGCHUHAOBANFA

冷静才会想出好办法

故事发生在印度。一对官员夫妇在家中举办了一次丰盛的宴会,客人中有当地的陆军军官、政府官员及其夫人,另外还有一名生物学家。

宴会中，大家都尽情地笑着玩着。那位生物学家默默地坐在一旁，仔细观察着在座每一位。这时，他发现女主人露出奇怪的表情，显得十分紧张。很快，她招手叫来身后的一位男仆，对其进行一番耳语。仆人惊恐万分，便很快离开了房间，把一碗牛奶放在门外的走廊上。生物学家突然一惊，在印度，地上放一碗牛奶只代表一个意思，即引诱一条毒蛇。他首先抬头看屋顶，那里是毒蛇经常出没的地方，可那儿光秃秃的，什么也没有。再看饭厅的 4 个角，也都空空如野。现在只剩下最后一个地方他还没看，那就是餐桌下面。

这时，只见他一动不动，迅速地向大家说了一段话，语气十分严肃，以至于大家都安静下来。“我想试一试在座诸位的控制力有多大。我从 1 数到 400，这会花 6 分钟，这段时间里，谁都不能动一下，否则就罚他 60 个卢比。预备，开始！”生物学家不急不忙地数着数着，餐桌上的 20 个人，全都像雕像似的一动不动。当数到 388 时，生物学家终于看见一条眼镜蛇向门外有牛奶的地方爬去。他飞快地跑过去，把通向走廊的门一下子关上，室内立即发出一片尖叫。

这时，生物学家转身朝向女主人，“温兹女士，你是怎么发现屋里有条蛇的呢？”女主人脸上露出一抹浅浅的微笑：“因为它从我的脚背上爬了过去。”

感悟：每个人都会在生活和工作中遇到这样那样的意外，只有冷静，才能保持头脑的清醒，找出对付意外的办法。

YICHANGBUXUNCHANGDESHEJIBISAI

一场不寻常的射击比赛

1861 年，美国内战开始后不久的一天，19 岁的青年克里斯托夫·斯潘塞，拿着一个盒子闯进了军械部办公室。斯潘塞把他设计的枪取了出来，介绍这是他发明的连发枪。听说连发枪，军官们不但捧腹大笑这位青年胡思乱想，而且还怀疑他神经是否正常。有的军官已摊开手，示意他离开办公室。

当时，军队使用的都是前装步枪，枪弹是从枪口装入的，而且弹壳还不是金属的，这种枪只能单发。如今，这个乳臭未干的年轻人胆敢在他们这些行家面前，大谈什么金属弹壳，后装步枪，而且还要连发，真是不知天高地厚！

斯潘塞垂头丧气，离开了办公室。正要走出时，没想到看大门的老头向他打招呼，和他攀谈起来。后来老头领他去见一个人，这个人正是美国第16任总统兼北军统帅林肯。

林肯听完看门老头的介绍后，笑着对年轻人说："小伙子，你搞的枪不错，但眼见为实，打响了才算数，走，到外面试试看。"

斯潘塞7发子弹都中靶，然后又装上7发子弹，把枪交给林肯。林肯打完后，走到靶板一看笑了："小伙子，我年轻时，比你打得好。"显然，今天这场射击，林肯打的弹着点散布要比斯潘塞那7发大。不过他对这支枪是非常满意的。

白宫这一场不寻常的射击比赛惊动了美国海军部和陆军部。军械部办公室的军官知道后个个目瞪口呆，被他们怠慢和置之不理的小伙子发明的这支枪竟然如此出色，要不是林肯，这支枪不就被他们扼杀了吗？

感悟：有些时候，不能轻信别人，也不能轻易拒绝别人，不能轻易下结论。而是要眼见为实，认真地去了解，去研究，这样才能不埋没人才，不错过机会，自己也从中受益。

HEBIANDEPINGGUO

河边的苹果

这一天，老和尚嘱咐弟子每人去南山打一担柴回来。弟子们匆匆行至离山不远的河边，人人目瞪口呆。只见洪水从山上奔泻而下，无论如何也休想渡河打柴了。无功而返，弟子们都有些垂头丧气。唯独一个小和尚与师傅坦然相对。师傅问其故，小和尚从怀中掏出一个苹果，递给师傅说，过不了河，打不了柴，见河边有棵苹果树，我就顺手把树上唯一的一个苹果摘来了。

后来,这位小和尚成了师傅的衣钵传人。

感悟:过不了河掉头而回,是一种智慧,但是不空手而归,还要在河边做一件事情,这是一种精明。历览古今,善于精打细算的人,最终都实现了人生的突围和超越。

CAIFANGSHANGDI 采访上帝

我在梦中见到了上帝。

上帝问道:"你想采访我吗?"

我说:"我很想采访你,但不知道你是否有时间。"

上帝笑道:"我的时间是永恒的。你有什么问题吗?"

"你感到人类最奇怪的是什么?"

上帝答道:

"他们厌倦童年生活,急于长大,而后又渴望返老还童;他们牺牲自己的健康来换取金钱,然后又牺牲金钱来恢复健康;他们对未来充满忧虑,但却忘记了现在;他们活着的时候好像从不会死去,但是死去以后又好像从未活过。"

上帝握住我的手,我们沉默了片刻。

我问道:"作为长辈,你有什么生活经验想要告诉子女的?"

上帝笑着答道:

"他们应该知道不可能取悦于所有人,他们所能做的只是让自己被人所爱;他们应该知道一生中最有价值的不是拥有什么东西,而是拥有什么人;他们应该知道与他人攀比是不好的;他们应该知道富人并不拥有最多,而是需要最少;他们应该知道要在所爱的人身上造成深度的创伤只要几秒钟,但是治疗创伤则要花几年的时间,甚至更长;他们应该学会宽恕别人;他们应该知道有些人在深深地爱着他们,但却不知道如何表达自己的感情;他们应该知道金钱可以买到任何东西,但却买不到幸福;他们应该知道两个人看同一个事物,会看出不同的东西;他们应该知道得到别人宽恕是不够的,他们也应当宽恕自己。”

感悟:记住上帝的“生活经验”。如果我们每个人都能按照上帝说过的话去做,那么我们每个人都能成为品德高尚的人、生活幸福的人。

YICEXIANGSIWEIFANGFAJIEJUEWENTI 以“侧向思维”方法解决问题

面对一个难解的问题时,不要只是从“正面”的角度去考虑。有的时候,通过侧向思维方法,从“侧面”的角度来思考和解决问题,往往会给你带来意想不到的收获!

毛姆是英国著名作家。在他未成名前,生活很困窘,写的书卖不出去。后来,他想了一个办法,在一家最有名的报纸上登了一则广告:“本人是一位年轻、有教养、爱好广泛的百万富翁,希望找一位与毛姆小说中的女主角一样的女性结婚。”结果,毛姆的小说很快就被抢购一空。

书卖不出去,直接宣传书本身的价值,是正面的做法,但很可能费力不讨好。那么就从侧面做文章:通过一个百万富翁征婚的广告,来刺激人们的兴奋点——究竟毛姆的小说有多大的吸引力,使得这位年轻的百万富翁竟要把其中的人物作为择偶标准?于是,在好奇心的驱使下,大家纷纷购买毛姆的小说。本来是卖书的广告,结果却通过一则征婚广告来实现。这就是运用侧向思维方法的魅力!

感悟:塞正通侧,即有意不走“正路”,塞住走“正”的可能,却在侧向开辟道路,以达到更理想的效果,这就是从侧向找价值。

HUANYIZHONGSIWEIHUANYIPIANTIANDI

换一种思维，换一片天地

从前，有位秀才进京赶考，住在一个以前经常住的店里。这已经是他第五次进京赶考，所以对一切事情都小心翼翼。考试前他做了三个梦，第一个梦是梦到自己在屋顶上种南瓜；第二个梦是下雨天，他戴了斗笠还打伞；第三个梦是梦到跟心爱的未婚妻脱光了衣服躺在一起，但是背靠着背。

这三个梦似乎有些深意，秀才第二天就赶紧去找算命的解梦。算命的一听，连拍大腿说："你还是回家吧！你想想，屋顶上种南瓜不是白费劲吗？戴斗笠打雨伞不是多此一举吗？跟未婚妻都脱光了躺在一张床上，却背靠背，不是没戏吗？"

秀才一听，心灰意冷，回店收拾包袱准备回家。店老板非常奇怪："不是明天才考试吗，今天你怎么就回乡了？"

秀才把算命先生的解梦说了一番，店老板乐了："哟，我也会解梦的。我倒觉得，你这次一定要留下来。你想想，屋顶上种南瓜不是高种(中)吗？戴斗笠打雨伞不是说明你这次有备无患吗？跟你未婚妻脱光了衣服背靠背躺在床上，不是说明你翻身的时候就要到了吗？"

秀才一听，觉得更有道理，于是精神振奋地去参加考试，居然中了榜眼。

感悟："山重水复疑无路，柳暗花明又一村"。遇到问题的时候，不要让困难禁锢你的思想，试着换一种思维去思考，你就可以化逆境为顺境，化问题为机遇，从而轻易地捕捉到成功的契机。

YIZIJISUOYUANYIDEFANGSHIBIAODAYIJIAN

以自己所愿意的方式表达意见

著名的山水画家马远，所作的画往往只要山水一角，“或峭峰直上而不见其顶，或笔笔直下而不见其脚”，人们因此称他为“马一角”。

他之所以只画“残山剩水”，用意在讽刺小朝廷的苟且偷安，以寄托其爱国的感情。同朝的著名花鸟画家郑所南善画墨笔兰花，南宋亡后，他所作的墨兰，从此不着土坡。有人问他为什么，他答：“难道你还不知道吗？土地已被番人夺去，叫我的兰花长在哪里呢？”

马远和郑所南的忧世之言，使后人为之崇敬，也不乏效法之人。其中就有东北军阀张作霖。

有一次，张作霖应日本人邀请去出席酒会。在酒会上，这位东北“土皇帝”派头十足，威风凛凛，使在场的日本人大为不快。日本人设计要当众羞辱张作霖，以发泄他们内心的积懑。三巡酒过，一个日本名流捧来笔墨纸张，定要张作霖当众赏幅字画。他以为张作霖是“土包子”，斗大字不识一箩筐，定然会当众出丑。不料，张作霖接过纸笔，竟不推辞。写完过后，冷笑两声掷笔而去，旁若无人地坐回自己的席位。众人齐看纸上写的是“虎”字，落款为“张作霖手黑”。

张作霖的秘书凑近张作霖小声说：“大帅，您的落款‘手墨’的‘墨’字下面少了个‘土’，成了‘黑’字了。”张作霖听了，两眼一瞪，大声骂道：“妈个巴子，你懂个屁！谁不知道在‘黑’字下面加个‘土’字念‘墨’？我这是写给日本人的，不能带‘土’，这叫‘寸土不让’！”在场的日本人听了，个个张口结舌。

感悟：做人有原则，人在复杂的场合难以直率地表达自己的情感，运用幽默讽刺等手法，曲折委婉的表达，也可以表明自己的态度，坚守自己的原则。

BAIWANSHENJIADEREN

百万身价的人

两个青年一同开山，一个把石块砸成石子运到路边，卖给建房的人；一个直接把石块运到码头，卖给杭州的花鸟商人。因为这儿的石头总是奇形怪状，他认为卖重量不如卖造型。3年后，他成为村上第一个盖起瓦房的人。

后来，这儿成了果园。每到秋天，漫山遍野的鸭梨招来八方客商，他们把堆积如山的梨子成筐成筐地运往北京和上海，然后再发往韩国和日本。

就在村上的人为鸭梨带来的小康日子欢呼雀跃时，曾卖过石头的那果农卖掉果树，开始种柳。因为他发现，来这儿的客商不愁挑不到好梨子，只愁买不到盛梨子的筐。5年后，他成为村里第一个在城里买房的人。

再后来，一条铁路从这儿贯穿南北，这儿的人上车后，可以北到北京，南抵九龙。小村对外开放，果农也由单一的卖果开始谈论果品加工及市场开发。就在一些人开始集资办厂的时候，还是那个村民，在他的地头砌了一垛3米高、百米长的墙。这垛墙面向铁路，背依翠柳，两旁是一望无际的万亩梨园。坐车经过这儿的人，在欣赏盛开的梨花时，会突然看到四个大字：可口可乐。据说这是五百里山川中唯一的广告，那垛墙的主人凭这垛墙，第一个走出了小村，因为他每年有4万元的额外收入。

20世纪90年代末，日本丰田公司亚洲区代表山田信一来华考察，当他坐火车路过这个小山村时，听到这个故事，他被主人公罕见的商业化头脑所震惊，当即决定下车寻找这个人。

当山田信一找到这个人的时候，他正在自己的店门口与对门的店主吵架，因为他店里的一套西装标价800元的时候，同样的西装对门标价750元，他标价750元的时候，对门就标价700元。一月下来，他仅批发出8套西装，而对门却批发出800套。

山田信一看到这种情形，非常失望，以为被讲故事的人欺骗了。当他弄清真相之后，立即决定以百万年薪聘请他，因为对门的那个店也是他的。

感悟：独辟蹊径，出其不意，声东击西，旁敲侧击，欲盖弥彰等这些“孙子兵法”里面的计策都被这个独特的人用上了，堪称足智多谋的典范。善于创新，才与众不同，与众不同才被人欣赏。

JINBUDESUDU 进步的速度

MBA 教材中有这样一个案例：某商场的老板每周都会带着他的主要干部等去逛别的商场，每次都只有一个任务：每个人要发现人家一点比自己单位强的地方。要是这个人总也找不出人家的优点，那你就别去了，当然也就可能干不下去了。这个商场实在找不到优点了，就去另一家。当然了，找到这些优点绝不是为了给他们做宣传，而是要把它们变成自己的。这是个借鉴有术的老板！

感悟：知彼知己百战不殆，出色的人善于学习和发现，不仅仅学习书本上的知识，也要学习自己“对手”的长处，看到自己的不足和缺点，从而完善自己，充实自己，立于不败之地。

YANJINGSHISIXIANGDECHUANGHU 眼睛是思想的窗户

地点：某高等学府化学实验室。
人物：导师和三位博士研究生。
道具：试管及人尿。
导师微笑着举起试管，“诸位，试管里是尿，人尿。科学的探索需要一种勇敢无畏的精神。诸位，请先看我品尝尿液，然后请照我去做。”导师用手指尝尿。条件反射，三位博士生面露难色。

试管在博士生手中传递。品尝、品尝、再品尝，博士生表情痛苦无比。

试管传回讲台，导师举起试管，笑容可掬：“诸位很勇敢，精神的确可嘉。但是我要指出的是，科学探索一要勇敢，二要反对盲从。而且，眼睛应是思想的窗户，刚才诸位忽略了本人品尝中的一个重要细节。本人是将中指伸入试管，而放入嘴中品尝的却是食指。

感悟：眼睛是思想的窗户，所以一定要用好你的眼睛，用心观察，用怀疑的眼光看事物，不要盲从，从细节中看出端倪。能从容易被忽略的细节中发现问题，你就可能成为一个智者。

TUIYICUNCAINENGJINYICHI

退一寸，才能进一尺

美国著名的成人教育家戴尔·卡特逊在纽约举办训练班时，租用的是一家大饭店的大礼堂。办至中途，他忽然接到通知，要他付比原来多3倍的租金。后来打听到，原来是饭店经理为了赚更多的钱，打算把场地出租给另外的人举办舞会或晚会。

卡特逊找到了饭店经理，对他说：“假如我处在你的地位，或许也会写出同样的通知。你是这家饭店的经理，你的责任是让饭店尽可能地多赢利。你不这样做的话，你的经理职位就难保住。大礼堂不出租给讲课的，而出租给举办舞会的晚会的，那你可以获大利了。因为举行这一类活动的时间不长，他们能一次付出很高的租金，比我这租金当然多得多。租给我，显然，你吃亏了。”

卡特逊松弛了对方的戒备情绪，缓和了气氛之后，继续说：“但是，你要增加我的租金，结果将会是降低收入。因为，实际上等于你把我赶跑了。由于我付不起你所要的租金，我势必再找别的地方举办训练班。要知道，这个训练班吸引了成千的有文化的、受过教育的中上层管理人员，这些人到你的饭店来听课，实际上起了免费为饭店做活广告的作用。可以这么说,你即使花 5000 元钱在报纸上登广告,也不能邀请这么多人亲自到你的饭店来参观,可我的训练班给邀请来了,这难道不合算吗?”在卡特逊的说服下,饭店经理放弃了增加租金的要求,让训练班继续办下去。

感悟:以退求进是高明的处世哲学。因为只有退后才能跳得更高,只有收拳才能出拳有力,只有退一步才能进两步。但是,无论进退,都要找到彼此利益攸关点,都要抓住要害。

GAOMING
高明

二战结束后不久,欧洲盟军总司令艾森豪威尔出任哥伦比亚大学校长。副校长安排他听有关部门汇报,考虑到系主任一级人员太多,只安排会见各学院的院长及相关学科的联合部主任,每天见两三位,每位谈半个钟头。

在听了十几位先生的汇报后,艾森豪威尔把副校长找来,不耐烦地问他总共要听多少人的汇报,回答说共有 63 位。艾氏大惊:“天呀,太多了!先生,你知道我从前做盟军总司令,那是人类有史以来最庞大的一支军队,而我只需接见三位直接指挥的将军,他们的手下我完全不用过问,更不需接见。想不到,做一个大学的校长,竟要接见 63 位主要的首长。他们谈的,我大部分不懂得,又不能不细心地听他们说下去,这实在是糟蹋了他们宝贵的时间,对学校也没有好处。你定的那张日程表,是不是可以取消了呢?”

艾氏后来又当选美国总统。一次,他正在打高尔夫球,白宫送来急件要他批示,总统助理事先拟定了“赞成”与“否定”两个批示,只待他挑一个签名即可。谁知艾氏一时不能决定,便在两个批示后各签了个名,说道:“请狄克(即副总统尼克松)帮我批一个吧。”然后,若无其事地去打球了。

感悟:懂得放权,是善于用权的表现,不事必躬亲,是善于解脱自己的表现。世界上的事情累死了也做不完,把人用好,是领导者最主要的事情。

ZHIDAIYIMEIYUANDEYOUTAIFUHAO
只贷一美元的犹太富豪

一位犹太富豪走进一家银行,来到贷款部前,大模大样地坐了下来。

“请问先生,您有什么事情需要我们效劳吗?”贷款部经理一边小心地询问,一边打量来人的穿着:名贵的西服,高档的皮鞋,昂贵的手表,还有镶宝石的领带夹子……

“我想借点钱。”

“完全可以,您想借多少呢?”

“1美元。”

“只借1美元?”贷款部的经理惊愕了。

“我只需要1美元。可以吗?”

“当然,只要有担保,借多少,我们都可以照办。”

“好吧。”犹太人从豪华的皮包里取出一大堆股票、国债、债券等放在桌上:“这些做担保可以吗?”

经理清点了一下,“先生,总共50万美元,做担保足够了,不过先生,您真的只借1美元吗?”

“是的。”犹太商人面无表情地说。

“好吧,到那边办手续吧,年息为6%,只要您付出6%的利息,一年后归还,我们就把这些股票和作保的证券还给您……”

“谢谢……”犹太富豪办完手续,便准备离去。一直在一边冷眼旁观的银行行长怎么也弄不明白,一个拥有50万美元的人,怎么会跑到银行来借1美元呢?

他从后面追了上去:“对不起,先生,可以问您一个问题吗?”

“你想问什么?”

“你拥有50万美元的家当,为什么只借1美元呢?要是您想借40万美元的话,我们也会很乐意为您服务的。”

"我到这儿来,是想办一件事情,可是随身携带的这些票券很碍事,我问过几家金库,要租他们的保险箱,租金都很昂贵,我知道贵行的保安很好,所以嘛,就将这些东西以担保的形式寄存在贵行了,由你替我保管,我还有什么不放心呢!况且利息很便宜,存一年才不过6美分……"

感悟:从这里我们可以看到一个富人的精明。做事情,比较一下出办法,换个方式出效益。多看,多比较,多思考,就会想出好办法。

AOYUNSHANGJI 奥运商机

1984年以前的奥运会主办国,几乎是"指定"的。对举办国而言,往往是喜忧参半。能举办奥运会,自然是国家民族的荣誉,也可以乘机宣传本国形象,但是以新场馆建设为主的强大硬件软件投入,又将使政府负担巨大的财政赤字。1976年加拿大主办蒙特利尔奥运会,亏损10亿美元,当时预计这一巨额债务到2003年才能还清;1980年,前苏联莫斯科奥运会总支出达90亿美元,具体债务更是一个天文数字。赔老本已成奥运定律。

直到1984年洛杉矶奥运会,美国商界奇才尤伯罗斯接手主办奥运,运用他超人的创新思维,改写了奥运经济的历史,不仅首度创下了奥运史上第一巨额赢利纪录,更重要的是建立了一套"奥运经济学"模式,为以后的主办城市如何运作提供了样板。

鉴于其他国家举办奥运的亏损情况,洛杉矶市政府在得到主办权后作出一项史无前例的决议:第23届奥运会不动用任何公用基金。因此而开创了民办奥运会的先河。

尤伯罗斯接手奥运之后,发现组委会竟连一家皮包公司都不如,没有秘书、没有电话、没有办公室,甚至连一个账号都没有。一切都得从零开始,尤伯罗斯决定破釜沉舟。他以1060万美元的价格将自己的旅游公司股分卖掉,开始招募雇用人员,把奥运会商业化，进行市场运作。

第一步，开源节流。尤伯罗斯认为，自1932年洛杉矶奥运会以来，规模大、虚浮、奢华和浪费成为时尚，他决定想尽一切办法节省不必要的开支。首先，他本人以身作则不领薪水，在这种精神感召下，有数万名工作人员甘当义工；其次，延用洛杉矶现成的体育场；第三，把当地的三所大学宿舍做奥运村。仅后两项措施就节约了数以十亿的美金，点点滴滴都体现其创新思维的功力、胆识。

第二步，声势浩大的“圣火传递”活动。奥运圣火在希腊点燃后，在美国举行横贯美国本土的1.5万公里圣火接力跑，用捐款的办法，谁出钱就可以举着火炬跑上一程，全程圣火传递权以每公里3000美元出售，1.5万公里共售得4500万美元。尤伯罗斯实际上是在卖百年奥运的历史、荣誉等巨大的无形资产。

第三步，狠抓赞助、转播和门票三大主要收入。尤伯罗斯出人意料地提出，赞助金额不得低于500万美元，而且不许在场地内包括其空中作商业广告。这些苛刻的条件反而刺激了赞助商的热情，一家公司急于加入赞助，甚至还没弄清所赞助的室内赛车比赛程序如何，就匆匆签字。尤伯罗斯最终从150家赞助商中选定30家。此举共筹到1.17亿美元。

最大的收益来自独家电视转播权转让。尤伯罗斯采取美国三大电视网竞投的方式，结果，美国广播公司以2.25亿美元夺得电视转播权。尤伯罗斯又首次打破奥运会广播电台免费转播比赛的惯例，以7000万美元把广播转播权卖给美国、欧洲及澳大利亚的广播公司。

门票收入，通过强大的广告宣传和新闻炒作，也取得了历史最高水平。

第四步，出售以本届奥运会吉祥物山姆鹰为主的标志及相关纪念品。结果，在短短的十几天内，第23届奥运会总支出5.1亿美元，赢利2.5亿美元，是原计划的10倍。尤伯罗斯本人也得到47.5万美元的红利。在闭幕式上，国际奥委会主席萨马兰奇向尤伯罗斯颁发了一枚特别的金牌，报界称此为“本届奥运最大的一枚金牌”。

感悟：洛克菲勒有句名言：“如果你想成功，你应辟出新路，而不要沿着过去成功的老路走……即使你们把我身上的衣服剥得精光，一个子儿也不剩，然后把我扔在撒哈拉沙漠的中心地带，但只要有两个条件：给我一点时间，并且让一支商队从我身边经过，那要不了多久，我就会成为一个新的亿万富翁。”

MOHUFAJIENANTI
模糊法解难题

潘东军校毕业后，分配到连队当排长。报到的当天晚上，同全排战士见了面，简单自我介绍以后，按照连队要求，布置任务：“明天全排割苞米”。话音刚落，一个战士举手报告：“明天我请假，洗被”。排长一看，原来是代理过排长的四班长。这个班长愿意在部队干，而且能力强，技术好，新排长的到来，使他的愿望破灭了，心中有气。排长一听，觉得四班长情绪不对头，怎么办？给假？不给假？批评？解释？……都不妥当。于是运用了模糊法：“下来再说，散会！”

第二天排长看见整队出操的是四班长，觉得四班长虽然有想法，但觉悟还是高的。昨晚他提出洗被，这正是做工作的好机会，于是就在队伍“向右转！齐步走！”的时候，排长命令排尾的两个战士留下，以最快速度，把四班长的被拆了、洗了、晾上。

四班长带队出操回来，看见自己的被已经晾在了外面，一打听，是排长安排的，很受感动。早饭后，他手拿镰刀，找到潘东说：“排长，你刚来先休息一下，今天割苞米，我带队去。”从此四班长成为排长的好朋友和得力骨干。

感悟：这个“模糊法”运用得恰到好处，“下来再说，”避免了当场的冲突，给双方都留了余地；谁也不知道“再说”的答案，给双方都留了面子，留下了主动。当一时没有好办法的时候，“下来再说”不失为一种高明的办法。

TESHURENWU
特殊任务

有个性格倔犟、脾气火暴的战士，借了一本录像带，熄灯后自己在俱乐部看，被站岗的战士发现，报告了指导员，说里边有搂搂抱抱的镜头。指导员找到这个战士，批评他看黄色录像，违反了纪律规定，要没收录像带。战士说不是黄色录像带，是指导员小题大做。指导员要没收录像带，战士不给，两个人撕扒起来，战士打了指导员一拳。这件事上报到营里，教导员把战士叫到营部一顿猛批，让他写检查。战士说自己没有错误，就是不写。教导员说，你不写就别想离开营部，让通信员看住他。

傍晚，教导员把张海找到营部说，“交给你一个特殊任务，敢不敢接受?”张海果断地回答:“领导交给的任务，保证圆满完成!”教导员又说，“我把这个战士交给你，今晚你要和他寸步不离，让他写出检查，明天一早交给我。”张海说:“教导员你放心，人不会出半点差错，检查明天按时交给你。”

张海到了战士的屋里，战士正在呼呼生气，看到排长来了，也没有搭理。张海说:“我相信你不会看黄色录像带。”战士一听，感到有人说公平话，气也不那么大了，张海接着说:“你感到被委屈了，可以理解，但是你把录像带交给指导员不就澄清了吗? 指导员越要你越不给，这就是你的不对了，你拔犟眼子不是和自己过不去吗? 再说，干部打战士都犯错误，你一个战士打干部，错误不更大吗?听说你是三年兵了，马上要退伍回家了，挨个处分你觉得合适吗? ”

战士听排长说的入情入理，露出了求救的目光。张海一看，时机到了，就说“目前唯一的办法，就是好好表现，让教导员宽大处理。”

“怎么好好表现? ”战士急切地问。

“你知道教导员让我干什么来了吗? ”张海见战士不语接着说:“让我来看着你来了，如果你不让我看着，自己老老实实的，把检查写出来，明天我向教导员汇报，就说你表现得非常自觉，主动写检查，教导员能不宽大处理吗? 你要还是拔犟眼子，可没有好果子吃，弄不好还得关禁闭。”战士听排长讲的有道理,请排长帮忙写检查,张海进一步做工作:“我可以帮助你写,但是你自己写,说明态度真诚,哪怕你写几行,也是自己的认识,我看你也是个敢作敢当的血性汉子!这样吧,我帮你研究个纲,你自己写!”研究完了,张海说:“我到教导员那屋睡,给你好好表现的机会。”

第二天张海起来一看,战士趴在桌子上睡着了,旁边放着写好了的大半篇检查。张海把情况向教导员作了汇报,教导员非常满意,也非常吃惊,他料定眼前这个小排长一定会有大出息。

感悟:这是一个棘手问题,排长处理得很成功,说明无论什么难事,只要肯动脑,没有解决不了的;解决问题之前要把情况了解清楚,把话说到战士的心坎上;要软硬兼施,多管齐下;出发点是帮助战士,给战士提供改正错误的机会。

NONGMINDEGAOMING
农民的高明

一天,一个农民牵着一匹马到外地去,中午走到一间小旅店,感到饿了,就把马拴好准备进小店去吃饭。这时一个绅士骑着马走过来,也将马往同一棵树上拴。农民见了连忙说:“请不要把你的马匹拴在这棵树上,我的马还没有驯服,它会踢死你的马的。”但是,绅士不听劝告,拴上马就径直步入了小吃店。他们正在吃饭,突然听到了可怖的马嘶声,两人急忙跑出来一看,绅士的马已经被踢死了。绅士拉着农民去找法官,要求赔马。

法官向农民问问题,可问了许久,农民像没听见似的,一字不答。法官转而对绅士说:“他是个哑巴,叫我怎么判?”绅士惊奇地说:“我刚才见到他时,他还说话,怎么是哑巴呢?”绅士为证明农民不是哑巴,就把刚才的农民对他说的话复述了一遍。

法官听后发出了一声惊叫说:“这样看来你是无理了,因为他事先就警告过你,所以他是不应该赔偿你的。”

这时候农民却高兴地开口说话了。他告诉清明的法官,他之所以不回答问话,是想让绅士自己把所有过程向法官说明。法官听到农民这番话,大为佩服农民的高明。

感悟:农民用沉默的办法,借绅士之口来叙述整个事件的来龙去脉。这样,避免了因叙述的不详或不一样而引起争执,取得了"不战而胜"的结果。毫无疑问,这个农民不战而胜的武器就是沉默。"桃李不言,下自成蹊",必要的沉默,是"不为而有为"的人生智谋。

方法艺术篇

FFYSP

MINGYUE
明月

一位住在山中的禅师，有一天趁夜色到林中散步。当散步归来时，他见到自己的茅屋遭小偷光顾，找不到任何财物的小偷要离开的时候在门口遇见了禅师。

原来，禅师没有惊动小偷，一直站在门口等待，他知道小偷肯定找不到任何值钱的东西，早就把自己的外衣脱掉拿在手上。小偷遇见禅师．正感惊愕的时候，禅师说："你走老远的山路来看我，总不能让你空手而归呀！夜凉了，你带着这件衣服走吧！"说着，就把衣服披到小偷身上，小偷不知所措，低着头溜走了。

禅师看着小偷的背影穿过明亮的月光，消失在山林之中，不禁感慨地说："可怜的人呀！但愿我能送一轮明月给他。"

第二天，禅师一觉醒来，看到他披在小偷身上的外衣被整齐地叠好，放在门口。禅师十分高兴，喃喃地说："我终于送了他一轮明月！"

感悟：对有错误的人，不是加以羞辱、难堪，甚至伤害，而是采取宽容的心境和幽默的态度，往往会震撼他的心灵，释放出"明月"的光辉。

ZUOYIGEYOUMODEREN
做一个幽默的人

有一天，著名诗人劳尔正在伏案工作，有人敲门，原来是仆人送来一个包裹。寄件人是他的朋友麦克先生。劳尔因为紧张的写作而感到有些疲劳，又因为被人打断思路而显得不高兴。他不耐烦地打开邮包，里面包了一层又一层的纸。他撕了一层又一层，最后发现一张小纸条。小纸条上写着："亲爱的劳尔，我健康又快活！衷心地致以问候。你的麦克！"

劳尔被朋友的幽默逗得十分开心，于是他也想还给朋友一个幽默。

几天后，麦克收到了劳尔的一个邮包。那个邮包太沉，他只能雇一个脚夫帮他拿回家。回到家，他打开一看里面是块大石头，上面有一纸条，写道："亲爱的麦克！看了你的信，知道你健康又快乐，我心上的石头就落地了。把它寄给你，以永远纪念我对你的爱。"

感悟：幽默可以改善彼此的情绪，激发快乐的心境。当你对他人的幽默以快乐和肯定来回报时，健康的幽默就产生了。

GULI

鼓励

一个小女孩因为长得又矮又瘦被老师排除在合唱团外，而且，她永远穿着一件又灰又旧又不合身的衣服。

小女孩躲在公园里伤心地流泪。她想：我为什么不能去唱歌呢？难道我真的唱得很难听？

想着想着，小女孩就低声地唱了起来，她唱了一支又一支，直到唱累了为止。

"唱得真好！"这时，一个声音响起来，"谢谢你，小姑娘，你让我度过了一个愉快的下午。"

小女孩惊呆了。

说话的是个满头白发的老人，他说完后就走了。

小女孩第二天再去时，那老人还坐在原来的位置上，满脸慈祥地看着她微笑。

于是小女孩唱起来，老人聚精会神地看着、听着，一副陶醉其中的表情。最后他大声喝彩，说："谢谢你，小姑娘，你唱得太棒了！"说完，他仍独自走了。

后来,小女孩成了大女孩,长得美丽窈窕,是本城有名的歌手。但她忘不了公园靠椅上那个给她鼓励的慈祥老人。于是她特意回公园看望老人,但那儿只有一张空空的靠椅。后来才知道,老人已经死了。

“他是个聋子,都聋了20年了。”一个知情人告诉她。

感悟:指责使人沮丧,鼓励使人自信,每一次鼓励都是给了一次力量。人需要鼓励,就如植物需要浇水一样。要帮助一个人成长,就去多鼓励他吧。

MEILIDEHUANGYAN 美丽的谎言

在一次盛大的舞会上,实话先生见到一位风韵犹存的老女人,他走过去向她行礼,说:“您使我想起您年轻的时候。”

老女人微笑着说:“怎么样?”

“很漂亮。”

“难道我现在不漂亮吗?”老女人带着几分戏谑说。

实话先生非常认真地说:“是的,比起年轻的您,您的皮肤松弛,缺少光泽,还有皱纹。”

老女人的脸一阵白一阵红,尴尬地瞪着那双略微温怒的眼睛,刚才的自信得意消失了。

这时,撒谎先生来到老女人面前,彬彬有礼地邀请老女人跳舞,说:“您是舞会上最漂亮的女人,如果你能接受我的邀请,我将是舞会上最幸福的人。”

老女人眼睛顿然闪出迷人的神采,她伸出了应允的手。

撒谎先生和老女人在舞池里跳了一曲又一曲。老女人沉浸在无比的幸福之中。

撒谎先生微笑着对老女人说:“我爱你,你愿意嫁给我吗?”,那老女人突然间像萌发了青春活力,全身洋溢着生命的激情与魅力,舞跳得就像个年轻人,一个出色、漂亮的年轻女郎。

老女人死后，实话先生和撒谎先生分别得到了这位老女人的一封信。

实话先生打开信后看到："实话先生，你是对的。衰老、死亡不可避免，但说出来却如雪上加霜，我将把一生的日记赠送给你，那才是我的真实。"

老女人留给撒谎先生的遗笔是："撒谎先生，我非常感谢你的谎言。它让我生命的最后一夜过得如此美妙幸福。我将把我的遗产全部赠送给你，请你用它去制造美丽的谎言吧！"

感悟：冰冷的真话，让人六月寒心；暖洋洋的假话，让人三冬温暖。实话不一定实说，真话也要说得美丽温暖，赏心悦目。

ZUOYOUWEINANDESHIHOU

左右为难的时候

石排长从院校毕业来到连队任职已经一个月了，各方面工作还较顺利，但是今天却遇到一件让他先郁闷后高兴的事情。

原来，就在今天早晨，原定上午全连官兵参加团里大会的计划取消了。为了重新安排上午工作，早饭后，担任连队值班员的他先来到指导员办公室请示。

"现在教育任务比较重，就开展政治教育吧。"指导员说。

接着，他又来到连长办公室请示。

"上午进行军事训练。"连长说。

这下可让他为难了，他想解释一下，但看到连长的态度比较坚决，想想还是算了。

于是，他转身又来到了指导员的办公室，对指导员说："您看上午的工作……"话还没有说完，指导员就打断了他："刚才你没听清吗？搞政治教育！"

他想解释一下，又担心指导员发火。到底按谁的办，真是左右为难。就在他走出门的时候，看到了副连长，他向遇到救星一样，向副连长请教。副连长听完了情况，对他说："这就是你的不对了，请示工作时没有把情况说明白，让连长指导员闹了误会。现在，你只能这样……”

按照副连长的主意，石排长重新走进指导员和连长的办公室，分别向他们说了对方主官的意见，并且建议，是否可以前二个小时搞教育，后二个小时搞训练，很快得到了连长指导员的同意。

石排长再也不郁闷了。

感悟：军队各级实行的是双主官制，有时难免出现不同的意见，作为下级要给予善意的理解，巧妙地沟通，大胆行使建议权，不仅能够让上级的决策更加科学合理，也能使人际关系更加融洽和谐。不能因为自己的虑事不周，而给他人之间带来误会和矛盾。

SIKUAITANGGUO

四块糖果

育才小学校长陶行知在校园看到男生王友用泥块砸自己班上的男生，当即斥责了他，并令他放学时到校长室里去。

放学后，陶行知来到校长室，王友已经等在门口准备挨训了。可一见面，陶行知却掏出一块糖果送给他，并说：“这是奖给你的，因为你按时来到这里，而我却迟到了。”王友惊疑地接过糖果。随之，陶行知又掏出一块糖果放到他手里，说：“这块糖也是奖给你的，因为当我不让你再打人时，你立即就住手了，这说明你很尊重我，我应该奖你。”王友更惊疑了，他眼睛睁得大大的。

陶行知又掏出第三块糖果塞到王友手里，说：“我调查过了，你用泥块砸那些男生，是因为他们不守游戏规则，欺负女生；你砸他们，说明你很正直善良，有跟坏人作斗争的勇气，应该奖励你啊！”王友感动极了，他流着眼泪后悔地说道：“陶…… 陶校长，你…… 你打我两下吧！我错了，我砸的不是坏人，而是自己的同学呀！……”

陶行知满意地笑了，他随即掏出第四块糖果递过去，说：“为你正确地认识错误，我再奖给你一块糖果，可惜我只有这一块糖了，我的糖完了，我看我们的谈话也该完了吧！”

感悟:一代教育家陶行知的这种教育方式被称为鼓励教育,这种教育以表扬鼓励为主,通过耐心细致地鼓励使当事人自己主动认识到并坚决改正自己的错误。这一方法值得我们学习借鉴。

SHIDEMIAOYONG

诗的妙用

一个寒冷的冬天,纽约一条繁华的大街上,有一个双目失明的乞丐。那乞丐的脖子上挂着一块牌子,上面写着:“自幼失明。”

有一天,一个诗人走近他身旁,他便向诗人乞讨。诗人说:“我也很穷,不过我给你点别的吧。”说完,他便随手在乞丐的牌子上写了一句话。

那一天,乞丐得到很多人的同情和施舍。后来,他又碰到那诗人,很奇怪地问:“你给我写了什么呢?”那诗人笑笑,念牌子上他所写的句子道:“春天就要来了,可我不能见到它。”

感悟:一样的意思,不同的表达方式,带来不同的效果。学会用更美好的方式表达心意,营造美好的生活。

CHONGMINGDEFAGUAN

聪明的法官

英国人统治印度时期,那些在印度的英国人十分骄横、傲慢。

有一天,一个英国军官骑着马在街头兜风。忽然,一个装得鼓鼓囊囊的钱包从他口袋中滑了出来,掉到马路上。过了一会儿,他发现钱包没有了,赶忙回头寻找。

一位好心的印度人捡到了钱包,他正在着急地寻找失主,见那位英国军官焦急的样子,便问他:“老爷,你在找什么?”英国军官回答说:“我的钱包丢了,我正在寻找它。”好心的印度人马上把钱包还给了他。可是,那个英国军官见印度人老实好欺,便想趁机敲他一笔。他打开钱包,数了数,然后威胁印度人说:“我的钱包里装了70枚金币,现在只剩下60枚了,你快把拿去的10枚交出来,要不然我就对你不客气了。”印度人怎么也没想到这个英国佬蛮不讲理。最后英国军官将他带到了警察局。警察记下了案情,又把他送到了法院。

法官听了他们的陈述,再打开钱包看了看。心想:要是这个印度人贪心,就不必还给他钱包了,又何必要10块金币呢?再说,这个钱包已经很满,不要说再装10枚,就是再装进一枚也很困难。一定是英国佬仗势欺人。想到这里,法官开始裁决。

法官另外拿出10块金币交给那位英国佬,说:“请你把这10枚金币装进钱包。”英国佬费了全身力气,想把金币塞进钱包,可怎么也装不进去。

法官见此情形,拿过钱包,交给印度人说:“很清楚,这钱是你的,老爷的钱包大,能装70枚金币,而这只钱包只能装60枚。军官,你还是到别处找你的钱包去吧!”

感悟:法官在认清英国军官的企图后,用“事实检验”的办法,让他自露破绽,理屈词穷,受到应有的惩罚。遇到事情,不妨试试以其人之道还治其人之身。

SHUOFULUOSIFUYANZHIYUANZIDAN

说服罗斯福研制原子弹

二战期间,美国的一批科学家要试制原子弹,他们把这项工程定名为“曼哈顿工程”。核物理学家西拉德草拟了一封信,由爱因斯坦签署后,交罗斯福总统的私人顾问亚历山大·萨克斯面呈总统罗斯福,信的内容是敦促美国政府要抢在希特勒德国前面研制原子弹。

萨克斯先向罗斯福面呈了爱因斯坦的长信,又朗读了科学家们关于核裂变发现的备忘录。可是，罗斯福听不懂那深奥的科学论述。萨克斯讲得口干舌燥也无济于事，只好告辞。罗斯福为表示歉意，邀请萨克斯第二天共进早餐。

未能说服罗斯福总统的萨克斯整夜在公园里踌躇，苦苦思索这说服总统的良策。

第二天早餐时，萨克斯尚未开口，罗斯福就先发制人地说："今天不许谈爱因斯坦的信，一句也不许谈！"

"我想谈一点历史，英法战争期间，在欧洲陆地上不可一世的拿破仑在海上却屡战屡败。这时，发明家罗伯特·富尔顿来到这位法国皇帝面前，建议把法国战舰上的桅杆砍掉，撤去风帆，装上蒸汽机，把木板换成钢板。但是拿破仑却认为，船若没有风帆就不能航行，木板换成钢板船就会沉没。他嘲笑富尔顿：'军舰不用帆？靠你发明的蒸气机？这简直是想入非非，不可思议！'结果，富尔顿被轰了出去。历史学家们在评论这段历史时认为：如果当初拿破仑采纳了富尔顿的建议，19 世纪的历史就得重写。"萨克斯讲完后，目光深沉地注视着罗斯福总统。

罗斯福沉思了几分钟，然后取出一瓶拿破仑时代的法国白兰地，斟满了酒，他把酒递给了萨克斯，说道："你胜利了！"

感悟：有时候迂回的战术，要比正面强攻有效。把那些想要表达的道理用浅显的事例表达出来，让别人领会，劝解就会成功。

YONGTONGSIYIDONGDEBIYUSHUOFUBIEREN

用通俗易懂的比喻说服别人

1940 年，处于前线的英国已经无钱从美国"现购自运"军用物资，一些美国人便想放弃援英，看不到唇亡齿寒的严重事态。罗斯福总统在记者招待会上宣传《租借法》以说服他们，为国会通过此法成功地制造了舆论氛围。我们佩服他的政治远见和面临重重障碍也要坚持正确主张而说真话的坚定品格，也不得不叹服他高超的说话技巧。罗斯福并未直接指责这些人目光短浅（这样只能触犯众怒而

适得其反),而是妙语连珠以理服人。他用通俗易懂的比喻,深入浅出,通情达理,轻松自如,贴近人心,使人不得不服:

“假如我的邻居失火了,在四五百英尺以外,我有一截浇花园的水龙带,要是给邻居拿去接上水龙头,我就可能帮他把火灭掉,以免火势蔓延到我家里。这时,我怎么办呢?我总不能在救火之前对他说:‘朋友,这条管子我花了15元,你要照价付钱。’这时候邻居刚好没钱,那么我该怎么办呢?我应当不要他15元钱,我要他在灭火之后还我水龙带。要是火灭了,水龙带还好好的,那他就会连声道谢,原物奉还。假如他把水龙带弄坏了,他答应照赔不误的话,现在我拿回来的是一条仍可用的浇花园的水管,那我也不吃亏。”

感悟:有句古话叫“不看你说的什么,只看你怎么说的”。同样一个意思,不同的人有不同的说法,不同的说法有不同的效果。与人交流时,不要以为内心真诚便可以不拘言语,我们还要学会委婉艺术地表达自己的想法。

JIZHIDIYUNYONGYOUMODELILIANG

机智地运用幽默的力量

前苏联著名诗人马雅科夫斯基,不仅诗歌写得极好,且口才与辩才尤为幽默风趣,成为十月革命后的一个奇特的红色宣传鼓动家。

要讲起马雅科夫斯基咄咄逼人而又幽默的奇辩故事,最精彩的要数他在莫斯科综合技术博物馆的一次演讲。

那天,诗人马雅科夫斯基在会上演讲得既尖锐、幽默、咄咄逼人,又春风得意、妙趣横生。整个会场不时响起热烈的掌声和笑声。

然而,有人突然站起来喊道:“您讲的笑话听不懂!”

“您莫非是长颈鹿?!”马雅科夫斯基感叹道,“只有长颈鹿才可能星期一浸湿的脚,到星期六才感觉到呢!”

“马雅科夫斯基同志,我得提醒你!”,一个矮胖子挤到主席台上嚷道,“拿破仑有句名言:从伟大到可笑,只有一步之差!”

“我们两个之间的确只有一步的距离！”

“马雅科夫斯基,您为什么手上戴戒指？这对您很不合适。”

“照您说,我不应该戴在手上,而应该戴在鼻子上喽？！”

“马雅科夫斯基,您的诗不能使人沸腾,不能使人燃烧,不能感染人。”

“我的诗不是大海,不是火炉,更不是鼠疫。”

马雅科夫斯基的这些答辩,如同游龙一般灵活,既有奇智也有力量,始终保持一股既幽默又咄咄逼人的气势,至今读来,仍可想见诗人那非同寻常的敏捷与机智。

感悟：在和自己不喜欢的人或有意刁难你的人相处的时候,机智地运用幽默的力量,既能巧妙地表明自己的态度,又能避免造成过分尴尬的局面,不伤害别人的感情机智幽默来源于学识的渊博和恰当的表达。

SIYIYOUER

施以诱饵

一天,教室里正在上课。忽然,从窗外飞进来两只鸽子,在教室里盘旋。课上不下去了,有两个学生急了,站起来去驱赶鸽子,他们这头赶,鸽子飞到那头,从那头赶,鸽子飞到这头,不一会儿,两个学生便气喘吁吁,浑身冒汗。这时,另外一个学生拿出面包揉碎了,放了一些在窗台上。鸽子见了面包屑,便飞在窗台上啄食,那个学生将手轻轻一挥,鸽子就飞走了。

感悟：知道鸽子是来觅食的,以食物为诱饵,问题便迎刃而解。了解了鸽子的特性,不需大动干戈,略施小计,问题得以解决,这就是知彼知己百战不殆的道理。

GUANLIDERENXINGHUA
管理的人性化

一次,世界钢铁巨子卡耐基到工厂巡视时,发现在严禁烟火的制氧车间里,有两个当班的工人正在抽烟。

制度明摆着,在这个重地是不允许吸烟的,否则,这无异于放火,等于引爆一个火药库,从而掀翻整个工厂。这个时候的卡耐基,可以振振有词地大声呵斥他们,严厉地批评他们,然后扣其奖金,甚至是工资。

但卡耐基没有这样做,而是走上前去,从口袋里掏出一包烟,和颜悦色地给两个工人一人递上一支烟。然后说:"如果你们能够到车间外面抽完这个烟,我将非常感谢你们。"

两个人完全明白卡耐基的意思,不好意思了起来,当即掐了烟头,说了声"对不起",就回到岗位上全神贯注地工作了起来。

从此,这两位工人再也没有在车间抽烟。

感悟:对明白人而言,强制反而会起副作用。人性化的管理,就是尊重人的需要,尊重人的人格,启发人的自觉性、主动性,达到自我管理的目的。给与别人自尊,会赢来别人对自己的尊重。

XUEHUIJIELIDALI
学会借力打力

外交史上有这样一段轶事:

一位日本议员去见埃及总统纳赛尔,但是纳赛尔对这位日本议员不大感兴趣。日本人为了开启与埃及当局的关系,预先进行了许多方面的分析,最后决定以认同的策略打动纳赛尔,进而达到会谈的目的。下面是双方的谈话片断：

议员："阁下，尼罗河与纳赛尔，在我们日本国是妇孺皆知的，我与其称阁下为总统，不如称你为上校吧(纳赛尔曾是上校)！因为我也曾是上校，也和你一样，挨过英国人的骂。英国人骂你是'尼罗河的希特勒'，他们也骂我是'马来亚之虎'，我读过阁下的《革命哲学》，曾把它同希特勒的《我的奋斗》作比较，发现希特勒是实力至上者，而阁下则充满幽默感。"

纳赛尔听后面呈兴奋之色，说道："我那本书是革命后用三个月匆匆写成的。你说得对，我除了实力之外，还注重人。"

议员："对呀！我们军人也需要人情，我在作战时，一把短刀从不离身，目的不在杀人，而是保卫自己。阿拉伯人现在为独立而战，也是为了防卫，正如我那时的短刀一样。"

纳赛尔兴奋异常地附和道："阁下说得真好，以后欢迎你每年来一次。"

直到此时，日本议员才转入正题，开始谈两国的关系与贸易，并愉快地合影留念。日本人的认同策略，达到了预想的目的。

感悟：到什么山唱什么歌，见什么人说什么话，人和人之间的交往，关键的是进入人的内心世界，借别人的"力"开别人家的门，学会欣赏别人，理解别人，你就有了进门机会，进了门事情就好办了。

PIPINGYOUJIQIAO

批评有技巧

1923年，约翰·卡尔文·柯立芝登上美国总统宝座。他以少言寡语出名，常被人们称做"沉默的卡尔"。

柯立芝有一位漂亮的女秘书，长得不错，工作时，却经常出错。

一大早，秘书走进办公室，柯立芝说："今天你穿的这身衣服真漂亮，正适合你这样年轻漂亮的小姐。"

这几句话出自柯立芝口中，简直让秘书受宠若惊。柯立芝说：

“但是，你也不要骄傲，我相信，你的公文也能处理得和你一样漂亮。”

从那天起，女秘书在工作中很少出错了。

一位朋友知道了这件事，就问柯立芝：“这个方法很妙，你是怎么想出来的？”

柯立芝得意洋洋地说：“这很简单，你看见过理发师给人刮胡子吗？他要先给人涂肥皂水，为什么呢？就是为了刮起来使人不痛。”

感悟：每个人的心灵都是一座城堡，如果掌握了心灵对话的艺术，那么，你将领略到城堡的不同美景。批评也是一样，如果懂得在语言中加入赞扬的润滑剂，那么忠言会在接受的路上一帆风顺。

ZHENLIYEXUYAOZHUANGSHI

真理也需要装饰

有一位国王，梦到自己的牙齿掉光了，他召来智者为其解梦。耿直的智者说：“陛下，这是个不吉祥的梦：每掉一颗牙齿，就意味着您将失去一个亲人。”国王大怒：“你竟然敢胡说八道，给我滚出去！”

国王下令找来另一位智者，让其解梦。这位智者听完后，一脸喜气地说：“高贵的陛下，您真有福气！这意味着您会比所有的亲人都长寿。”国王听后大喜，奖赏第二位智者100个金币。

年轻的礼宾官不解地问第二位智者：“您的解释同第一位智者在本质上是一样的，为什么他受到重罚，而您却得到重奖呢？”

智者讲了一个寓言故事：“有一位年轻美貌的姑娘，满身污垢地去见国王，国王将她赶了出来。后来，姑娘洗得干干净净，如出水芙蓉一般，穿上了漂亮的衣服又去见国王。国王高兴地接见了她，并将其留在身边，十分宠爱信赖。这位姑娘的名字就叫‘真理’。”

感悟：任何时候都要坚持讲真话，但有些真话往往使人觉得难堪，所以说出真相的时候也要选择适当的方式。真理就像一块宝石，如果不慎扔到了听者的脸上，就会造成伤害，但给真理加上精美的包装后再诚心诚意地奉上，听者必定会心悦诚服地接受。

CHENGQUANBIERENDEHAOSHENGXIN

成全别人的好胜心

汤姆医师在纽约布鲁克林区的一家大医院工作，医院需要新添一套x光设备，许多厂商听到这一消息，纷纷前来介绍自己的产品，负责x光部门的汤姆医师因而不胜其扰。

但是，有一家制造厂商则采用了一种很高明的技巧。他们写来一封信，内容如下：我们工厂最近完成一套x光设备，前不久才运到公司来。由于这套设备并非尽善尽美，为了希望能进一步改良，我们非常诚恳地请您前来拨冗指教。为了不耽误您宝贵的时间，请您随时与我们联络，我们会马上开车去接您。

"接到信真使我感到惊讶。"汤姆医师说道，"以前从没有厂商询问过他人的意见，所以这封信让我感到了自己的重要性。那一星期，我每晚都忙得很，但还是取消了一个约会，腾出时间去看了看那套设备，最后我发现，我愈研究就愈喜欢那套机器了。没有人向我兜售，而是我自己向医院建议买下那整套设备的。"

感悟：使别人感受到被尊重，有价值，满足了别人的自尊心和好胜心，别人就乐于接近你，沟通的大门就打开了，就能够"交易"成功了。

LIHAIDEWENZI

厉害的蚊子

有一次美国小说家马克·吐温到芝加哥一家旅店住宿，有人告诉他此地的蚊子特别厉害。他在服务台登记房间时，一只蚊子正好飞来，马克·吐温对服务员说："早就听说贵地的蚊子十分聪明，果如其然，它竟会预先来看好我的房间号码，以便夜晚光临，饱餐一顿。"服务员听了不禁大笑。

这一夜马克·吐温睡得很好，因为服务员也记住了房间号码，事先认真地做了一切该做的事。

感悟：学会幽默吧，幽默可以化解仇恨，淡化矛盾，可以化解尴尬，消除误解，可以舒展容颜。幽默是一门没有被列入大学课程的必修课，学会幽默，你的人生将得到一笔不小的财富。

LIUDEXIAOYING

"6"的效应

有一次，史考伯手下的一名工厂经理来向他讨教，因为他的员工一直无法完成他们分内的工作。

"像你这样能干的人，"史考伯问，"怎么会无法使工厂员工发挥出工作效率？"

"我不知道，"那人回答，"我向那些人说尽好话，我又发誓又诅咒的，我也曾威胁要把他们开除。但一点效果也没有。他们还是无法达到预定的生产目标。"

当时日班已经结束，夜班正要开始。

"给我一根粉笔，"史考伯说。然后，他转身面对最靠近他的一名工人，问道："你们这一班今天制造了几部暖气机？""6部。"

史考伯不说一句话，在地板上用粉笔写下一个大大的阿拉伯数字"6"，然后走开。

夜班工人进来，看到了那个"6"字，就问这是什么意思。

"大老板今天到这儿来了，"那位日班工作的员工说，"他问我们制造了几部暖气机，我们说6部，他就把它写在了地板上。"

第二天早上，史考伯又来到工厂。夜班工人已把"6"擦掉，写上一个大大的"7"。

日班工人早上来上工时，当然看到了那个很大的"7"字。原来夜班工人认为他们比日班工人强,是吗?好吧,他们要给夜班工人还点颜色。他们加紧工作,那晚他们下班之后,留下一个颇具威胁性的“10”字,员工的工作热情显然逐渐好转。

不久之后,这家产量一直落后的工厂,终于超过了其他的工厂。

感悟:干劲是较量出来的,是鼓励出来的,压制和威胁不能发挥人的潜力和热情,好办法是开掘和引导,发挥人的主观能动性。

SHISHIBIESHUO 试试别说

有位做母亲的苦于与她那上小学的儿子不能沟通。她苦口婆心地与他谈、谈、谈,却总是没有效果。

这一天儿子在学校又惹了事,可这一天母亲却突发喉炎失了音,当她拉着孩子的手与他面对面坐下时,她急啊、气啊,可不能说一句话,只是紧紧地将孩子的手握在手心,很久。

第二天儿子对母亲说:妈妈,你昨天什么都没说,但我全明白了。出乎意料的效果,叫母亲热泪盈眶。

同样出人意料的是:某电视台拍一个有关军队的专题片,那解说词几经修改都不尽人意,好不容易才定稿。播出那日,荧屏上军人方阵变换队形行进时,不知什么缘故,录制好的充满激情的解说词没出来,只剩下“嚓嚓”的脚步声,它是如此统一而坚实;如同地平线上走过来一个巨人,当即受到专家与观众赞扬:怎么想出来的,绝了!

感悟:这些于无声处出效果的事儿,绝不是想让人什么都不要说,只是想建议,当你说不好时,试试别说。可要是那位母亲没有失音,要是电视音频不出故障,他们肯不说吗?事实上,没有人会认为自己说得不好,所以都在说个不休。

BADUNSHUOFULAOSHANGXIAO

巴顿说服老上校

1943 年 3 月的一天，艾森豪威尔将军命令巴顿接替弗雷登多尔将军,去指挥突尼斯的美国第二军。

一次,巴顿为了整顿军纪,发出了“头盔上必须标明军衔”的命令。然而,一名资历很深的老上校却拒绝执行命令,他认为,在头盔上印老鹰等于向敌人提供射击目标。由于他的想法,许多军官也不标明军衔了。整个第二军士兵身上穿着各式各样的服装,纪律十分松弛,见到长官既不敬礼,也不叫一声长官。

巴顿先找到了这位老上校，老上校却争辩说:“我常到前线去,头盔上标明军衔无疑为敌人提供射击靶子,如果我死了,就不能为你和我的部队服务了。”

巴顿听后笑了笑说:“上校先生,上我的车,到前线看看,你就会发现,你的看法是不对的！”

一到前线,士兵们立刻认出了车上的巴顿将军,他们放下了手中的工作向他立正敬礼,向他欢呼。这时老上校才发现,巴顿的头盔、双肩的和领子两旁,以至吉普车上标有二星标志。

巴顿边向士兵们还礼边对老上校说:“他们指望你来领导他们,但你不佩戴军衔标志,他们对你就若无其人,你起不到领导作用。一名指挥官应在部队前面指挥士兵,即使战死也在所不辞。士兵们一定得知道谁是他们的指挥官,戴上你的军衔标志吧！”

老上校听后,心悦诚服地说:“巴顿将军,您说得对！我立即照办。”

感悟:面对老上校的偏见,巴顿既不是长篇大论地反驳,也不是用命令的方式,而是要他乘上车看一看实际情况。这样,事实就把顽固的老上校说服了。有时候,以事实说服人比据理力争更有效。

HUANGESHUOFA 换个说法

法国著名女高音歌唱家玛·迪梅普莱有一个美丽的私人林园。每到周末,总会有人到她的林园摘花,拾蘑菇,有的甚至搭起帐篷,在草地上野营野餐,弄得林园一片狼藉,肮脏不堪。

管家曾让人在林园四周围上篱笆,并竖起"私人林园,禁止入内"的木牌,但均无济于事,林园依然不断遭到践踏、破坏。于是,管家只得向主人请示。

迪梅普莱听了管家的汇报后,让管家做一些大牌子立在各个路口,上面醒目地写明:

如果在林中被毒蛇咬伤,最近的医院距此 15 公里,驾车约半小时即可到达。

从此,再也没有人闯入她的林园。

感悟:劝说那些不自觉的人,要晓之以理,说明利害,谁愿意因为看花丢到性命呢?

JISIGUANGYI 集思广益

副连长自从分管后勤工作以来,连队的伙食问题就没有一天让他省心过。尽管他每天都要亲自下伙房检查督促,每次制定菜谱都要亲自组织经济民主组的同志开会研究,但总有部分官兵对伙食不满意。也难怪,百八十个官兵就餐,众口难调啊!可大家好像把意见都集中到他身上了,让这位兢兢业业的副连长感到很委屈。思前想后好几天,他决定找指导员谈谈。

他对指导员说："让我分管后勤工作，我尽了最大努力，也想了很多办法，但总有人对伙食挑三拣四，我……我实在有点干不下去了。"

"大家反映的意见都是什么呢？"指导员问道。

"主要还是饭菜的花样问题。有的想吃辣的，有的想吃甜的，有的想吃酸的……可是，一顿饭，就这么几个菜，怎么可能都满足呢？"副连长答道。

指导员一听就明白了，沉思了一会儿，问道："为什么外面饭店里的顾客没有这样的意见呢？"

"那是因为，他们可以按照个人口味来点菜呀！"副连长答道。

"那我们为什么不能这样做呢？"指导员接着问道。

副连长眼睛一亮说："我明白了，我征求一下战士们的意见，再考虑一个改进方案。"

三天后，副连长拿出了方案：第一，官兵每人推荐10道最喜欢吃的菜，与炊事班原有的菜谱合并，建立拥有500道菜的菜谱库；第二，改变原来只有少数几个人制定每周菜谱的传统做法，每周召开一次各班代表组成的"点菜"大会，以菜谱库为依据，共同协商制定菜谱；第三，每月召开一次军人大会，征求大家的意见，及时改进后勤工作。

从此，副连长的烦心事，再也没有找上门来。

感悟：发动群众，集思广益，是改进工作的好办法。群众中蕴藏着无穷的智慧，当我们感到无所适从的时候，只要迈开双腿，走到群众中去，真诚地听取意见，就可以从困境中找到解决问题的办法，从困境中尽早解脱出来。解决"众口难调"的好办法是发动群众大家去调。

XUEHUISHOUQUANI

学会授权

一艘舰艇在船厂修理。一天，副舰长向刚刚休假回来的舰长诉苦:“舰艇自修工程进展得不顺利，问题就是有的战士工作积极性不高，有的班长工作不认真。”

舰长安慰他说:“人都有惰性，特别是年轻人，在这种又脏又乱的环境下做除锈、刷油漆的苦工，难免不偷懒。我看这样吧，你马上叫班长们集合。”

很快，班长们集合在舰艇甲板上。舰长指着舰艇左弦对班长小杨说:“你是第15号至18号之间钢板除锈、刷油漆的负责人。无论是工具还是其他保障物品，只要是你认为需要的，都可以找副舰长要，工作和休息时间也由你定。虽然，没有领导监督你，但老实说，有比以前更厉害的东西在检查着你，那就是工作质量。我一看舰艇左弦钢板的保养状态，就知道你们工作得好不好。以前你们班曾经完成过许多重大任务，相信这一次也一定能把这项工作做得很好。”。

就这样，舰长把舰艇划分出不同区域，分别授权给不同的班长负责，并统一规定了完成时间。

结果，自修任务完成的很顺利。

感悟:渴望被认可是人类的天性。部属一旦获得授权，就会产生被信任，被欣赏的感觉，就会产生责任感、自豪感、权力感，进而就能把自己的积极性发挥到最佳状态，高质量地完成领导交给的任务。因此，如果你想让别人乐于做你所提议的事，那么就授权给他。

DUIZHENGXIAYAO 对症下药

一天上午，指导员发现战士王玉、刘占、许平没有参加连队的军事训练，在宿舍“压床板”。中午，他把三个战士找在一起，批评他们怕苦怕累。下午三个战士勉强到了操场，但还都是无精打采。

这情景引起了指导员的注意，他感到三个战士的思想问题没有解决，自己是瞎批评一顿。于是，他深入班排详细调查了解。果然，三个战士的“病因”不同：王玉胃痛，这天早上痛得实在厉害，才没有起来；刘占听到有的战士说他“三年的老兵还没入党”，感到被人瞧不起，泡起了“病号”；许平听说团机关要调他当公务员，连队不放，心中有气。

了解了“病因”，指导员分别做起了工作。他让卫生员陪着王玉到卫生所看病，让炊事班做了病号饭，之后找到王玉检查了自己工作方法简单，误解了小王，同时指出，有病要及时报告，擅自处理，不仅违反纪律，还会耽误治疗。指导员一番入情入理的话，把小王说得频频点头。指导员又找到刘占，告诉他别人的“风凉话”不对，但也应反思自己的不足之处，自己做好了，大家自然就尊重你，不能“破罐子破摔”，鼓励刘占奋起直追。对许平，指导员给他讲了两个道理：领导不放他，是因为要培养他当班长，当公务员就失去了机会；另外，组织上让干什么就安心干好什么，挑挑拣拣闹情绪会影响自己的形象，帮助许平解开了思想疙瘩。

经过指导员的一番工作，三个战士又恢复了往日的热情。

感悟：找准病因，对症下药，不但是治病的要求，也是思想工作的要求，有时战士的思想问题，现象相同，但是原因不同，只有区别对待，方能奏效。

LEIDAODELIANZHANG

累倒的连长

一贯风风火火、干劲十足的连长，躺在了医院的病床上。可是却没有多少人同情，有的甚至说：“连长再不改改工作方法，就会累死。”

原来，连长是从先进战士、模范班长、优秀排长和副连长一级一级提起来的。他军事技术过硬，吃苦精神、带头实干等都堪称楷模，可是他的工作方法没有随着职务的提升而改变，习惯事必躬亲，大事小事都亲自去抓，常常越过排长，直接抓到班长、战士，派公差这样的具体小事也要自己安排，整天忙得晕头转向，连休假的时间都没有，连队其他干部都有意见。

感悟：能干的连长累倒了，别人还不同情，原因就在于他违背了按级负责的原则。越俎代庖，不仅仅是不够信任、不敢放手的问题，也是剥夺了下属的工作权力，于人于己都不利。科学的管理还是层层抓，按级负责，不要事必躬亲。

HUANWEISIKAO 换位思考

为纪念建党八十周年，团里决定组织一次“知党、信党、爱党”的知识竞赛。为了取得好成绩，指导员和连长商量后，选定一排长和两名骨干代表连队参赛，让他们集中三四天时间专心准备。指导员布置完任务，就到团政治处开会去了。

指导员开会回来，却发现准备竞赛的排长和骨干一个都不在。从连值日员那里得知，他们全让连长叫去搞训练了。“这不是故意拆台吗？不是说得好好的，怎么说变就变了？”指导员窝了一肚子火去找连长。

来到训练场，指导员看见连长满身泥土地趴在地上指导战士训练。连长看见指导员过来，略带歉意地说：“你刚走，作训股就来通知，明天团里进行实弹射击考核，不叫他们练练，心里实在没底。本来想和你商量一下，刚好你去开会了，我就让他们先来了。”指导员一想，明天就要射击考核，这也关系到连队的荣誉，如果我是连长，也会这样做的。

于是，指导员在训练场上积极协助连长搞训练，利用业余时间组织骨干准备竞赛。在团组织的实弹射击考核中，连队取得了好成绩，“七一”又在团组织的知识竞赛中勇夺桂冠。

感悟：各自主管的工作，免不了发生冲突，顾全大局，换位思考，理解包容，矛盾就会迎刃而解。

PAISHUIQU 派谁去

连队接到通知,推荐一名战士到汽训队学习汽车驾驶。指导员准备召开支委会进行研究,可私下与连长交换意见时,才发现两人的意见相左。指导员有意让一班小王去,而连长有意让通信员小张去。指导员决定推迟开会,要与连长好好商量商量。

晚上,连队熄灯后,两名主官躺在床上,心平气和地讨论起来。连长认为,通信员小张鞍前马后的很辛苦,让他去学开车,也是对他的回报。指导员认为,小王入伍后表现一直不错,当新兵时就受到嘉奖,同时,他父母下岗,家庭比较困难,让他学车退伍后容易找到工作,以便补贴家庭。而小张是从农村入伍的,学了开车以后也不一定马上派上用场,日后有合适的机会再考虑他。连长认为指导员考虑得更加全面。

次日召开了支委会,很顺利地统一了思想,决定推荐小王去学习汽车驾驶。

感悟:“派谁去”这类事情在基层单位常见,会前的充分酝酿很重要,只要像故事中的连长指导员那样,能够出以公心,切实为部属着想,合情合理地分析问题,一视同仁地处理问题,就很容易统一思想,作出正确决定。

JIAONIUSHANGYIHOU 脚扭伤以后

战士张伟跳木马时把脚扭伤了,排长提了瓶热水帮他敷脚。谁知班长李虎却一脸的不高兴,小声嘀咕:“早知现在,何必当初。”连长刚好经过,听见了班长的这句牢骚,感到话里有话,马上进行了深入调查。

原来,连队离训练场较远,战士们业余时间愿意活动一下,排长便让战士把木马搬到宿舍前的操场上。班长李虎发现地面太硬,很容易扭伤脚,就向排长建议换个地方或挖个沙坑以加强保护,可排长并没有采纳他的意见,结果造成战士扭伤了脚。了解了情况,连长批评了排长,并让他立即组织人员挖了个沙坑,训练时搞好保护。

事后,连长召开干部会议,举一反三,讨论研究了如何吸取教训,保证训练安全的措施。

感悟:对战士的牢骚话,干部要做有心人,不能一听了之,做到逆耳不惊,闻过思短,从中发现问题,及时解决问题,掉以轻心往往出事。

JUECEZAIDIAOCHAYANJIUZHIHOU

决策在调查研究之后

有一个公司新调来一位主管,这让大多数的同事都很兴奋。因为听说这位新主管是个很有能力的人,他是被总公司专门派来整顿业务的。大家都期待着新主管的作为。

可是一天天过去了,新主管却一点动静都没有,每天彬彬有礼地和同事们打完招呼就躲进办公室,难得看他出来。那些本来紧张不安的年轻人,见他根本就没什么能力,便更加调皮了。大家在私底下都说:“他哪里是个能人啊,根本就是个老好人,比以前的主管还容易糊弄。”

三个月很快就过去了,就在那些真正努力工作的人为新主管感到失望时,新主管却突然发威了:调皮捣蛋的一律开除,有能力的人则获得晋升。他下手之快、断事之准,如雷霆暴雨一般让人吃惊,与之前那个保守的他相比,简直全然换了一个人。

年终聚餐时,新主管在酒过三巡之后致词:“相信大家对我新到任期间的表现，和后来的大刀阔斧，一定感到不解。现在请听我说个故事：

我有一位朋友，买了栋带着大院的房子，他一搬进去，就将那院子全面整顿，杂草枯树一律清除，改种自己新买的花卉。不久，原来的屋主来拜访他，一进门就大吃一惊，问他：'院子里那最名贵的牡丹哪里去了？'我这位朋友才发现，他竟然把牡丹当草给铲了！后来，他又买了一栋房子，虽然院子里也很杂乱，但他却按兵不动。果然，冬天里以为是杂树的植物，在春天里开了繁花；春天里以为是野草的，夏天里却成了锦簇；半年都没有动静的小树，秋天居然红了叶子。直到暮秋，他才真正认清哪些是无用的植物，这才下手铲除，并且使所有值得保留的草木都安然无恙。"

说到这儿，主管举起杯子来："让我敬在座的每一位，因为如果这办公室是个花园，你们就都是其间的珍木，珍木不可能一年到头都开花结果，只有经过长期的观察才能认得出来。"

感悟：新任领导不必急于烧三把火，而应该把工夫下在了解情况，调查研究上。情况明，决策才能正确，了解了人心，才能知道如何得到人心。如果匆匆忙忙地下判断、作决定，那该会错过多少名贵花卉啊？

PIPINGDEYISHU 批评的艺术

指导员孙大增给战士讲政治课，讲着讲着他发现一个老兵看杂志，于是大声命令道："刘奎，站起来！"老兵从座位上起立。

"右手举起来！"。战士们一下子把目光集中到这个老兵身上，看见他右手拿着一本杂志。："坐下！"老兵满面羞色、怒气冲冲地坐下了。

下课以后，指导员把这个怒气冲冲的老兵找到连部谈话。三言二语，就把这个老兵谈笑了。

指导员严肃地问："刘奎，你知道我为什么批评你吗？"

“知道,我看杂志了。”

“看杂志不止你一个人,我为什么批评你呢?”老兵不吱声。

指导员接着很诚恳地说道:“我不批评你,批评谁!你是个老兵了,要替领导分忧啊!”

老兵听到这句话,转怒为喜,心想:“是啊,不批评我批评谁呀,指导员批评我,是对我的信任,是我的光荣,别人还捞不到这个批评呢!”

看到老兵脸上有了笑容,指导员问:“还有什么想法吗?”“没有了。”“回去吧!”老兵乐呵呵地走了。

感悟:这个指导员确实有一套,两分钟不到,问题解决了。批评中的道理讲得自然真诚,充满情感,让战士既认识到了错误,又感到亲切。批评是门艺术啊!

GANYUPENGYING 敢于碰硬

有个修理连把一项抢险车大修的任务交给了车场排, 任务下达一周后,不见任何动静,指导员找到排长,问他为什么不组织修理,不料这个资历比指导员老的多的排长反而火冒三丈,训起指导员来:“你们这些当领导的说话不知道腰疼,不懂技术吧,还不了解情况,光知道布置任务,我们休假的休假、有事的有事,谁来修?有本事你来干。”

面对这个资格老又蛮横的下属,指导员没有退缩,而是和他较起真来:“怎么,不执行上级指示,你还有理了?这个任务上级要求的很急,你也很清楚。如果你没有能力完成任务,可以打个报告,能当这个排长的人多的是,如果有人有钱的话,我只要找个临时工来干就行了,还要你这个排长干什么!”

听到这话,排长的态度一下软了下来,感到这个顶头上司虽然年轻,但是不怕硬,于是老老实实提出一些困难,向指导员立下军令状:保证在规定时间内完成修理任务。

感悟：当干部的就要管人，管人就要敢于碰硬，敢于较真，敢于说不，这样才能说话灵，威信高。碰硬较真，要有原则，有理、有节，抓住要害，不能乱较真。

JIEMENGSHUOLI

借梦说理

排长发现一个老兵，爱打扮了，这几天洗完脸，照镜子梳头，整理裤线，然后到房后站着。排长站在屋里观察，发现这个老兵在等一个人。不一会儿，一位打扮漂亮的姑娘走过来了，两个人相视而笑，擦肩而过。一连两天都是这样。排长想，这是个不好的苗头啊，部队不让战士在驻地找对象，不能让他发展下去。但还没成事实，不好和战士明说，不能不谈，又不能明谈，怎么谈？排长动了一番脑筋。

过了一天，排长约这个老兵晚饭后散步，两个人边走边谈，有说有笑。突然排长说："我昨晚做个不好的梦，你帮我解解。"老兵关切地问："什么梦？"。排长说："我梦见咱连驻地老孙头到连队告状，说咱连一个兵，把他姑娘勾跑了，我就奇怪了，我咋做这样的梦？咱连能有这样的事吗？"那个老兵听了，开始是一愣，马上就醒过神来了，坚定地说："梦都是反的，咱连哪能有这样的事！"。

第二天，这个老兵再也不照镜子，也不到房后站着去了。

感悟：这是一次旁敲侧击的谈话，这样的谈话能够起到潜移默化的作用，教育作用自然含蓄，更容易接受，既解决了问题又没伤了面子。

YIBEIZIJIZHUDEDAOLI 一辈子记住的道理

有个大学生战士,因为工作不细心,出了几次纰漏,领导批评多次,都不往心里去。

指导员找到这个战士,对他说:“要注意啊,细节决定成败。”这个战士不以为然,指导员随手给他写了一个公式:五个 90%相乘结果=59%。这个大学生战士惊讶地愣了一下,半信半疑,自己算了一遍,不错,结果是 58.949%,没超过 60%。顿时,大学生战士认账了,服气了,从此,工作细心,考虑问题周到,博得了上下好感,入了党,立了功。

回忆自己的进步,这位大学生战士感慨地说:“指导员讲的道理,说服力强,我会记住一辈子。”

感悟:为什么指导员讲的道理,会让战士一辈子记住。这是因为:心理抓得准确,问题瞄得真切,道理讲得贴切,这也启示我们,思想教育不能结论式、命令式,不能简单化,而是要析事明理,点拨心灵,点中要害,震撼心灵。

BANGYANGDELILIANG 榜样的力量

解放军报《军营故事》栏目,讲了一个新兵马二娃的故事。

马二娃不愿意当兵,他爹认定部队锻炼人,便哄劝儿子:部队能打真枪,还能四处走走,当兵有好处,你去当兵吧。马二娃也觉得部队生活过瘾、刺激,比在家有意思,便同意当了兵。可是,到部队没几天,马二娃看到连队驻在一个大山沟里,枯燥单调不自由,既不过瘾,又不刺激,后悔了,觉得上了他爹的当,整天愁眉苦脸。

一天,连队野营拉练在一个山坡上休息,山坡一侧有一座孤零零的坟墓,周围摆满了祭祀品,特别惹人注目,看战士们感兴趣,连长便讲起这座坟墓的来历,原来坟墓里埋葬的是一位年轻的女军官,大学毕业后来到部队当军医,没想到,半年后的一天,在抢救了地方一名产妇后的归队途中,被突然暴发的山洪夺去了生命。为了纪念她,当地老百姓把她安葬在村庄上方的山坡上。

女军官的故事震撼了马二娃,在女军官面前,马二娃觉得自己很渺小,他决心把兵好好当下去,做一个女军官那样的军人。

后来,马二娃冒着生命危险,从大火中抢救出一个婴儿,立功喜报邮到家里,他爹逢人便说:"还是部队能出息人。"马二娃自己也觉得兵当得值。

感悟:这个故事告诉我们一个道理:一个人的成长,需要榜样的引导,榜样的力量往往比说教的力量大。每个人的头脑里,都应该装上学习榜样,在榜样的激励下去学习、去成长。

SHIHUAQIAOSHUO

实话巧说

有这样一则趣闻:一家文物商店,来了一位外宾,看中了一幅画,看看价格,觉得高,转身想走。这时,老服务员走过来,用流利的外语向他介绍作品,把作品中的诗情画意讲得引人入胜,并且说,把钱花在自己喜欢的东西上是值得的,外宾动心了,想买。不料老服务员却说:"不过,这幅画不是真品,是仿制品。"外宾大失所望,又要转身想走。老服务员话锋一转说:"真品只有一幅,被国家收藏,仿制者是作者的高徒,不但可以乱真,还仿中有创。仿制者本人也是一流高手,他的作品也是难得一见的艺术诊藏品。"然后把仿制者的艺术成就作了一番介绍。外宾听了连连称赞,欣然照价购买。

感悟：顾客两次想走，又两次留下，最后成交，老服务员的语言介绍是关键，实话巧说，跌宕起伏，紧扣心弦，妙语释疑，这就是语言的艺术。

JIEMENG
解梦

古时有一位国王，梦见山倒了，水枯了，花也谢了，便叫王后给他解梦。王后说："大事不好。山倒了指江山要倒；水枯了指民众离心，君是舟，民是水，水枯了，舟也不能行了；花谢了指好景不长了。"国王惊出一身冷汗，从此患病，且愈来愈重。

一位大臣参见国王，国王在病榻上说出他的心事，哪知大臣一听，哈哈大笑说："太好了，山倒了指从此天下太平；水枯指真龙现身，国王，你是真龙天子；花谢了，花谢见果子呀！"国王听了全身轻松，疾病不治而痊愈，他从此励精图治，把国家治理得国泰民安。

感悟：一切事物都有其两面性，问题就在于我们以什么心态去对待它。积极的心态成就人生，消极的心态毁灭人生，正所谓：成也心态，败也心态。

YONGJIANGGUSHIDEFANGFASHUOFUBIEREN
用讲故事的方法说服别人

18世纪70年代初，北美十三个殖民地的代表齐聚一堂，协商脱离英国而独立的大事，并推举富兰克林、杰弗逊和亚当斯等人负责起草一个文件。于是，执笔的具体工作，就历史性地落到了才华横溢的杰弗逊头上。他年轻气盛，又文采过人，平素最不喜欢别人对他写的东西品头论足。他起草好《宣言》后，就把草案交给一个委员会审查通过。自己坐在会议室外，等待着回音。过了很久，也没听到结果，他等得有点不耐烦了，几次站起来又坐下去；老成持重的富兰克林就坐在他的旁边，唯恐这样下去会发生不愉快的事情，于是拍拍杰弗逊的肩，给他讲了一位年轻朋友的故事。

他说，有一位年轻朋友是个帽店学徒，三年学徒期满后，决定自己办一个帽子店。他觉得，有一个醒目的招牌非常有必要，于是自己设计了一个，上写："约翰·汤姆森帽店，制作和现金出售各式礼帽。"同时还画了一顶帽子附在下面。制作之前，他特意把草样拿给各位朋友看，请大家提意见。

第一个朋友看过后，就不客气地说："帽店"一词后面的"出售各式礼帽"语义重复，建议删去；第二位朋友则说："制作"一词也可以省略，因为顾客不关心帽子是谁制作的，只要质量好，式样称心，他们自然会买，于是，这个词也免了；第三位说："现金"二字实在多余，因为本地市场一般习惯是现金交易，不时兴赊销；顾客买你的帽子毫无疑问会当场付现金的。这样删了几次以后，草样上就只剩下"约翰·汤姆森出售各式礼帽"和那顶画的帽样了。

"出售各式礼帽？"，最后一个朋友对剩下的词也不满意。"谁也不指望你白送给他，留那样的词有什么用？"他把"出售"划去了，提笔想了想，连"各式礼帽"也一并去掉了。理由是"下面明明画了一顶帽子嘛！"

等帽店开张，招牌挂出来时，上面醒目地写着："约翰· 汤普森"几个大字，下面是一个新颖的礼帽图样。来往顾客，看到后没有一个不称赞这个招牌做得好的。

听这个故事，自负焦躁的杰弗逊渐渐平静下来。他明白了老朋友的意思。结果，《宣言》草案经过大家的精心推敲、修改，更加完美，成了字字金石、万人传诵的不朽文献，对美国革命起了巨大的推动作用。关于起草者的这个故事，也因此而流传下来。

感悟：要说服别人，光有道理不行，还要善于让别人愉快地接受，达到心服口服。幽默婉转、旁敲侧击，举例子、讲故事，谈历史上发生的事情，都是好办法。

YOUMODEGONGNENG

幽默的功能

意大利著名歌剧作曲家罗西尼，对自己的创作，非常严肃认真，非常注意独创性。对那些模仿、抄袭行为深恶痛绝。

有一次，一位作曲家演奏自己的新作，特意请罗西尼去听他的演奏。

罗西尼坐在前排，兴致勃勃地听着，开始听得蛮入神，继而有点不安，再而脸上出现不快的神色。演奏按其章节继续演下去，罗西尼边听边不时地把帽子脱下又戴上，过一会儿，又把帽子脱下，又戴上，这样，脱下戴上，戴上又脱下，接连好几次……

那位作曲家也注意到了罗西尼奇怪的动作和表情，就问他，这里的演出条件不好，是不是太热了。"不，"罗西尼说，"我有一见熟人就脱帽的习惯，在阁下的曲子里，我碰到那么多熟人，不得不频频脱帽了。"对音乐家来说，闻其声，如见其人。

还有一个故事说，一位年轻人来到某编辑部，将自己一篇抄袭的作品送给编辑看。编辑看了以后问他："这篇小说是你自己写的吗？"

"是我自己写的，我构思了一个月的时间，整整坐了两天才写出来啊！写作真苦！"

"啊！伟大的契诃夫先生，您什么时候复活了啊！"

听了编辑的话，那青年满面羞愧，十分狼狈地离开了编辑部。

感悟：在生活中，一个人必须有自己的处世准则。当对别人不满的时候，你有权以自己所愿意的方式表达出来。在某些情况下，采取一些幽默和讽刺的手法，常常能够获得更好的效果。

ZJSFP

遵纪守法篇

YANGCHENGZIJUEZHIXINGGUIDIDEXIGUAN 养成自觉执行规定的习惯

在德国慕尼黑地区黑森林的一个墓碑上记录了这样一个故事:“二战”期间的一个冬天,几个德国人为了躲避战争来到森林边。天气寒冷,他们需要生火取暖,准备砍一些树生火。就在他们准备动手时发现森林边上有一块牌子,上面写着:没有当地州政府的许可,任何人也不得砍伐森林里的树。看到这个牌子,这几个德国人便自觉地回去了。当时因为战争,州政府早就无法正常运转,换一句话说,州政府已不存在,也就无法得到许可。这几个德国人只得望树兴叹,由于天气实在太冷,结果他们全部被活活地冻死了。

“二战”前留学德国的季羡林教授回忆说:“二战”期间,德国行政管理名存实亡,市内找不到警察,全国近乎处于政权的真空。但直到战争结束,全德国没有发生过一起居民滥砍滥伐的事,他们全部自觉执行了规定。事隔多年季羡林老人提起这事仍感叹不已:德国人“具备了无政府的条件,却没有无政府的现象”。

感悟:这几个德国人自觉执行规定的精神是令人赞叹、令人感动的,一个民族的可敬可畏之处也在于此,这就是令行禁止,执行规定坚决彻底,不打折扣。

YOUHUODETONG 诱惑的痛

杨是一个新兵,分到了一个小岛,他很兴奋。

杨是从一座大山来的,没有看过海。他来的第一天就围着这个小岛看海,不管从哪个角度,都觉得海很神秘、很新鲜。

他的第一个月就是在看海中度过的，虽然新兵要训练，但对一个从大山走出来的兵来说，并不觉得辛苦，况且这里的伙食不错，每天都有肉吃。

三个月后，杨已经对这里的每一块石头都很熟悉了，对海也没有了新鲜感，每天的工作就是训练、训练、再训练。

杨喜欢晚上站岗，原因就是喜欢岛上的夜色，有圆月的晚上，他是可以看见嫦娥的，就算没有月亮，对面也有一片灯光，很好看，也很耀眼。

杨说："真想到对面去看看。"但他是兵，他是很难去对面去的。所以，每到连里的文书经过，他都会拉住文书，问一问对面的情况。

有一天，他找到连长说："我想和文书一起到对面看看。" 连长看了他一会儿说："没有特殊情况是不允许的。"

杨就每天望着对面发呆，一到晚上，他就在猜想对面人的生活。

第二年夏天，部队组织渡海训练。船把士兵们放在了海的一个角落，就让士兵们往一个方向游，杨也在里面，但他的方向对准了那片灯光。

杨突然失踪了，这急坏了岛上所有的官兵，他们派船到处寻找，最后在一片灯光下找到了杨，他并没有上岸，只是两眼痴痴地望着那片灯光。

他受到了严厉的处分，他的优秀士兵的资格也被取消了。

他后来知道，优秀士兵的表彰大会就在对面灯光下的师部大礼堂举行。

感悟：或许生活很单调，或许外面的诱惑有很多，但是要知道军人的纪律，战胜了诱惑，才能自觉地遵纪守法。

XIAOXINTURANGUANGLINDEZHANYOU

小心突然光临的战友

孔子曰："有朋自远方来不亦乐乎"，但对多年杳无音信却突然光临的战友，你在惊喜之余、热情接待之时，还有必要存一分戒心。

副教导员是个北方人,性格豪爽,待人真诚,乐于助人。当年和他一个车皮来当兵的战友有40多个,只有他提干留队,其他的战友都复员回了地方。开始还有几个有联系,后来就音信皆无了。

没想到,时隔多年,一个当年的老战友突然来访,可把好客的副教导员高兴坏了。热情接待,安排吃住,还陪同战友把驻地的风景名胜好好地游览了一遍。临走的时候,这位老战友在表示衷心感谢的同时,似乎很难为情地提出向教导员借点钱,好为病重的父亲做手术。副教导员二话没说,马上把手头仅有的7000多块钱借给了他。就这样,这位老战友揣上钱,郑重承诺3个月之后还钱,千恩万谢地走了。

可谁想到,这一走,就再也没了这位战友的音信。

感悟:古人讲:"害人之心不可有,防人之心不可无。"特别是对多年不打交道,彼此不够了解的人,交往时,一定要存一点戒备之心,防止一些人假借战友情到部队招摇撞骗,更要防止敌特分子利用战友情把我们拉下水。

LAOXIANGZHIJIAN

老乡之间

战士沈某参与打架斗殴,犯有故意伤害他人身体罪,被军事法院依法判处有期徒刑7年。这时他才认识到,促使他走上犯罪道路的一个主要根源就是浓厚的"老乡观念"。

他谈道:"我入伍后,受'在家靠父母,出门靠朋友'思想影响,认为靠朋友就是靠老乡。我和华同住一个村,同年入伍,又分到同一连队,浓厚的老乡观念和哥们儿义气的封建意识把我俩紧紧地拴在一起。平时一团和气,不分你我,不讲原则;有了缺点错误互相护短;一旦受到侵害互相庇护。在发案前我知道华与韩发生了矛盾,既没有报告组织,也没有做劝解工作,而是积极参加华挑起的结伙斗殴,为华报告消息,纠集老乡,尤为严重的是在华与韩打斗处于劣势情况下,为了不让老乡吃亏,给华递送了单刃尖刀,结果华用这把尖刀将韩刺成重伤,经抢救无效死亡。血的教训使我明白了:‘老乡观念害死人!’”

感悟:正常的老乡交往,无可非议。但老乡观念强是危险的,一些人只认老乡,不分是非、美丑和荣辱,以致干出些违法乱纪的事。在部队,大家为着一个共同的革命目标从五湖四海走到一起,纯洁的战友情是我们的情感纽带,狭隘的老乡观念和我们格格不入。

QINGGANYUJILU

情感与纪律

战士小邱,工作积极肯干,连队派他种植蔬菜。连队的菜地与群众的菜地接壤,其中一块菜地的主人,是一对年迈体弱的夫妇,家中只有一个刚高中毕业回乡的女儿,菜种得半死不活的。小邱就经常帮助他们干活,不久就把这片菜地侍弄得青是青、绿是绿的。那对老年夫妇和他们的女儿,见小邱心地善良,人又勤快,都喜欢上他了。

就在这天下午,那对老年夫妇把小邱请到家里,告诉他,他们全家都希望小邱在退伍后,能留下来,和他们的女儿结婚。回到草棚后,小邱的心里非常矛盾。他来自比较贫困的山区,如能留在这郊区,将来仅仅凭种菜,日子也会比老家过得好得多。再说,那姑娘模样好,比自己的文化高,回到老家去,是很难找到这种条件的对象的。但想到部队有规定,战士不准在驻地附近找对象,自己是受到领导信任,才被派到这里来单独执行任务的,假如真和姑娘谈上了,影响不好。最后他想,只有主动辞职回连队,才能避免这种进退两难的局面。

指导员知道这一情况后,把小邱调回了连队,他的这一举动,得到了连首长的表扬。

感悟:军人也有爱情,但军人更有纪律。军人只有把自己的爱情和军队的纪律规定统一起来,才能获得踏实的爱情。

BINGZAIWAI

兵在外

冬季的一天,部队在高原拉练途中,一连的炊事车因车轮轴承破碎无法前进。上级命令一连在限定的时间内赶到集结地,连队决定留下军士长小朱带一个战士守车待援。

地处海拔4000米的高度,夜间气温下降到零下10度,他们裹紧大衣,依偎在炊事车里,在无宿营装具的冰天雪地中苦熬。3天后的深夜,留下的干粮已吃光,他俩衣难御寒,胃无食进。由于连日大雪,无食可觅的高原狼群乘夜色向他俩的守车点扑过来,城镇入伍的小战士吓得向小朱靠去。小朱赶紧向火堆中加树枝,树枝烧完了就烧白天刚刚烤干的棕垫。也许是狼怕火的原因,几十只饿狼嚎叫着在30米外乱跑乱窜,等待攻击时机。人和狼对峙到天明,狼群才慢慢退去。接着,饥火又灼上心窝。已是一天一夜粒米未进的他们,奇迹般地发现高压锅底残留着一层锅巴,他俩便一块锅巴一把雪地坚守着。

茫茫雪原,除了他俩以外杳无人迹,是弃车求生,还是忍受冻饿和危险继续守车?他们选择了后者,以军人严守纪律、忠于职守的钢铁意志,在风雪高原上坚持了5天5夜。当救援人员赶到时,他俩已互相依偎着昏迷过去。

感悟:做一个让人民,让领导放心的战士,就是要这样,执行命令,一丝不苟,严守纪律,一以贯之,单独行动时依然如此,这就是军人的本色,也是军人的可敬之处。

GUYANAININGDEGUSHI 孤雁哀鸣的故事

1953 年 10 月 1 日，革命老人谢觉哉同志的孙子谢鼎新和本班同学为天安门焰火晚会准备了许多节目，但谢鼎新想跟爷爷到天安门城楼上看焰火。谢老发现孙儿想违反学校纪律，脱离集体独自活动，就以和蔼的口吻问：

“你看过大雁飞行吗？”

“看过。”

“你听过掉队的孤雁哀鸣吗？”

“没有。”

谢老说：我给你讲个孤雁哀鸣的故事吧。那是 1932 年，我在洪湖根据地工作。在一次战斗中，我们部队被打散了。打那以后的 3 个多月里，我脱离了部队，离开了战友，失去了革命集体的温暖。我当时就像掉队的孤雁一样孤独，但比孤雁还痛苦。失群落队的孤雁以哀鸣报知战友，求得战友的援助，尽快回到战友的行列，我更是归心似箭，想早日回到部队里去。经过艰难曲折，我终于找到了组织。

谢老回忆了这段经历，又谆谆告诫孙儿：“你们青年人更应该培养集体观念。”鼎新听了爷爷的话，连晚饭也没吃就赶回班里去了。

感悟：集体自由是个人自由的前提和保障。个人自由是蕴涵在集体之中的，没有了集体自由，也就没有了个人自由。

HUANMAOZI 换帽子

“西安事变”后，我们党倡导和推动了抗日统一战线的建立。为了抗日大业，原来的中国工农红军要改编为国民革命军。抗日上前线，本是红军干部战士梦寐以求的夙愿，可有一桩事情却使人感到很不痛快，那就是，上级发下了“青天白日”帽徽，要大家都缀上。许多同志都不愿摘下红星帽，一个个撅着嘴，低着头，长吁短叹，有的还愤愤地嚷起来：

“我们是红军，要是戴上这玩意儿，还有什么脸见乡亲！”

“参军就是为了打国民党反动派，打来打去，我们也成了国民党了！”

“蒋介石杀了我们多少共产党员和红军战士？逼着我们爬雪山，过草地，连草鞋上的牛皮鼻子也吃了，这仇怎能消！”

大家的目光一齐冲着新发下来的“青天白日”帽徽。大革命失败以来，多少血，多少泪，多少辛酸，多少悲痛，哪一件不和这个标记联系着？可是，今天却要把它戴到自己的头上，一下子又怎能想得通？

发下帽徽的第二天，红四方面军和陕北红军的一部正式整编。刘伯承师长站在3张方桌搭成的讲台上作动员。他说：“共产党人要把祖国和人民的利益看成最高的利益。现在大敌当前，国家民族危在旦夕，我们要暂把阶级仇恨吞在心里，和国民党合作抗日。从今天起，我们就是国民革命军第八路军一二九师了。”说到这里，他提高了嗓音：“同志们！换帽子算不了什么，那是形式。我们人民军队的本质不会变，红军的优良传统不会变，解放全中国的意志也不会动摇！帽徽是白的，可我们的心永远是红的！同志们，为了救中国，暂时和红军帽告别吧！”

一席话，把同志们的郁闷情绪一扫而光。大家懂得了，换个帽子不算什么，我们还是共产党和毛主席领导的人民军队，还是为劳动人民利益而战的。大家的思想通了，随着“换帽子”一声口令，一万多人毅然换上了新军帽。不久，一二九师就开上了抗日前线。

感悟：执行上级的指示和纪律规定，要有全局观念，要以民族利益和大局利益为重，不能根据个人的理解来取舍，想通想不通都要坚决执行。令行禁止，才能步调一致打胜仗。

JIYOUNULANGDEMIMI
集邮女郎的秘密

故事发生在第二次世界大战期间。法国炮兵排长腓力随部开赴前线，抗击德国法西斯军队。在血与火的战场上，他总挂念着漂亮贤淑的妻子，每天都给妻子发出一封信。在表达想念之情的同时，总是叮嘱妻子不能将他的驻地告诉任何人，以免被德国间谍获悉。

他的妻子有个女友，是个集邮爱好者。每当腓力来信，这位集邮女郎都以集邮为名，把信上贴的盖有发信地址的邮票取去。过了两周时间，腓力的来信突然中断，集邮女郎也不明去向。

后来，腓力终于来信了，信中说："德国间谍的情报做得太准确、太迅速了。你知道半月之间我们已 5 次转移阵地，德国炮兵总是如影随形地跟踪射击，因此，我们的队伍已伤亡殆尽，我自己也身负重伤，奄奄一息了……"

为什么德军的情报那样准确而迅速？就因为那个集邮女郎是德国间谍。通过"集邮"，她从腓力的每一封信上，看到不断变化的邮戳，于是便及时掌握了这个炮兵部队的转移动向。

感悟：战争中，敌对双方为了掌握主动，总是处心积虑地窃取对方的机密。窃密与反窃密始终是主战场相配合的"看不见的战线"。严守保密纪律，同战争胜负、国家安全息息相关。保密就是保安全，保密就是保胜利，保密就是保生命，这是古今兵家的经验之谈。

MENSHEN
门神

中国人民革命军事博物馆里，陈列着一张字条，虽然它已纸质变黄,字迹褪色,残破不全,却闪射着穿透历史的奇光异彩。

那是1934年5月9日,转战在湘鄂川边的红三军袭占了彭水县城,3天后南渡乌江进入贵州。红三军进彭水虽然只短短几天,但得到了当地群众的拥护和爱戴,留下了许多严守纪律、秋毫无犯的佳话。

当时,红三军七师炮连一排的战士,住在彭水县营家坝的老乡黄堂珍家里。战士们吃了他家的咸菜和一些大葱,烧了几捆柴,临走时就给主人留下了6升黄豆作为补偿,并写了一张字条如实说明情况,贴在黄家的门上。黄堂珍回家看到了红军的字条和6升黄豆,深为感动。为了瞒过反动派的耳目,把红军的这张字条保存下来,他便买了一张“门神”覆盖在字条上。从此后,黄家的“门神”年年更新,字条却始终贴在门上。

全国解放了,这件珍贵的革命文物也从“门神”下面“解放”了出来,成了红军严守纪律、秋毫无犯的有力见证。要知道,在国民党反动派制造的白色恐怖之下,在长达十多年的兵火战乱中,保存红军的东西是很危险的。一旦被发现,轻则倾家荡产,重则还可能掉脑袋。然而,黄堂珍却把一切风险置于脑后,一直把红军的这张字条保存到解放后。

感悟:谁好谁坏老百姓看得最清楚,军民的鱼水之情养育了红色政权,得道多助,失道寡助,谁得到了民众,谁就得到了政权。中国工农红军之所以取得最后的胜利,是红军爱护老百姓,得到民众的拥护和爱戴。我们要自觉发扬红军的优良传统,做红军精神的传人。

BASHEQIANLIGUIDUI

跋涉千里归队

藏族战士茨成被批准回家看望患了重病的阿妈,刚回家没几天,下了一场罕见的大雪,导致公路堵塞,交通中断。如等假期快满时再动身归队,肯定会超假,为了严守军队纪律,茨成说服了病情好转的阿妈，提前踏上了归队的路程。阿爸怕茨成路上出危险，决定骑马送他一段。

父子俩翻雪山，跨冰河，穿密林，饿了吃雪拌糍粑，夜晚露宿在树下，历经千辛万苦，来到海拔4700米的色齐拉山脚下。这时风雪渐渐小了，茨成说服阿爸回家，自己一个人用两天时间翻过大雪山，接着继续赶路。就这样，他度过了20个艰苦卓绝的日日夜夜，长途跋涉1500里，终于按时回到连队，上级领导机关表彰他为“遵守纪律标兵”。

感悟：执行纪律的关键，就在于有没有自觉性，尽没尽到最大努力。自觉性是最重要的内因，是发挥主观能动性的源泉。有了高度的自觉性，条件特殊、环境复杂都不能削弱人们的纪律性，即使在某些看来无法遵守纪律的情况下，也照样能遵守纪律，甚至创造出令人惊叹的奇迹。

YANGSHANGJIANGSANGUAHEZI

杨上将三刮胡子

20世纪50年代末，杨成武上将下连队当兵锻炼。他像普通士兵一样，严格遵守部队纪律，始终按规定时间作息。平时，连队的学习、训练日程排得很紧，晚上大多数也安排了集体活动。

一天晚上，杨成武听排长宣布“今晚不点名了”，便抓住机会刮起胡子来。刚刮了一半，突然集合哨响了，原来情况发生了变化，连队临时决定晚点名。杨成武毫不犹豫地擦掉脸上的肥皂沫，跑步来到外面集合。等点完名回到班里，杨成武重新抹上肥皂，准备继续刮那剩下的半边胡子。事情也真不凑巧，他刚拿起剃须刀，熄灯哨又响了。怎么办？刮还是不刮？不能刮！按时熄灯是连队的制度，如果继续刮下去，就违反了连队的作息制度。想到这里，他再次收起剃须刀，擦掉脸上的肥皂沫，按时上床睡下了。就这样，杨成武的胡子直到第二天早上才刮完。

杨成武上将在连队的日子虽然不长，可他带头遵守部队纪律的感人故事,却深深印在了连队干部战士的心里。

感悟:领导干部要严格要求自己,模范遵守纪律,这样才能维护纪律的严肃性,才能有力地影响和带动群众。干部以身作则,带头遵纪守法,率先垂范,士兵心服口服,无须作报告,无须教导。将军如此,普通军官更应做到。

YIZUOYOUZHAIYOUKUANDEQIAO
一座又窄又宽的桥

苏联作家绥拉菲摩维奇的小说《铁流》中描写了这样一个情节:

一支衣衫褴褛的、赤脚的、饥饿的、差不多连子弹都没有的、缺乏纪律性的革命队伍,带着女人、孩子、老人从白军的重围中冲了出来。后面有疯狂的哥萨克骑兵在追赶,情况异常危急。

偏偏在这个时候,行进中的队伍被一条大河拦住了去路。辎重和难民争着抢着向河上的大桥涌去,霎时间一片混乱:车轴挂住了车轴,喘着粗气的马匹被绳索纠缠着,人们有哭的,有喊的,有跳的,有骂的,有互相殴打的,桥上被堵塞得水泄不通,谁也进不得、退不得。这支队伍的首领郭如鹤赶来制止,可是他吼喊的声音连他自己也听不见,难民们拿着木棒向他扑来,把他逼到了河边。在万般无奈的情况下,郭如鹤只得采取战时非常措施,架起了机关枪。桥上平静下来了,郭如鹤下令把桥上解不开的马车推到河里去。

大桥疏通了,3 辆马车并排地由桥上通过去了!

感悟:纪律是胜利之本,秩序是社会运转的指挥棒,没有秩序的交通必然瘫痪,没有纪律的军队必然失败。维持秩序,执行纪律必要时也要采取非常措施。

YUANMENLIBIAOZHANJIANJUN

辕门立表斩监军

春秋时期，晋燕联军进攻齐国，前线失利的告急文书频频传到齐都临淄。为挽救危急，齐景公接受大臣晏婴建议，任命蛰居在民间的军事家田穰苴为大将，统兵抗击晋燕两国军队，同时又任命亲信大臣庄贾为监军。

田穰苴受命以后，与庄贾约定：次日中午在军营门口会齐，整训部队，准备出征。第二天上午，田穰苴提前赶到军营，命士兵在辕门竖起日表，安置好漏水器用来记录时间，等待庄监军到来。

午时已过，庄贾还没来，田穰苴认为不能再为庄贾一人耽误时间，便下令放倒日表，撤去漏水器，集合全军，开始整训。

夕阳西下时，恃宠骄横的庄贾才在亲友们护送下缓缓来到军营。田穰苴强压心头怒火，问清了监军并无特殊原因而贻误时间，便痛斥他的过失，然后召来军法官问道："根据军法，约定时间而迟到者该怎样处罚？"军法官明确回答："应当斩首！"庄贾一听吓坏了，急忙让人驰报齐景公，希望景公能救他。田穰苴立即下令将庄贾斩首示众，而这时去报告景公的人还没返回。

过了一会儿，齐景公派来赦免庄贾的使者，带着国君的符节驰入军营。田穰苴大怒，立即命令军士截住马车，喝斥使者下车，斩钉截铁地说："庄贾贻误军机，触犯军法，谁都不能庇护！"并按照"军营中不准车马奔驰"的军纪，下令杀了使者的驾车人，砍掉马车左面的立木，杀掉左面的一匹马，作为对使者违犯军法的惩戒。

这样一来，三军将士对这位军纪严明、执法如山的统帅十分敬畏，再也没人敢任意违犯军纪，一扫齐军过去的疲敝风气，士气大振。本来由于齐军腐败而连连得胜的晋燕联军，得知齐军在田穰苴统率下面貌焕然一新，感到很难再战胜这样的军队，便赶快撤军回国了。田穰苴率军乘势猛追，未经交战，就收复了曾被晋、燕侵占的全部国土。

感悟：军队纪律的强制性不单是对士兵的，也是对指挥员的，不单是对下级的，也是对上级的。只要是违犯了军纪，不管是什么人，不管官有多大，都要受到惩处。做到这一点很不容易，但是，难能方可贵，越不容易做到的却做到了，其影响就越大。

YUEYUNAIDA 岳云挨打

看过《说岳全传》的同志，大概会记得这样一个故事：岳飞奉命征讨杨再兴。杨再兴本是北宋抗辽英雄杨老令公的后代，武艺高强，是个难得的人才，岳飞有心要收服他。杨再兴表示：要想让我服你，你得战胜我手中枪。于是两人约定单打独斗，一比输赢，各方的兵将只能在两旁观阵，不得助战。一天，两人正打得激烈，到后方押运粮草的小将岳云回转军营，他受了牛皋的挑唆，舞动银锤，拍马上前，要替下岳飞。杨再兴一见，嘲讽岳飞失信，罢战回山。

由于岳云违犯军令，给收服杨再兴的计划造成了干扰，岳元帅一怒之下，喝令把岳云推出斩首。众将赶忙求情，牛皋也出来承担责任，说明岳云不知军令，“不知者不罪”。岳元帅在大家求恳之下，决定“死罪免去，活罪难饶”，责打岳云 50 军棍，令军士把他背上山去，请杨再兴验伤。

杨再兴看到岳云仅仅由于不明情况而误违军令，就受到如此严惩，被打得皮开肉绽，不由得对岳飞十分敬佩。在岳飞的努力争取下，杨再兴终于投到岳家军大旗下，成为一员抗金名将。

岳云是岳飞的爱子，又是骁勇善战的一员虎将，投军以后立下了不少汗马功劳，但岳飞并不因此而偏爱他。当他违犯了军令（而且是因为受了别人蒙蔽而失误），岳飞一点不徇私袒护，而是铁面无私，执行军纪。

感悟：“军法无情”，也可以说“军纪无情”。就是军队要建立严格的纪律，必须有严明的奖惩制度，对违犯军纪的，要依照纪律规定进行惩处。不管违纪者是什么人，与执法者是什么关系，都不讲私情，不留情面。能不能做到这一点，关系到一支部队能不能实行严格的纪律，有没有坚强的战斗力。

ZHANSIGUANSHILING 战士管司令

1949年6月，解放军某部警卫连驻在一个名叫莲花镇的村镇上。一天午饭后，战士小葛到警戒区去接班，交班的人嘱咐说："这儿树荫下有4辆吉普车，非经许可不许接近，注意路上来往行人。"不一会儿，有个人从镇子里出来，直接走到吉普车上去了。小葛一看他不像个首长，倒像个炊事员，就大声喝问他是哪个单位的，他微笑着回答是野司的。小葛命令他下车，说："不管你是野司的还是野政的，这是上级的命令，请你马上离开这里！"那人连声说："好、好、好，"放开大步走到200米外的阳光下徘徊去了。

过了10分钟，小葛看到本部队的参谋长出来了，直奔刚才被撵走的人，关切地说："天这么热，首长快到车子里去吧！"小葛悄悄一问参谋长的警卫员，才知道刚才他命令离开的就是彭德怀副总司令。他不由愣住了：真该死，怎么把他老人家撵走了！这时，彭总走过来，亲切地询问小葛多大岁数了，哪年参军，想家不？临走，拍拍小葛的肩膀说："好战士，责任心很强。"

感悟：一个是统帅千军万马的副总司令，一个是普通的年轻战士，然而，当战士为执行命令、维护纪律而管到副总司令头上的时候，副总司令不但老老实实地服管，而且还表扬了战士。这是多么崇高的境界和彻底的精神！面对革命前辈的榜样，那种囿于私心杂念而不愿服管的现象，那种不支持维护纪律的同志的现象，不是都应该心中有愧吗？

ZHUXIYUHUSHI 主席与护士

在抗战的岁月里,我们党内的最高领导是毛主席。一天下午,毛主席到延安中央医院看望卧病的关向应政委。毛主席走进病房,刚问候了关政委几句,还没来得及坐下,门口进来了一位小护士。她看到毛主席,愣了一下,觉得有些面熟,又一时想不起是谁。她没顾上多想,走到毛主席面前说:“同志,对不起,医生吩咐说,病人需要安静,现在不能会客。”毛主席谦和地笑着说:“啊,对不起,我不知道医生有这个吩咐。”又对关政委说:“好吧,你安心养病好了。”说完,毛主席就走出了病房。

小护士把主席送走后,关政委问她:“小刘,你知道他是谁吗?”小刘理直气壮地说:“外面站着几位警卫员,反正是位首长。不管是谁,我有责任执行医院的规定,不能扰乱你的休息。”关政委告诉她,刚才那位首长就是毛主席。小刘吃惊地睁大了双眼,怪不得那么面熟呢!刹那间,毛主席那慈祥的面容、亲切的谈话,又浮现在她的脑际。很快,毛主席模范遵守医院纪律、服从护士管理的事,像插上了翅膀,传遍了整个延安。

感悟:主席与护士,职务的差别真可谓大矣。但在医院的病房里,主席却毫不含糊地服从护士管理。这启示我们,在革命队伍里,无论是什么人,无论职务高低,都要服从纪律的权威。

ZHOUZHONGLIJIESHU 周总理借书

一天,北戴河区文化图书室的管理员小王接到一个电话,说是有位领导要看世界地图和其他一些书籍,请图书室的同志给送去。小王看着墙上挂的借书规则,又望了望窗外正下着大雨,便委婉地回答图书室有规定,这些书不外借,如果需要请到图书室里来看,并表示歉意。放下电话,她看窗外的雨越下越大,估计不会有人来借书了。可是不一会儿,图书室的门开了,走进一个人来,手里拿着水淋淋的雨伞,裤脚已经湿透了,笑着向小王借阅世界地图和几本书。小王仔细一看:"啊,是周总理!"小王真后悔,不该不把书早点送去。她喃喃地向周总理表示道歉,总理却爽朗地笑着说:"你把书管理得很好嘛!有一套制度这很好,没有章程制度,办不好事情。无论什么人都应该遵守制度。"要说工作忙,当然许多人都赶不上周总理,但周总理总是严格地约束自己,身体力行地严格遵守纪律。面对这种榜样的力量,人们又怎能不肃然起敬,口服心服!

感悟:人人遵守制度,是公平社会的表现,要想服众,领导干部要带头执行制度,整个社会就会安宁和谐。最被群众看重的不是"唱功",而是"做功",最能使人信服的不是说得好的人,而是做得好的人。榜样的力量是无穷的。借书是小事,体现了周总理高尚的品德和高度的自觉性。

XURONGDEWEIHAI

虚荣的危害

小贾来自偏远的山村,经济条件不好,让他一直感到很自卑。幸运的是,大学毕业后分配到了大都市里某部队的政治部,当了一名干事。后来,又经人介绍,与该市的一位女青年结了婚。

婚后头两年,生活还是蛮幸福的,可后来小两口经常吵架,最后甚至分居了。是什么原因让小两口闹到这个地步了呢?其实原因就一个字——"钱"。

小贾虽然工资、待遇都还不错,但一方面,自己家里经济条件太差了,时常要给家里邮钱;另一方面,女方的亲戚、朋友经济条件都很好,有车、有房,两相一比,岳母和妻子就经常抱怨小贾。

小贾后来搬到了部队的单身宿舍，可每天躺在床上一闭眼，脑子里就会出现岳母和妻子鄙视的目光。实在经受不住这样的折磨，为了自己的面子，为了全家也能过上大款一样的生活，小贾决定铤而走险，开始在网上偷偷干起了出卖部队情报的勾当……

法网恢恢，疏而不漏。结局不用猜大家也能想到，小贾走上了银铛入狱的绝路。

感悟：莎士比亚曾经说过："轻浮和虚荣是一个不知足的贪食者，它在吞噬一切之后，结果必然牺牲在自己的贪欲之下。"生命常常被一种并不需要的"需要"包围着，虚荣便是这样一种"需要"。人们为了满足虚荣，常常付出惨重的代价，付出之后才发现，除了满足一时的虚荣外，其实一无所获。

ZHIXINGZHIDUHAISHIYANGEHAO

执行制度还是严格好

线路班执行检修任务，为了保证高空作业的安全，规定必须系上安全带。但是，有的工人觉得系安全带影响检修动作，所以在没人检查的时候，总是偷偷解下来。这让负责督促检查的赵副队长十分恼火。不论是谁，只要赵副队长发现他没有系上安全带，就会劈头盖脸地训斥一顿，发现两次者，扣发一个月的奖金。因此，在赵副队长带队时，尽管工人们都有意见，但是没有敢违犯规定不系安全带的，维修工作也在顺利进行。

这一天，带队干部换成了比较温和的王副队长，原来赵副队长病了，工人们可下松了一口气，有的工人偷偷把安全带解了下来。王副队长发现了，只是提醒几句，见他们不听，也就不了了之。巡视了一圈，王副队长回到了办公室，还没等坐下，就听到有人喊："快来救人啊！"原来一个工人从高空上掉了下来，摔昏了过去，送到医院抢救，命保住了，但是造成多处骨折。

为这事儿，维修队当天就召开了安全事故分析会。会上，许多工人都说："要是赵副队长带队就不会发生事故了，执行制度还是严格好啊!”

事后,不系安全带的工人摔成了终生残废,执纪不严格的王副队长受到了撤职处分。

感悟: 规章制度是建立在前人经验和科学论证的基础之上,有的甚至是用鲜血和生命换来的,执行规章制度必须一丝不苟,不能过于自信,不能存在侥幸心理。执纪者更要认真严格,为生命负责。

后记 *Hou Ji*

在浩瀚的书海里,《感悟成功》故事集只是“沧海一粟”。小故事虽然小,我们也是反复地斟酌,反复地修改,尽量的做到通俗易懂,“老少”皆宜,生怕误人子弟。

参与撰稿的是:刘景山、刘永路、刘雅茹、徐绿山、杨子朝、王春娜、曹洪霞、许维娣、刘雪娇。由刘景山和井江统稿。

需要申明的是,编辑过程中,我们参考了大量的中外典籍,借鉴了有些故事的原文,由于各种原因,未能与原文作者取得联系,也未能一一注明出处,还请诸君体谅理解为盼。

《感悟成功》故事集的编写,得到了大连理工大学国防教育学院以及中国人民解放军驻校后备军官选拔培训工作办公室领导和同志们的大力支持和帮助,得到了海军大连舰艇学院社科部同事们的支持帮助,得到了沈阳军区政治部干部部和白山出版社领导的悉心指导,在此一并表示感谢!

由于我们的知识水平、认识能力和编写经验有限,本书难免存在一些缺陷,敬请广大读者指正。

但愿这本书能够为国防生和读者朋友们的成长、成熟、成功有所裨益,我们就心满意足了。

编 者

2009 年 5 月于大连